U0542575

第三次分配与共同富裕

论文集

江苏省慈善总会　南京大学江苏慈善研究院　主编

南京大学出版社

图书在版编目(CIP)数据

第三次分配与共同富裕论文集 /江苏省慈善总会，南京大学江苏慈善研究院主编. —南京：南京大学出版社，2023.8

ISBN 978-7-305-26959-2

Ⅰ.①第… Ⅱ.①江… ②南… Ⅲ.①共同富裕—中国—文集 Ⅳ.①F124.7-53

中国国家版本馆 CIP 数据核字(2023)第 076763 号

出版发行 南京大学出版社
社　　址 南京市汉口路 22 号　　　邮　编 210093
出 版 人 金鑫荣

书　　名 第三次分配与共同富裕论文集
主　　编 江苏省慈善总会　南京大学江苏慈善研究院
责任编辑 施　敏

照　　排 南京紫藤制版印务中心
印　　刷 江苏凤凰通达印刷有限公司
开　　本 718 mm×1000 mm　1/16　印张 15　字数 230 千
版　　次 2023 年 8 月第 1 版　2023 年 8 月第 1 次印刷
ISBN 978-7-305-26959-2
定　　价 68.00 元

网　　址 http://www.njupco.com
官方微博 http://weibo.com/njupco
官方微信 njupress
销售热线 025-83594756

序

李小敏

（江苏省慈善总会会长）

“国之称富者，在乎丰民。”党的二十大报告将“全体人民共同富裕”作为中国式现代化的本质要求之一，并就“扎实推进共同富裕”作出了一系列的重要部署，指出，“扎实推进共同富裕，完善分配制度，构建初次分配、再分配、第三次分配协调配套的制度体系”，指明了在全面建设社会主义现代化国家新征程中迈向共同富裕的目标任务、改革举措和政策取向。中国式现代化是全体人民共同富裕的现代化，在全面建设社会主义现代化国家新征程中，充分发挥第三次分配作用，大力发展慈善事业，是推进全体人民共同富裕的必由之路。

共同富裕是一项系统工程，它具有长期性、艰巨性、复杂性等特征，是一个长期的历史过程。促进共同富裕涉及社会生产与再生产的各方面和国家治理活动的各领域，需要全社会的广泛参加。共同富裕由“共同”和“富裕”两个关键词组成。“富裕”需要把蛋糕做大，“共同”则要求把蛋糕分好，两者是辩证关系，不能限于经济一个视角，也不能只考虑分配一个维度。因此，既要坚持把高质量发展放在首位，提高劳动效率，持续不断“做大蛋糕”，厚植共同富裕基础；又要通过合理的制度“分好蛋糕”，水涨船高，各得其所，让发展成果最大程度惠及全体人员，最终实现“共同富裕”目标。“共同富裕”还必须处理好“富口袋”与“富脑袋”的关系，既要“富口袋”，增加城乡居民收入；又要“富脑袋”，满足人民群众文化需求、增强人民精神力量，达到物质财富和精神财富全面富裕的状态，促进人的全面发展和社会的全面进步。

第三次分配是新时代推动实现共同富裕的重要制度安排，也是新发展阶段推动经济社会高质量发展的重要举措。随着三次分配以及相关配套制度的建立健全，慈善事业将成为深度参与社会治理、助力推进共同富裕的重要补充角色。慈善是道德的积累。第三次分配相对于初次分配、再分配具有独特作用，是建立在社会捐献基础之上的公益事业，它以公众的普遍参与为发展基础，以个人捐赠为核心支撑，是一种具有广泛群众性的道德实践，可以在更大范围内优化人民群众的收入分配格局，有助于形成广济善助、共济互助的社会道德理念，提高社会成员的凝聚力，并弥合潜在的利益矛盾与冲突，营造公正和谐的社会氛围，提高人民群众的总体福祉水平。

理论是行动的先导，也是实践的指南。促进第三次分配、助推共同富裕是一个新课题，仍有不少问题有待学术界从多学科、多维度、多视角进行广泛的研究，需要深入探讨和解读共同富裕的内在逻辑、核心要义、政策适用等；探讨共同富裕的理论建构、测度评价指标以及第三次分配推进共同富裕的影响及作用机理；研究和分析第三次分配推进共同富裕的改革措施和实践路径；等等。南京大学江苏慈善研究院组织省内部分高校教师以及相关机构从业人员围绕上述问题进行了广泛研究，从不同学科角度对促进第三次分配、扎实推进共同富裕进行了积极的探索，并结集出版了《第三次分配与共同富裕论文集》，很有意义，值得研读。

江苏不仅是经济发展的热土，更是乐善好施的沃土。希望江苏慈善理论研究走在全国前列，作出表率！期待《第三次分配与共同富裕论文集》早日面世！期待南京大学江苏慈善研究院在未来的研究工作中结出更多的硕果！

2023 年 2 月 22 日

目　录

第一部分　理论篇

第二部分　实践篇

第三部分　人物篇

第一部分

理论篇

中国共产党共同富裕思想的历史唯物主义底蕴及时代推进[①]

钱秋月[②]

（中共江苏省委党校哲学教研部）

摘　要：实现共同富裕是中国共产党人百年奋斗的不懈追求。新时代共同富裕作为社会主义的本质要求、中国式现代化的重要特征，赓续着中国共产党人领导共同富裕伟大实践的百年总结，体现了我们党对共同富裕实现规律认识的深化细化。共同富裕思想是习近平新时代中国特色社会主义世界观和方法论的统一，蕴含着丰富的历史唯物主义思想。历史唯物主义是人们认识世界和改造世界的强大思想武器，从历史唯物主义的高度深刻理解共同富裕的理论和实践，特别是审视新时代共同富裕的新语境和新要求，不仅有助于深入全面把握新时代共同富裕的思想要义，拓展共同富裕思想的认识深度，提炼共同富裕从构想到实践的动态演进逻辑，而且有助于准确把握新时代共同富裕的实践要求，提升新时代共同富裕的实践高度。

关键词：中国共产党；共同富裕；历史唯物主义；新语境

实现全体人民共同富裕是社会主义的本质要求，也是中国式现代化的重要特征。在党的十九届五中全会上，习近平总书记强调要"扎实推动共同富裕"，提出2035年"全体人民共同富裕取得更为明显的实质性进展"。在中央财经委员会第十次会议上，习近平明确指出："现在，已经到了扎实推动共同富裕的历史阶段。"在党的十九届六中全会上，习近平特别强调，要"全面深化改

① 本文系2021年度江苏省社科基金一般项目"习近平总书记共同富裕思想原创性贡献研究"（编号21MLB001）的阶段性研究成果。

② 钱秋月，中共江苏省委党校哲学教研部副教授。

革开放，促进全体人民共同富裕”。在党的二十大报告中，习近平总书记再次强调，“共同富裕取得新成效”“中国式现代化是全体人民共同富裕的现代化”，要“着力促进全体人民共同富裕，坚决防止两极分化”。可见，新时代党中央和国家高度重视扎实推进共同富裕。中国共产党作为一个为中国人民谋利益的马克思主义政党，促进全体人民共同富裕是中国共产党人百年奋斗的初心使命和不懈追求。有人说中国共产党努力追求的共同富裕是遥不可及的“彼岸世界”，是不可能实现的乌托邦幻想，企图削减中国共产党对于共同富裕的坚定信念。共同富裕作为前无古人的开创性实践，人们不可避免地产生各种不同观点和看法，因此，有必要借助马克思主义哲学的开拓性思维，从历史唯物主义的高度深刻理解共同富裕的理论和实践，不仅有助于拓展共同富裕思想的认识深度，而且也有助于提升新时代共同富裕的实践高度。

一、共同富裕是中国共产党百年奋斗的历史选择

中国共产党百年党史是一部为人民谋幸福、为民族谋复兴的历史，是中国共产党人不畏艰难带领人民追求其美好理想的光辉历史。党在领导人民进行革命、建设和改革的过程中，始终围绕实现中华民族伟大复兴主题，从理论和实践两方面对实现共同富裕展开了一以贯之的持续探索。实现共同富裕离不开中国共产党百年奋斗的伟大历程，共同富裕是我们党百年奋斗历程中初心使命的实践必然，是党领导人民进行革命、建设和改革，实现中华民族伟大复兴的历史积淀。同时，实现共同富裕，也离不开严谨科学的理论基础和源远流长的文化传统，共同富裕是马克思主义基本原理同中国具体实际相结合、同中华优秀传统文化相结合的时代凝结，共同富裕所展现的科学性与可行性，是基于马克思主义共同富裕思想在中国百年奋斗历史中的生动实践。历史唯物主义作为马克思主义哲学的重要组成部分，集中体现了马克思主义的立场、观点和方法，是人们认识世界和改造世界的强大思想武器。习近平总书记强调：“历史和现实都表明，只有坚持历史唯物主义，我们才能不断把对中国特色社会主义规律的认识提高到新的水平，不断开辟当代中国马克思主义发展新境界。”共同富裕就是运用历史唯物主义基本原理实现历代中国人民最美好的社

会理想和热切期盼的典范。

(一)中国共产党守初心担使命,矢志不渝把共同富裕作为革命建设改革的奋斗目标之一,为中国人民指明了努力方向

共同富裕是社会主义的本质要求。在科学社会主义理论中,马克思已经明确指出,未来社会将“以所有人的富裕”为目的。[①] 回首中国共产党百年峥嵘岁月,共同富裕始终是我们党不懈奋斗的伟大初心和重要使命。在新民主主义革命时期,面对帝国主义、封建主义和官僚资本主义“三座大山”的重重压迫,中国共产党人为了争取民族独立和人民解放,在救亡图存斗争中孕育催生了共同富裕的思想萌芽。完成了新民主主义革命,为实现共同富裕奠定了政权基础和政治条件。中华人民共和国成立后,三大改造完成,为实现共同富裕提供了制度基础和工业化条件,1953 年 12 月,毛泽东明确提出走社会主义共同富裕康庄大道的思想。[②] 1980 年代改革开放,邓小平更加明确指出“社会主义的本质,是解放生产力,发展生产力,消灭剥削,消除两极分化,最终达到共同富裕”[③],为实现共同富裕提供了重要物质基础和生产力条件。党的十八大以后,以习近平同志为核心的党中央坚持把脱贫攻坚、摆脱贫困作为定国安邦的重要工作,打赢脱贫攻坚战,全面建成小康社会,为促进共同富裕创造了更加良好的条件。不难发现,共同富裕是中国共产党矢志不渝的奋斗目标,实现共同富裕是中国共产党人不断前进的重要激励。

(二)中国共产党以马克思主义理论为指导,在与时俱进中坚守实事求是,走出一条基于中国国情的共同富裕之路

历史唯物主义的首要前提“不是意识决定生活,而是生活决定意识”,也就是说,历史唯物主义不是从人们的头脑、想象出发,而是从现实的、有生命的个人本身出发,因此,与唯心主义历史观不一样,历史唯物主义始终站在活生生的现实历史的基础上,从物质实践出发来解释各种观念形态。基于此,不能脱离实际来实现共同富裕,共同富裕不仅是我们党矢志不渝的奋斗目标,更是一

① 《马克思恩格斯选集》第 2 卷,北京:人民出版社,2012 年,第 786—787 页。

② 《毛泽东文集》第 6 卷,北京:人民出版社,1999 年,第 495 页。

③ 《邓小平文选》第 2 卷,北京:人民出版社,1994 年,第 373 页。

个实实在在的历史发展过程。在新民主主义革命时期，在经济文化落后、农民占全国人口的绝大多数的国情背景下，如何让广大农民尽快摆脱贫穷落后和解决他们的生活温饱及富裕问题成为当时的迫切任务，为了实现“耕者有其田”，“打土豪、分田地”成为革命时期实现农民生活富裕的主要手段。中华人民共和国成立后，中国共产党团结带领中国人民进行社会主义革命，确立了社会主义基本制度，推进社会主义建设，实现了中华民族有史以来最为广泛而深刻的社会变革，为实现全体人民的共同富裕铺平了道路。改革开放后，我们党对共同富裕问题进行了持续的探索，不仅强调解放和发展生产力，“贫穷不是社会主义”，而且提出“一部分地区、一部分人可以先富起来，带动和帮助其他地区、其他的人，逐步达到共同富裕”的重要思想。党的十八大之后，我们党从改善民生和维护最广大人民根本利益的角度，提出了关于新时代实现共同富裕的一系列重大战略思想。坚持立足国情，深入研究具体实际问题，我们党沿着站起来、富起来、强起来，走出一条逐步实现共同富裕的道路，共同富裕正在一步一步变为现实，这是一条既符合马克思主义基本原理又基于中国国情的共同富裕之路。中国共产党人领导人民共同富裕的伟大实践，不仅坚持正确的前进方向，而且坚持在实事求是中探索切合实际的实践路径。历史证明，任何脱离实际超越或落后历史发展阶段的共同富裕都不是真正的共同富裕。

（三）中国共产党牢牢把握社会发展的阶段性特征，紧紧围绕社会基本矛盾推动共同富裕，致力于解决共同富裕道路上的主要矛盾

历史唯物主义透过历史的表象，发现了社会历史深处的“动力的动力”[①]，也就是生产力和生产关系、经济基础和上层建筑的社会基本矛盾。社会基本矛盾并不是一成不变的，在各个不同的历史时期具有不同的表现形式。面对鸦片战争后饱受百余年摧残、山河破碎民不聊生的旧中国，中国共产党人在革命之初就探索出一条马克思主义的重要方法论，即紧紧抓住主要矛盾和矛盾的主要方面，并以此作为化解社会基本矛盾的依据。在民主革命、社会主义建设、改革开放的历程中，通过研究不同历史发展阶段的具体状况和主要矛盾问题，中国共产党人啃下一个又一个的硬骨头，为共同富裕打下了坚实的基础。

---

① 《马克思恩格斯选集》第 4 卷，北京：人民出版社，2012 年，第 255 页。

实现共同富裕的道路就是要抓住特定历史发展阶段的社会主要矛盾。党的十九届六中全会审议通过的《中共中央关于党的百年奋斗重大成就和历史经验的决议》，把“逐步实现全体人民共同富裕”作为中国特色社会主义新时代的重要特征之一，并“明确新时代我国社会主要矛盾是人民日益增长的美好生活需要和不平衡不充分的发展之间的矛盾”，“坚定不移走全体人民共同富裕的道路”，就一定能够夺取中国特色社会主义新的更大胜利。今天，我们正在迈向第二个百年奋斗目标的新征程，实现新时代共同富裕最重要的就是紧紧围绕我国社会主要矛盾，充分把握发展的不平衡不充分等时代问题，致力于把化解这一主要矛盾作为实现全体人民共同富裕的重要突破口。这是一条披荆斩棘的斗争之路，同时也是中国特色社会主义的必由之路。

（四）中国共产党顺应人类和时代发展大势，以海纳百川的胸怀适时进行发展创新，不断深化着共同富裕战略布局

历史唯物主义是以历史发展的客观规律为基础的，其人类解放的思想和世界历史理论为我们党在新时代认识和把握世界发展趋势提供了科学的理论基础。顺势而为是我们党百年奋斗历程中经验智慧的凝结。从历史脉络和时代意蕴来看，中国共产党始终立足世界历史发展的大潮流，立足中国发展变化的大格局，遵循客观历史的发展规律，以海纳百川的宽阔胸襟借鉴吸收人类的一切优秀文明成果，为中国人民谋幸福、为中华民族谋复兴，为世界谋大同。从现实考量和实践指向来看，共同富裕作为一项重大而系统的历史任务，需要统筹考虑其复杂性和艰巨性。习近平总书记指出：“共同富裕是一个长远目标，需要一个过程，不可能一蹴而就，对其长期性、艰巨性、复杂性要有充分估计，办好这件事，等不得，也急不得。”①立足全面建成社会主义现代化强国的时代展望，中国共产党铿锵有力地回答了三个历史性问题。第一个问题，就共同富裕的历史条件来看，中国共产党团结带领全国各族人民历史性地解决了绝对贫困问题；第二个问题，就共同富裕的不竭动力来说，中国共产党始终坚持人民至上的百年奋斗历史经验，坚持发展为了人民、发展依靠人民、发展成果由人民共享，坚定不移走全体人民共同富裕道路；第三个问题，就共同富裕的

---

① 习近平：《扎实推动共同富裕》，《求是》2021 年第 20 期。

实现路径而言，中国共产党以高质量发展为核心，建构体现效率、促进公平的收入分配体系，凝练出高度灵活的辩证方法运用于实际工作。梳理中国共产党实现共同富裕的百年奋斗实践历程，纵观共同富裕思想的宏观战略呈现，聚焦共同富裕的现实推进，中国共产党人不断深化着共同富裕的战略布局：理论和实践重心下沉，从目标构想到扎实推进，从经济视角到政治视角，实现从一元视角到多元拓展，顺势而为，渐进深化。

二、历史唯物主义审视共同富裕时代新语境

共同富裕是一个古老而又常青的话题。历史唯物主义告诉我们，历史是不断变化、发展、变化的产生过程。进入新世纪，党的十九大报告、第三个历史性决议、党的二十大报告庄严宣告，中国特色社会主义进入新时代，这是我国发展新的历史方位。在党的二十大报告中，党中央首次将中国特色社会主义进入新时代与迎来中国共产党成立一百周年、实现全面建成小康社会的奋斗目标，共同作为新时代具有重大现实意义和深远历史意义的三件大事。中国特色社会主义进入新时代，这也意味着国内外、党内外环境发生了深刻变化，党中央要求我们把共同富裕摆在更加重要的位置。党的二十大报告将实现全体人民共同富裕纳入中国式现代化的本质要求，并对扎实推进共同富裕作出重要战略部署。马克思、恩格斯认为，历史唯物主义不是一成不变的“药方或公式”，历史唯物主义提供的是“方法”，“我们的历史观首先是进行研究工作的指南”①，“如果不把唯物主义方法当作研究历史的指南，而把它当作现成的公式，按照它来剪裁各种历史事实，那么它就会转变为自己的对立物”②。因此，有必要审视共同富裕重要论述时代新语境，正确认识共同富裕这一伟大事业所处的历史方位和发展阶段，深化提炼共同富裕构想的现实动态逻辑。

（一）从社会历史语境看，新时代共同富裕实现了从憧憬梦想到切实奋斗目标的历史逻辑转变

在中国和西方，人民群众都有着对共同富裕的美好憧憬。中国共同富裕

---

① 《马克思恩格斯文集》第 10 卷，北京：人民出版社，2009 年，第 587 页。
② 《马克思恩格斯文集》第 10 卷，北京：人民出版社，2009 年，第 583 页。

的提出可以追溯到两千多年前人们对大同社会、小康社会等美好生活的向往。在西方，共同富裕的憧憬也可以追溯到16世纪初，是作为资本主义社会"两极分化"的对立面而出现的，空想社会主义者托马斯·莫尔等人曾构想自然经济条件下共同富裕的理想社会。不过，由于受生产力发展水平的影响，以及缺乏对生产资料私有制是造成贫富差距根源的客观科学认识，西方学者的研究始终集中于分配领域，并未对共同富裕进行实质性研究，基于同样的客观原因，几千年来中国学者的憧憬和祈盼也难以变成现实，始终只是人们对未来社会的美好愿望。历史越千年，今天世界创造的物质财富已经达到了前所未有的水平，今日中国已经实现了从站起来到富起来、强起来的历史变革。特别是党的十八大以来，打赢脱贫攻坚战，全面建成小康社会，为促进共同富裕创造了良好条件。新时代开启了新的历史内容，形成了以习近平同志为核心的党中央领导集体，规定了党的新时代的奋斗方向，调整了对社会主要矛盾的认识，形成了影响新时代历史实际走向的大政方针，这些都为我们认识新时代提供了重要遵循。历史从哪里发展，思想的起点就从哪里发端。基于时代的变化，习近平总书记指出，"现在，已经到了扎实推动共同富裕的历史阶段"，要"把逐步实现全体人民共同富裕摆在更加重要的位置上"。[①] 我们党将实现共同富裕纳入中国式现代化的重要目标之中，并对扎实推动共同富裕作出了重大战略部署，实现了共同富裕从理论构想向实践推进的历史逻辑延伸。

（二）从社会主体语境看，新时代共同富裕实现了从一部分地区、一部分人先富起来到全体人民共同富裕的主体重心转移

共同富裕是全体人民的共同富裕。正如邓小平所说："社会主义的特点不是穷，而是富，但这种富是人民共同富裕。"[②]不过，实现共同富裕的过程是一个具体复杂的辩证过程。在改革开放初期，邓小平强调："在经济政策上，我认为要允许一部分地区、一部分企业、一部分工人农民，由于辛勤努力成绩大而收入先多一些，生活先好起来。"[③]邓小平这一思考有着特殊的社会主义建设曲折

---

① 习近平：《扎实推动共同富裕》，《求是》2021年第20期。

② 《邓小平文选》第3卷，北京：人民出版社，1994年，第265页。

③ 《邓小平文选》第2卷，北京：人民出版社，1994年，第152页。

背景，中国传统社会历来存在着浓厚的平均主义的社会心理，而且改革开放初期我国社会生产力水平比较落后，因此，邓小平侧重强调，实现共同富裕不是平均主义、大锅饭，而是要有先有后有差别地逐步实现。在这个特定的历史阶段，“让一部分地区、一部分人先富起来”的发展思路和政策是符合发展生产力和提高人民生活水平需要的。不过，经过四十多年的改革开放，一部分地区、一部分人已经先富起来，摆脱了共同贫穷的历史误区，如果任由财富差距的日益扩大，势必会造成两极分化，销蚀掉改革开放的成就积淀，不仅会严重地制约我国经济的持续发展，而且会成为产生一系列社会矛盾和问题的重要根源。新时代为共同富裕注入了新的语境，摆脱了绝对贫困，为改善人民生活水平打下了坚实基础，因此，党中央更加强调以人民为中心的发展理念，既强调了人民群众是财富创造的主体力量，同时也强调了社会主义财富发展的根本目的是回馈于人民群众；既反对教条主义，防止把实现共同富裕机械地理解为同时、同步富裕，无视地区发展、城乡发展、工农发展等存在的较大差距，从而背离经济发展的客观规律，也要警惕片面主义，无视共同富裕是“为谁富裕”这一根本问题。正如习近平总书记强调的那样：“我们说的共同富裕是全体人民共同富裕，是人民群众物质生活和精神生活都富裕，不是少数人的富裕，也不是整齐划一的平均主义。”①

（三）从社会时空语境看，新时代共同富裕实现了社会历史发展的连续性与阶段性辩证统一的新时空定位

审视共同富裕时代新语境，还要深入把握这一社会动态发展进程所处的崭新时空环境。历史唯物主义强调社会发展是连续性和阶段性的统一。历史的发展过程可以分为若干个相对独立的历史阶段、历史时期，但每个阶段、每个时期都不是孤立存在的，而是相互承接、相互关联的。马克思强调，“历史的每一个阶段都遇到一定的物质结果，一定的生产力总和，人对自然以及个人之间历史地形成的关系，都遇到前一代传给后一代的大量生产力、资金和环境”②。人类的历史就是这样在世世代代的人们连续不断的实践活动中创造

① 习近平：《扎实推动共同富裕》，《求是》2021年第20期。

② 《马克思恩格斯选集》第1卷，北京：人民出版社，2012年，第172页。

的。共同富裕作为新时代重要战略部署,同样也是在历史的连续性和阶段性的辩证统一中动态前进的。一方面,我们仍然是世界上最大的发展中国家,仍处于并将长期处于社会主义初级阶段,发展的不平衡不充分依然突出,扎实推动共同富裕必须立足于这一最大国情,这意味着共同富裕的现实实践必然要面临诸多困难挑战,不会一蹴而就,必须脚踏实地、久久为功;另一方面,历史发展是有阶段性的,经过四十多年的改革开放,中国特色社会主义取得了前所未有的成就,新时代共同富裕获得了前所未有的探索基础。打赢脱贫攻坚战,全面建成小康社会,历史性地解决了绝对贫困问题,架起理想和现实之间的实践桥梁,为新时代共同富裕提供了现实生长点。这意味着,必须在此基础上适时入手、扎实推进,一步一个脚印地实现党中央的目标要求和战略部署。

(四)从社会价值语境看,新时代共同富裕实现了社会发展合规律性与合目的性的有机逻辑统一

审视共同富裕时代新语境,还要在合规律性与合目的性的有机统一中审视党的共同富裕所取得的实质性进展。合规律性与合目的性的有机统一是历史唯物主义的重要方法论,它要求我们在社会发展过程中,既要合乎客观规律,又要不断满足人的多方面发展需要。历史唯物主义指出,人的生产实践活动是有目的、有意识的活动,动物的“生产”是片面的,仅仅是为了满足自己的生存需要,而人与动物最根本的区别就在于,人不仅要遵循维持生存的物质需要的外在尺度和客观条件,而且还要有确认自身本质力量的内在的精神需求,并且善于把两个需要相结合,在不断实现主观与客观的统一中推动社会的发展。就新时代共同富裕的伟大实践而言,一方面,作为客观历史过程,共同富裕有其特殊规律性,需要我们在实践中不断探索,不断深化对共同富裕规律的认识。事实上,把共同富裕具象化为中国式现代化的一个重要目标,就是对共同富裕规律把握的新的理论高度。习近平总书记指出:“我们不能等实现了现代化再来解决共同富裕问题,而是要始终把满足人民对美好生活的新期待作为发展的出发点和落脚点,在实现现代化过程中不断地、逐步地解决好这个问题。”①

---

① 习近平:《完整准确全面贯彻新发展理念 确保“十四五”时期我国发展开好局起好步》,人民日报,2021-01-30(01)。

另一方面，新时代共同富裕并非盲目进行，有其明确目的性。就短期目标而言，推动共同富裕取得更为明显的实质性进展，是为了让人民群众共享发展成果，提高获得感、幸福感、安全感；就长期目标而言，是为了带领人民群众消除两极分化，满足更高层次的物质和文化双重需要，最终实现共产主义社会。深刻把握这一统一，既有利于在社会主义价值理想与国家现代化发展目标的有机统一中，也有利于在系统规划、顶层设计和多元措施综合落实的有机统一中推动共同富裕的逐步实现。

三、新时代共同富裕思想的历史唯物主义底蕴

新时代共同富裕，体现了我国社会主义制度的优越性。如果说在生产力和人民生活水平落后的条件下，我们将发展目标定位于消除绝对贫困和全民建成小康这样的发展主义目标，那么在这些阶段性目标逐渐完成后，将新发展目标定位于全体人民共同富裕这样的高级目标，是社会主义制度优越性的必然取向。实现全体人民共同富裕，之所以能够在新时代新阶段中国大地上得到广泛认同、得到全面展开，一方面离不开我们党百年奋斗的积极有为；另一方面也离不开马克思主义基本原理同中国具体实际相结合、同中华优秀传统文化相结合的时代凝结。因此，要想更为准确地理解社会主义共同富裕思想，有必要将其置入历史唯物主义的科学视域中进行审视，只有坚持以马克思主义共同富裕理论为指导，才能克服一些关于共同富裕问题的片面和错误认识，只强调和致力于发展生产力并不能保证实现共同富裕，只简单地实行“均贫富”也不是真正的社会主义共同富裕，只追求物质利益进步而忽视精神生活的不断富裕也不是历史唯物主义富裕观，等等。马克思主义站在人民的立场上科学揭示了共同富裕思想的历史唯物主义底蕴，其中，“现实的人”是共同富裕的现实出发点，社会生产力的进步为共同富裕提供丰硕的物质条件，社会基本矛盾是共同富裕的现实动力，人的“全面发展”是共同富裕的价值目标。“现实的人”“生产力”“社会基本矛盾”、人的“全面发展”共同构建了新时代共同富裕的历史唯物主义底蕴。

（一）“现实的人”：共同富裕的出发点

“现实的人”是历史唯物主义的逻辑前提和理论出发点。马克思主义作为新世界观之所以“新”，就在于它不是从空洞的原理、概念出发，而是从“现实的个人”出发，把个人、自然、社会有机统一起来，去解释世界和改变世界，以达到人的彻底全面解放的目的。一方面，区别于黑格尔“思辨历史哲学”所关注的那些游离在历史现实之外而存在的抽象的观念和思辨的人，这种所谓的“人”不可能参与任何实际活动，也不能创造历史，只是在哲学家头脑中游荡，马克思认为，“人并不是抽象的栖息在世界以外的东西。人就是人的世界”①。另一方面，也不同于抽象人道主义者费尔巴哈只从自然属性去理解人的本质，马克思说：“他只能把人的本质理解为‘类’，理解为一种内在的、无声的、把许多个人纯粹自然地联系起来的普遍性。”②马克思、恩格斯创建的历史唯物主义的伟大之处，就在于科学解决了历史领域的主客体关系问题，“全部人类历史的第一个前提无疑是有生命的个人的存在”③，现实的、从事实际活动的人是历史的主体。历史唯物主义从来不脱离人类活动的历史舞台来考察人，而是把人的创造作用、能动作用置于现实的基础之上。在这一逻辑前提下，“人”也就成为一切历史活动和社会关系的产生前提，成为历史唯物主义的理论出发点。

人是历史的创造者。马克思指出：“人们为了能够‘创造历史’，必须能够生活。”人的第一个历史性活动是从事物质资料的生产活动，这一活动也是现实的、活生生的，“人们自己创造自己的历史，但是他们并不是随心所欲地创造，并不是在他们自己选定的条件下创造，而是在直接碰到的、既定的、从过去承继下来的条件下创造”④。同时，生活也是无情的，它能将一切徒托空言的幻想击得粉碎，当奴隶阶级、封建阶级、资产阶级妄图用甜言蜜语掩盖其剥削本质的时候，迎接被统治阶级的却是无尽的压迫与剥削。不同的是，马克思从来没有把人从社会中游离出来，孤立地探讨人创造历史，而是在更宽广的领域，

① 《马克思恩格斯选集》第1卷，北京：人民出版社，2012年，第16页。
② 《马克思恩格斯文集》第1卷，北京：人民出版社，2009年，第135页。
③ 《马克思恩格斯选集》第1卷，北京：人民出版社，2012年，第524页。
④ 《马克思恩格斯文集》第1卷，北京：人民出版社，2009年，第603页。

通过研究人的历史和社会，探讨不同历史时期的经济关系、政治关系和思想关系，把握人与社会、人与自然、人与人之间的深层现实关系，为走向共产主义理想提供正确的指引。共同富裕是社会主义的本质特征，是共产主义社会的应然状态，社会主义现代化的重要目标，是人民群众的共同期盼，更是我们党的重要使命，习近平总书记强调："在全面建设社会主义现代化国家新征程中，我们必须把促进全体人民共同富裕摆在更加重要的位置，脚踏实地、久久为功，向着这个目标更加积极有为地进行努力，促进人的全面发展和社会全面进步，让广大人民群众获得感、幸福感、安全感更加充实、更有保障、更可持续。"

（二）发展生产力：共同富裕的重要着眼点

马克思强调："任何一个民族，如果停止劳动，不用说一年，就是几个星期，也要灭亡。"[①]在这里，马克思揭示了人类从贫穷走向共同富裕的最一般基础和前提，即社会物质生产力的不断发展。物质财富的极大丰富是人们全面自由发展的必要前提，没有生产力的发展，没有人们创造的丰裕的物质财富，共同富裕只能是一句空话，马克思和恩格斯还提出了无产阶级革命胜利后要"尽可能快地增加生产力的总量"，"使社会生产力及其成果不断增长，足以保证每个人的一切合理的需要在越来越大的程度上得到满足"[②]。一些人简单地认为共同富裕就是"均贫富"，这是对共同富裕思想缺乏科学的认识的表现，不能脱离生产力去空讲公平分配。所以，习近平总书记特别强调，"发展依然是当代中国的第一要务，中国执政者的首要使命就是集中力量提高人民生活水平，逐步实现共同富裕"。

发展社会生产力是实现共同富裕的前提，社会发展进步成果由全体人民共享是共同富裕思想的核心要素。当资产阶级成为统治阶级后，马克思指出，"资本主义方式占统治地位的社会财富，表现为'庞大的商品堆积'"[③]。可是，这些堆积的庞大商品并没有带来共同富裕而是贫富的两极分化，社会两极分化是共同富裕实现的严重阻碍。只有让社会发展成果能够惠及社会成员以满

---

① 《马克思恩格斯文集》第 10 卷，北京：人民出版社，2009 年，第 289 页。

② 《马克思恩格斯选集》第 3 卷，北京：人民出版社，2012 年，第 336 页。

③ 《马克思恩格斯文集》第 5 卷，北京：人民出版社，2009 年，第 47 页。

足每个人生存和发展的合理性要求，才能缓解社会两极分化，才能推动共同富裕的逐步实现。但是，这并不意味着马克思、恩格斯只是追求单纯的消灭私有制和实现公有制形式，正如马克思所说，只有在“集体财富的一切源泉都充分涌流之后……才能在自己的旗帜上写上：各尽所能，按需分配”[①]。这就明确界定了实现共同富裕的必要前提条件，即生产力高度发达，物质产品极为丰富。新时代共同富裕思想是马克思主义共同富裕思想中国化的理论成果，是扎实推动共同富裕的理论基础，它突出强调中国具体国情决定了不可能实现同步富裕，只能是在实现总体性共同富裕的基础上分阶段、分步骤实现，习近平总书记指出，“东西部扶贫协作和对口支援，是推动区域协调发展、协同发展、共同发展的大战略，是加强区域合作、优化产业布局、拓展对内对外开放新空间的大布局，是实现先富帮后富、最终实现共同富裕目标的大举措”。

（三）社会基本矛盾：共同富裕的现实动力

正确理解历史唯物主义对社会基本矛盾的揭示，有助于正确认识共同富裕的历史发展规律和现实动力。社会基本矛盾揭示了人类社会发展的一般规律，即从生产力与生产关系和经济基础与上层建筑之间的对立统一关系出发揭示了历史发展的基本动力，人类最终将走向共同富裕的社会主义和共产主义社会。恩格斯指出：“在人类发展的以前一切阶段上，生产还很不发达，以致历史的发展只能在这种对立形式中进行，历史的进步整个说来只是成了极少数特权者的事，广大群众则注定要终生从事劳动，为自己生产微薄的必要生活资料，同时还要为特权者生产日益丰富的生活资料。”[②]只有当社会生产力发展到一定程度，并建立以生产资料公有制为基础的社会主义和共产主义社会时，才能真正消灭剥削以及由此而产生的社会财富占有的不平等，从而实现全社会的共同富裕。对此，习近平总书记明确指出：“今天，我们比历史上任何时期都更接近、更有信心和能力实现中华民族伟大复兴的目标。”社会基本矛盾是处于不断变化和发展之中的，一定要深刻认识社会主要矛盾变化呈现的新特征新机遇新挑战，瞄准发展中亟待解决的主要问题，制定实施科学性强、针对

① 《马克思恩格斯文集》第3卷，北京：人民出版社，2009年，第436页。

② 《马克思恩格斯文集》第3卷，北京：人民出版社，2009年，第459页。

性强、操作性强的政策措施。面对我国发展的重要世情国情变化，我们抓住历史发展重要机遇，适时提出了社会主要矛盾已经转化为人民日益增长的美好生活需要和不平衡不充分的发展之间的矛盾，不断实现高质量、全面的发展，不断满足人民群众对物质文化、精神文明、生态环境、民主法治以及公平正义等方面更高质量的需求。习近平总书记指出："我们党现阶段提出和实施的理论和路线方针政策，之所以正确，就是因为它们都是以我国现时代的社会存在为基础的。"

（四）人的"全面发展"：共同富裕的价值旨归

历史唯物主义认为社会形态的发展包含着人的发展，马克思、恩格斯始终关切人的生存现状和发展前景，把实现全人类的解放、人的全面发展作为自己毕生的理论主题和奋斗目标，"人的全面而自由发展"是其最终价值旨归。不过，人的真正全面发展，只有在共产主义社会形态下才能实现，共产主义把每个人全面自由的发展看成是发展的目的，充分体现了人类发展的必然趋向。毫无疑问，资本主义带来了生产力和科学技术的巨大进步，但是资产阶级给予雇佣工人的仅仅是仅供维持他们生存的最低报酬，人的价值就仅仅是能够创造物质财富的机器和手段，资本主义生产方式导致了"物"对"人"的遮蔽，使得"物与物的关系"掩盖了"人与人的关系"，人与人之间冷漠、疏远已经成为物欲横流世界的人的异化生存现状。总书记强调，我们要实现的共同富裕是"不断增强人民的获得感、幸福感、安全感，不断推进全体人民共同富裕"。物质生产任何时候都是社会存在和发展的基础，物质贫穷不是社会主义，但精神贫穷同样不是社会主义。精神产品同样是满足人类需要的财富。马克思主义为人类求解放的历史使命与中国共产党百年来孜孜以求的共同富裕的历史任务高度契合。在我们党对未来美好社会共同富裕的规划，引导着全体人民在劳动能力充分展现的基础上的富裕生活，不仅如此，党的共同富裕思想还注重统筹人与自然、人与自身、人与人之间的关系，注重物质富裕和精神富裕的统一，推动社会更加和谐稳定，从而达到"人的自由全面发展"。进入新时代，促进共同富裕与促进人的全面发展是高度统一的，人民日益增长的美好生活需要不仅包括物质生活需要的满足，也包括其精神层面需要的更好满足。现阶段，我们党更加关注现实的人的精神需求，积极统筹精神文明建设，不断加强社会主义核心价值观、中国精神、中华优秀传统文化的弘扬、深入开展建党精神的提炼、家风家教等一系列重大工程的建设，有效适应新时代广大人民群众对美好精神生活的需求。

四、立足历史唯物主义扎实推进新时代共同富裕

扎实推动共同富裕是一个渐进的历史过程。共同富裕已然从遥不可及的梦想憧憬不断被推向中华民族伟大复兴伟大实践的前沿，全面建设社会主义现代化国家、向第二个百年奋斗目标进军的过程，也是扎实推动共同富裕的历史过程。正确认识和科学把握实现新时代共同富裕的新要求，是深入理解新时代共同富裕阶段性中心任务、制定路线方针政策的根本依据。历史唯物主义揭示了实现生产力和生产关系、实践维度和价值维度的双重统一，它以对“共同”的强调和对“富裕”的重视为双重逻辑，系统地阐述了共同富裕的历史性，实现共同富裕的物质前提、社会制度前提、社会途径以及共同富裕与人的全面发展的关系。习近平总书记强调：“人世间的一切幸福都是要靠辛勤的劳动来创造的。我们的责任，就是要团结带领全党全国各族人民，继续解放思想，坚持改革开放，不断解放和发展社会生产力，努力解决群众的生产生活困难，坚定不移走共同富裕的道路。”在新时代扎实推进共同富裕的过程中，要高度重视以下几个方面的实践问题。

（一）立足实事求是推动共同富裕

实事求是是历史唯物主义的重要观点，“马克思主义不是死的教条，不是什么一成不变的学说，而是活的行动指南，所以它就不能不反映社会生活条件的异常剧烈的变化”①。实事求是也是中国化马克思主义理论的精髓，我们党作为马克思主义政党，历来重视实事求是的工作方法，重视理论与实际统一、认识与实践统一。实事求是是以习近平同志为核心的党中央在治国理政中攻坚克难的思想武器。习近平强调：“不论过去、现在和将来，我们都要坚持一

① 《列宁选集》第3版第2卷，北京：人民出版社，2012年，第281页。

切从实际出发，理论联系实际，在实践中检验真理和发展真理。”[①]这一观点同样也是新时代共同富裕的客观要求和基本遵循，具体来说有两点体现：一方面，坚持实事求是，是要深入探究事物的本来面貌，深入把握共同富裕实践的客观规律，而不是对已有的政策一成不变、固步自封；另一方面，坚持实事求是，还要坚持分阶段、分步骤有序推进，因为实现共同富裕是一个客观的物质过程，要审慎估量工作难度，脚踏实地、求真务实走好每一步，不做超越或落后阶段的事情。在推动共同富裕过程中要坚持实事求是的科学精神，既要尽力而为，也要量力而行，不能脱离实际、超越阶段。基于此，我们要立足当前、着眼长远，统筹考虑需要和可能，按照经济社会发展规律循序渐进，这样才能推动共同富裕持续取得新进展。此外，在与时俱进中坚持实事求是，是我们党运用历史唯物主义方法论研究和解决实际问题的根本出发点。新时期党中央非常重视将一切从实际出发和顶层设计联系起来，尤其是当下全面深入改革新时期，更加需要科学的顶层设计作为共同富裕实践的外在条件保障。实事求是依赖于具体的实践过程，强调在实践中按照客观规律办事，而顶层设计更加强调一种科学思维方式，强调理论的指导、整体的规划、制度的规约。只有这样，才能提出科学制定促进共同富裕行动纲要，提出科学可行、符合具体国情的指标体系和评估办法。

（二）以人民为中心推动共同富裕

人民主体论是历史唯物主义的核心观点，也是新时代共同富裕特别强调的价值指向。习近平总书记强调：“要坚持以人民为中心的发展思想，在高质量发展中促进共同富裕，正确处理效率和公平的关系。”[②]在实现共同富裕的历史进程中，以人民为中心的发展思想主要体现在四个方面：一是相比之前，新时代共同富裕从过去关注物的分配到重视人的发展，实现了目的和手段的历史统一；二是从过去关注少数人的富裕差距到重视不同群体的富裕差距，改革开放后一部分人一部分地区先富起来，无形中扩大了社会差距，给经济社会健康发展带来了隐患，新时代共同富裕就是要推动更多低收入人群迈入中等收

① 《十八大以来重要文献选编》(上)，北京：中央文献出版社，2014 年，第 695 页。

② 习近平：《扎实推动共同富裕》，《求是》2021 年第 20 期。

入行列；三是从过去关注人的物质生活富裕到关注人的精神生活共同富裕；四是从过去只是重视发挥输血式力量转变到注重发挥人的主观能动性。在共同富裕建设过程中要充分发挥人的主体能动性，处理好理论与实践的问题，变“你要我做”为“我自己要做”。美好生活都是奋斗出来的，要注重激发人民群众“弱鸟先飞”的意识和“滴水穿石”的精神，使人民群众主动脱贫、共同富裕。要充分尊重和肯定人民群众的主体意愿和首创精神，引导人民群众自己选择致富方式、项目，使人尽其才，才尽其用。其实，这也是对人民群众精神财富的动员和发挥。在资本主义私有制的条件下片面地限制了人的全面发展，导致了人的物化、异化，从而丧失了精神层面的满足，对此，习近平总书记强调指出：“人，本质上就是文化的人，而不是‘物化’的人；是能动的、全面的人，而不是僵化的、‘单向度’的人。”①这一思想与人的全面发展学说本质相通，是对无产阶级作为解放主体这一马克思主义解放思想的再次确认和创造性发展，更是我们党“以人民为中心”的发展思想的生动体现，为扎实推进共同富裕提供了科学的指引。

（三）坚持总体系统观念推动共同富裕

坚持总体系统观念是我们党统筹国内国际两个大局、统筹“五位一体”总体布局和“四个全面”战略布局进行的全局性谋划和前瞻性思考。共同富裕是一项宏大的战略部署，虽然不同阶段、不同地区、不同部门要围绕共同富裕提出一些切实可行的措施，但是要加强战略性、系统性、前瞻性研究谋划，否则就会陷入片面主义的思维方式，割裂彼此之间的联系和整体性。注重顶层设计是十八大以来以习近平同志为核心的党中央治国理政的鲜明特色，这种自上而下的改革方法强调改革过程中的系统性、全局性、协调性和整体性。总体观念就是强调在局部与全局、要素与总体的联系中研究事物的运动发展，找出规律、建立秩序，这是推进伟大事业必不可少的思维工作方法。这是新时代共同富裕各方面环境的复杂性决定的，局限在部分领域或地区的共同富裕实践得出的结论，如果不能放在全局中总体性地思考，不等于在变化了的另外的时间、另外的地点也能够适用。对此，习近平总书记强调指出：“全体人民共同富

① 习近平：《之江新语》，杭州：浙江人民出版社，2017年，第150页。

裕是一个总体概念，是对全社会而言的，不是要分成城市一块、农村一块，或者东部、中部、西部地区各一块，各提各的指标，要从全局上来看。”[①]可见，坚持总体观念和系统思维就是要避免共同富裕实践过程中的盲目片面，坚持统筹各方面工作，明确主攻方向和着力点，系统优化和整体推进。构建体现效率、促进公平的收入分配体系，初次分配既要讲效率，又要讲公平，要规范分配秩序、合理控制初始分配差距；再分配要增强对分配差距的调节功能，通过完善税收制度、提高直接税比重、加强税收征管，更好发挥收入调节功能，既促进公平，又考虑效率，防止顾此失彼。

（四）在高质量发展中促进共同富裕

推动共同富裕，要着力实现高质量发展，这是实践要求和实现基础。有人说，共同富裕属于分好“蛋糕”的事情，这是对共同富裕问题的简单化。事实上，共同富裕并不仅仅是分配问题，不能牺牲效率谈分配公平，更不能养懒汉。新发展阶段扎实推动共同富裕，高质量发展是其应有之义。一方面，发展不平衡不充分问题是当前影响共同富裕的主要因素，要实现区域、城乡均衡发展以及经济整体发展水平提升，只靠高速增长把“蛋糕”做大已行不通，还要通过高质量发展把质量做优，在质的大幅提升中实现量的持续增长；另一方面，人民对美好生活的向往向多样化、多层次、多方面发展，人民最关心最直接最现实的利益从过去单一维度的物质方面“有没有”，向民主、法治、公平、正义、安全、环境等多维度的“好不好”拓展。只有贯彻新发展理念，实现创新成为第一动力、协调成为内生特点、绿色成为普遍形态、开放成为必由之路、共享成为根本目的的高质量发展，才能让人民更有获得感、幸福感、安全感。对此，习近平总书记指出：“实现共同富裕的目标，首先要通过全国人民共同奋斗把‘蛋糕’做大做好，然后通过合理的制度安排正确处理增长和分配关系，把‘蛋糕’切好分好。”[②]新时代实现共同富裕，不能仅仅局限在如何处理效率和公平问题上，而是要着力推动高质量发展。我国仍然是世界上最大的发展中国家，共同富裕本质上依旧是发展问题，仍需要用发展的办法来解决。要在高质量发展中促进共同富

① 习近平：《扎实推动共同富裕》，《求是》2021年第20期。

② 习近平：《扎实推动共同富裕》，《求是》2021年第20期。

裕，这就为共同富裕指明了实现途径和努力方向。高质量发展本质上就是发展理念的与时俱进，从着眼“有没有”升华为关注“好不好”，最终目标是不断满足人民日益增长的美好生活需要。

（五）在伟大斗争中推动共同富裕

社会主义历史发展是在矛盾运动中前进的，不断取得新时代伟大斗争的新胜利是扎实推动共同富裕的必然要求。习近平总书记指出：“马克思主义产生和发展、社会主义国家诞生和发展的历程充满着斗争的艰辛。”①新时代中国特色社会主义的伟大奋斗同样也充满过程的艰辛，面对国内外环境的变化，必须时刻准备着进行伟大斗争。基于此，“实现我们的奋斗目标，逐步实现全体人民共同富裕，实现中华民族伟大复兴的中国梦，必须准备进行具有许多新的历史特点的伟大斗争”。虽然今天已经具备了共同富裕的良好条件，但是必须清醒地认识到，中国人口基数大，地区发展水平不均衡，地区差距、城乡差距、收入差距等问题仍然突出，脱贫攻坚解决的是绝对贫困问题，共同富裕则是在脱贫攻坚基础上解决相对贫困问题，相对贫困问题的解决才真正意味着人民对贫困的摆脱。不过，斗争是一门艺术，要善于斗争，即在斗争策略上是灵活机动的，在斗争时效上是因时而化的，在斗争原则上是坚守立场的。脱贫攻坚时期，扶贫预期性目标明确可控，因此提出了统一的量化指标，但是，共同富裕要解决的是相对贫困问题，相对贫困问题在不同地区、不同群体之间存在着极大的差异，而且难以形成明确清晰的指标数据，这为传统的由政府划定标准并按照统一标准开展治理的模式带来了挑战。因此，党员干部更要有进行许多新的历史特点的伟大斗争的思想准备，逢山开道，遇水架桥。中国共产党是敢于斗争、善于斗争的政党，我们要少走弯路、少犯错误，全党必须准备付出更为艰巨、更为艰苦的努力，凝聚起推动共同富裕新征程的强大合力。

---

① 习近平：《在中央党校（国家行政学院）中青年干部培训班开班式上发表重要讲话》，人民日报，2019-09-04(01)。

参考文献

[1] 邓小平文选:第2—3卷[M]. 北京:人民出版社,1994.

[2] 毛泽东文集:第6卷[M]. 北京:人民出版社,1999.

[3] 习近平.高举中国特色社会主义伟大旗帜 为全面建设社会主义现代化国家而团结奋斗——在中国共产党第二十次全国代表大会上的报告[N]. 人民日报,2022-10-26(01).

[4] 习近平. 在纪念毛泽东同志诞辰120周年座谈会上的讲话[N]. 人民日报,2013-12-27(02).

[5] 习近平. 在中央党校(国家行政学院)中青年干部培训班开班式上发表重要讲话[N]. 人民日报,2019-09-04(01).

[6] 习近平. 扎实推动共同富裕 [J]. 求是,2021(20):4-8.

[7] 习近平. 之江新语[M]. 杭州:浙江人民出版社,2007.

共同富裕的内涵探讨与评价指标构建[①]

孙永健[②] 陈友华[③]

（南京大学社会学院）

摘　要：深刻理解共同富裕的内涵、构建共同富裕评价指标，对于共同富裕建设具有极大的引导作用。本文从物质与精神、国家与人民、收入和财富等关系辨析的维度对共同富裕的概念与内涵进行了梳理与探讨，进而构建出共同富裕的评价指标，即中国85%及以上家庭的人均年可支配收入达到或超过按2020年购买力平价衡量的1万国际美元。共同富裕的指标设计应当遵循同一性原则，以家庭为基本统计单位，采用可支配收入指标，考察富裕群体的覆盖面而非社会平均经济发展水平，并需识别其他关联指标的误用。基于评价指标，本文考察了高收入国家与中国推进共同富裕的现状与差距，发现中国在脱贫与富民方面虽取得显著成就，但与高收入国家与共同富裕目标之间仍存在较大差距。

关键词：共同富裕；概念内涵；评价指标；现实进展

一、引言

长期以来，共同富裕一直都是马克思主义中国化的核心理论与实践命题。1992年，邓小平南方谈话时便对“共同富裕”做出了系列论述，“共同富裕是体

---

① 本文系国家社会科学基金重大项目“实现积极老龄化的公共政策及其机制研究”（17ZDA120）的阶段性研究成果。收稿日期：2023年1月16日。

② 孙永健（1995—　），江苏盐城人，南京大学社会学院博士研究生，研究方向为人口社会学。

③ 陈友华（1962—　），江苏如东人，南京大学社会学院教授，研究方向为经济社会学。

现社会主义本质的一个东西，是社会主义制度不能动摇的原则”，“解放生产力，发展生产力，消灭剥削，消除两极分化，最终达到共同富裕”。[①] 党的十八大以来，中国特色社会主义进入新时代，我国经济发展呈现出一系列新的变化，社会主要矛盾也由过去人民日益增长的物质文化需要同落后生产力之间的矛盾，转化为人民日益增长的美好生活需要和不平衡不充分发展之间的矛盾。为此，习近平总书记在多个重要场合阐述了扎实推动共同富裕的重大意义、本质要求、目标安排、实现路径和重大举措。2022 年，在中国共产党第二十次全国代表大会上，习近平总书记更是进一步阐释了共同富裕的理论内涵与重要部署，“共同富裕是中国特色社会主义的本质要求，也是一个长期的历史过程。我们坚持把实现人民对美好生活的向往作为现代化建设的出发点和落脚点，着力维护和促进社会公平正义，着力促进全体人民共同富裕，坚决防止两极分化”。[②]

共同富裕是目前学界关注的重点，相关研究成果更是汗牛充栋，主要围绕共同富裕的基本内涵、理论基础、现实挑战和实现路径等方面展开。[③] 尽管“实现共同富裕是社会主义的本质要求”已成为学界不争的共识，但令人遗憾的是，目前人们对于“共同富裕”仍未予以明确且具体的概念界定与指标设定，其中存在诸多含混不清与认识分歧。随着 2020 年党的十九届五中全会审议通过了“十四五”规划纲要，共同富裕正式由理念目标迈入现实要求，其行动纲要与具体指标的制定也显得愈发迫切。2021 年，习近平总书记在中央财经委员会第十次会议上明确指出，“要抓紧制定促进共同富裕行动纲要，提出科学可行、符合国情的指标体系和考核评估办法”。[④] 事实上，概念和指标不清晰，极易造成认识上的混乱和解释上的随意性，不仅制约共同富裕的理论发展，[⑤]更阻碍共同富裕的实践开展与目标实现。故而，在新时代发展背景下，政府和学

---

① 《邓小平年谱(1975—1997)》(下)，北京：中央文献出版社，2004 年，第 1253 页。

② 习近平：《高举中国特色社会主义伟大旗帜 为全面建设社会主义现代化国家而团结奋斗——在中国共产党第二十次全国代表大会上的报告》(2022 年 10 月 16 日)，人民日报，2022-10-26(01)。

③ 彭玮，梁静：《共同富裕问题研究综述》，《社会科学动态》2022 年第 7 期，第 74—80 页。

④ 习近平：《扎实推动共同富裕》，《中国民政》2021 年第 20 期，第 4—6 页。

⑤ 刘先春，宋立文：《邓小平共同富裕思想的概念界定及其引申》，《重庆社会科学》2010 年第 6 期，第 12—16 页。

界重新正视“何谓共同富裕”“如何衡量共同富裕”等“老”问题并给出新见解与新思路，就显得尤为基础且重要。

有鉴于此，本文在辨析与探讨共同富裕概念与内涵的基础上，对共同富裕评价指标构建过程中应当遵循的原则、判定的依据以及需注意的事项予以充分讨论，进而尝试给出共同富裕评价指标的初步构想，并依据该指标对世界高收入经济体与中国推进共同富裕的进展情况进行评估，考察其中取得的成绩与不足，最终为我国制定促进共同富裕的政策路径、实现促进共同富裕的战略目标提供理论与实践层面的参考。

二、共同富裕的概念辨析与内涵探讨

共同富裕实际上是一个组合词，可将其拆解为“共同”和“富裕”两个层面，“富裕”指财富拥有数量多或生活水准高，而“共同”指覆盖面，意指绝大多数人甚至所有人都能拥有较多的财富或者过上富裕的生活。从广义或抽象层面来看，共同富裕作为社会主义的本质要求和发展目标，其内涵与本质在中国特色社会主义理论体系与脉络中已经得到充分的阐释与界定。2021 年习近平总书记在《扎实推动共同富裕》一文中指出，“我们说的共同富裕是全体人民共同富裕，是人民群众物质生活和精神生活都富裕，不是少数人的富裕，也不是整齐划一的平均主义”。① 然而，在狭义或具体操作层面，实务工作者和研究者对共同富裕的定义则呈现出多元性和精细化等特征，经济学、社会学、政治学、管理学、哲学等不同学科为此做出了各不相同甚至相互排斥的理解，②③④这实际上又导致了后续测度标准或评价指标的异质性。本文无意于给出令所有人都认可和满意的共同富裕的概念界定，但仍希望从物质与精神、国家与人民、收入

① 习近平：《扎实推动共同富裕》，《中国民政》2021 年第 20 期，第 4—6 页。

② 范从来，谢超峰：《益贫式经济增长与中国特色社会主义共同富裕的实现》，《中国经济问题》2018 年第 2 期，第 3—12 页。

③ 刘培林，钱滔，黄先海，董雪兵：《共同富裕的内涵、实现路径与测度方法》，《管理世界》2021 年第 8 期，第 117—129 页。

④ 郁建兴，任杰：《共同富裕的理论内涵与政策议程》，《政治学研究》2021 年第 3 期，第 13—25 页，第 159—160 页。

与财富等关系辨析的维度对共同富裕的内涵进行再探讨。

（一）物质富裕与精神富裕的关系阐释

"富裕"从严格意义上讲不仅包含物质层面，也包含精神层面。中国希望实现的共同富裕绝不仅仅是一个经济概念，也涉及精神层面的内容，即既要富口袋，也要富脑袋。[①②] 我国共同富裕的内涵本就具有丰富性与动态性，它会随着生产力发展与财富积累而不断拓展和深化。在中国社会经济高质量发展时期，共同富裕不应当仅局限于物质层面，也需要与美好生活、精神富足联系在一起。

然而，"富口袋"不易，"富脑袋"更难。相对于物质生活共同富裕的显性指标，精神生活的内隐性和弥散性特征使人们对如何评价精神生活共同富裕较难形成共识。[③] 不同于财富（以货币为代表）的同质性、流通性和可计算性，精神文化恰恰具有多样性、不可兑换性和难以量化性。因此，实现精神层面的共同富裕必然面临着"究竟该用什么来丰富人民的脑袋""如何开展精神富裕工程"以及"怎样验收精神共同富裕的成果"等一系列拷问。若不能深入反思与解决这些问题，那么精神共同富裕议题将不得不束之高阁而很难真正落地生效。此外，除了以马克思主义及其中国化后的理论来武装我国人民的头脑之外，中华民族历来缺少其他丰富精神生活的手段与渠道，突出表现为既没有特定深厚的宗教信仰，宗教的道德约束作用在中国社会几乎是缺位的，也没有良好的阅读与终身学习的习惯，读书于中国人而言常常伴有较多的功利色彩与目的性。可见，尽管反对将"富裕"聚焦在物质维度或呼吁拓展"精神富裕"的声音众多，但真正能够将"精神富裕""文化富裕"等概念阐释清楚并提出行之有效的实践标准与实现路径的实务工作者或学者却寥寥无几。

富裕涉及的领域比较广泛，但富裕归根结底是一个经济概念。《辞海》中

---

① 李安义，李英田：《"共同富裕"不仅仅是一个经济概念——再谈"共同富裕"内涵及实现方式》，《理论探讨》1996年第6期，第52—55页。

② 孙武安：《"共同富裕"只包含物质的内容吗？——与徐久刚先生商榷》，《理论探索》2004年第6期，第43—44页。

③ 傅才武，高为：《精神生活共同富裕的基本内涵与指标体系》，《山东大学学报（哲学社会科学版）》2022年第3期，第11—24页。

将“富裕”定义为“丰富宽裕、财务充足”，这说明富裕的内核或初始所指主要限于物质层面，代表着拥有较多的财富与某种物质水准的生活。与此同时，马斯洛需求层次理论（Maslow's Hierarchy of Needs）也指出，人们对不同层次需要的满足是有先后次序之分的，精神富裕往往建立在物质富足基础之上，没有物质层面的共同富裕作为前提支撑，精神文化层面的共同富裕也很难实现。我们相信，每个人达到高度物质富裕水平后就会有更大的获得感、满足感和幸福感，这是一种物资富裕决定精神富裕的过程。① 因而，本文在认同精神共同富裕重要性的前提下，认为无论从中国现实国情还是学术研究来看，目前共同富裕依旧比较适合限定在物质领域，党和政府的首要任务乃是以经济建设为中心，从而显著提高广大人民的物质生活水平。这实则与我国全面脱贫工程中以收入为关键脱贫标准的做法和逻辑是一致的，尽管脱贫攻坚战中强调“扶贫先扶志之后再扶智”，但真正验收扶贫成果并衡量是否脱贫的标志依旧是一个综合性的经济标准，即“一收入、两不愁、三保障”，其中最关键的仍然是农民群体的人均年收入指标。鉴于以往的经验教训，我们尤为需要注意：

一是在物质层面共同富裕目标还未实现之际，精神层面共同富裕的迫切性和重要性可能要退居其次。否则，容易导致一部分人还未实现物质富裕，更谈不上精神富裕，另一部分人却已经在物质富足的基础上向国家和社会谋求更多精神及其他层面的福利。共同富裕作为全面脱贫后中国在新时代的发展目标，其战略中心与资源投放重点仍应该放在经济增长与财富分配之上，继脱贫攻坚战中为人民“雪中送炭”之后为中低收入群体“再添一把火”，而不是为本就富裕的群体“锦上添花”。

二是要警惕中国各级政府、研究机构与部分学者将共同富裕的内涵拓展出物质乃至精神以外的维度而无限泛化，将本该反映人民生活水平的富裕扩展到包括政治、社会、生态与人口等各个层面，将不属于富裕的内容或与之关系不密切的很多东西掺杂进来，从而使富裕演变成一个无所不包的“大杂烩”与理想社会的代名词。在制定共同富裕的标准时，那种建立一套庞杂的指标体系并认为共同富裕应该无所不包的思路是不可取的，共同富裕与民生密切

① 李实：《共同富裕的目标和实现路径选择》，《经济研究》2021年第11期，第4—13页。

相关，因而最重要的是收入、财产等经济维度的变量。[①]

（二）国家富裕与人民富裕的关系厘清

在“国家—个体”视角下，“究竟是国家还是人民实现了富裕”同样也是值得辨析的重要议题。在经济学研究中，学者们认为国家或政府富裕一般体现在以下几个方面：一是 GDP 规模巨大；二是政府在财富分配中占比较高；三是政府税收或财政收入较多且增速较快；四是政府负债率较低且负债规模合理；五是国有企业在市场中的控制力较强且政府为其最大的资产所有者。[②③④] 而个人或家庭富裕则主要表现为以下几个方面：一是各项家庭人均收入与产出指标较高，特别是家庭人均可支配收入水平较高；二是劳动者报酬占财富分配中的比重较高；三是家庭恩格尔系数较低；四是国民社会保障与公共产品待遇水平较高；五是贫富差距保持合理区间，基尼系数较低。[⑤⑥] 实际上，上述学者对共同富裕的部分理解与认识是值得商榷的。

从韦伯“理想类型”[⑦]意义上而言，我们将富裕与否划分为四种基本类型（见表 1）。第一类是国富民富，即无论是宏观上的国家还是微观上的个体或家庭都实现了富裕的目标，这可能是最为理想的目标；第二类是国富但民不富，即人均 GDP 高且政府财政能力强，但国民收入水平不高、财富积累不足且生活水平仍有待提高；第三类是国不富民富，即人均 GDP 不高，国民税赋水平较低，政府财政收入有限，但国民手中积藏了大量财富；第四类是国不富民不富，

---

① 李实：《实现共同富裕，“提低”是关键》，《浙江大学学报（人文社会科学版）》2022 年第 1 期，第 6—9 页。

② 张培花：《建立国民同富的财富分配格局研究》，《经济问题探索》2010 年第 12 期，第 10—13 页。

③ 贾康：《谈“国富民穷”说的偏颇》，《财会研究》2011 年第 1 期，第 19 页，第 27 页。

④ 邓子基：《财政收入与 GDP 的协调关系研究：兼评所谓“国富民穷”之说》，《经济学动态》2011 年第 5 期，第 21—25 页。

⑤ 信卫平：《促进民富国强的思考——基于提高劳动报酬的视角》，《江汉论坛》2010 年第 9 期，第 26—19 页。

⑥ 李尚竹：《如何实现从“国富民穷”到“国富民富”的转变》，《经济导刊》2011 年第 5 期，第 12—13 页。

⑦ （德）马克斯·韦伯：《韦伯方法论文集》，张旺山译，台北：联经出版事业公司，2013 年，第 59 页，第 244 页。

甚至国穷民穷，此时政府、家庭和个人均面临经济不宽裕甚至收不抵支、负债累累等难题，这是任何一个国家都极力避免的困境。现实世界中部分中东石油输出国和北欧福利国家可能最接近国富民富状态，相反，大部分非洲贫困国家似乎更接近国穷民穷状态，而其余绝大多数国家则介于第一类和第四类状态之间，奉行经济自由主义的国家更趋近于第三种类型，而主张国家福利与政府干预的国家更偏向于第二种类型。

表 1　国家与个体视角下的富裕类型

个人或家庭层面的富裕程度	国家层面的富裕程度	
	富裕	不富裕
富裕	Ⅰ国富民富	Ⅲ国不富民富
不富裕	Ⅱ国富民不富	Ⅳ国不富民不富

改革开放以来，我国经济发展取得了巨大成就，社会财富成倍增长，特别是政府手中掌握着巨量的资源与财富，这意味着中国显然不属于国穷或国不富类型。但与此同时，我国人民的财富水平与分配状况也出现了某种问题：一是中国人均 GDP 与人均可支配收入与发达国家相比均存在不小差距；二是出现了劳动报酬占 GDP 比重相对偏低，甚至一度出现了资本所得畸高、财政收入大幅增长、劳动所得持续下降的局面；[①]三是国民财富分配出现两极分化，社会财富倾向于“向城市集中、向发达地区集中、向政府集中、向少数家庭集中、向垄断行业集中和向资本所有者集中”。[②] 故而，中国距离国富民富目标仍有很大差距。近些年来政府财政赤字持续扩大与各级政府债台高筑，可见中国也不属于国富之列，因而将中国归属于国不富民也不富类型可能较为合适。不过，这里的国不富民不富并不等同于国穷民穷。随着 2020 年中国全面脱贫取得决定性胜利，绝对贫困现象在国民生活中已基本消除，“民穷”的说法显然已不合时宜。此外，许多学者已经指出，虽然中国政府财政收入较高且持续增

① 孙立平：《贫富格局里的纠结》，《决策与信息》2011 年第 4 期，第 22—24 页；孙晓娜：《我国初次分配领域的分配不公现象举隅》，《人文杂志》2010 年第 6 期，第 190—192 页。

② 杨洁：《中国社会财富集中的制度成因及治理策略》，《理论与改革》2012 年第 5 期，第 53—56 页。

长,但实际上除部分用于政府本身外,多用于转移支付、改善民生以及平衡地区间的财力差异,且这对于社会主义国家而言也是必要之举。[①②]

中国自改革开放以来始终坚持以经济建设为中心的基本路线和统筹协调的科学发展观,多数制度与政策均践行"强国"和"富民"的理念。特别是随着"以人民为中心""以人为本""执政为民"等执政理念的确立与施行,一系列民生导向的富民政策得以出台。共同富裕的再次提及与强调,意味着未来党和政府的工作重心与资源分配将更多地向民生领域倾斜。正如 2022 年党的二十大报告所言,要将"实现全体人民共同富裕"纳入中国式现代化的本质要求,强调"中国式现代化是全体人民共同富裕的现代化"。"人民至上"立场和社会主义道路决定了中国共同富裕的目标会惠及全体国民。反观国家通常是一个单一且抽象的宏观主体与符号象征,在逻辑上并不符合"共同"一词的指涉意涵。因此,共同富裕中的"富裕主体"应当是人民而非国家,"民富"的重要性和优先级要远大于"国富"。不过,需要注意的是,国富与民富也并非简单的二元对立,实则本为一体。换言之,尽管共同富裕的目标取向应当是"民富",但在党和政府的领导下,"国富"是"民富"的必然趋势,全体人民的共同富裕一定能带来国家的繁荣富强。

(三)收入维度与财富维度的权衡与选择

既然共同富裕中"富裕"的关键维度与首要主体是物质层面与全体人民,那么我们就面临着究竟是从收入角度还是从财富角度予以考量的问题。收入是指个人在一定时段内所获得的全部货币和实物收入的总和,是一个流量概念。国民经济核算体系中一般从来源角度将家庭收入分为工资性收入、经营性收入、财产性收入和转移性收入四大类,各类收入形成的原因、过程各不相同。收入通常被看作决定人们社会经济地位高低的一个非常重要的因素,也是操作化过程中最主要的指标。但对收入的测度与调查存在一定的困难:一是收入测量的敏感性;二是收入来源的复杂性;三是随着现代金融的发展,工

---

① 贾康:《谈"国富民穷"说的偏颇》,《财会研究》2011 年第 1 期,第 19 页,第 27 页。

② 邓子基:《财政收入与 GDP 的协调关系研究:兼评所谓"国富民穷"之说》,《经济学动态》2011 年第 5 期,第 21—25 页。

资性收入所占比重不断下降，最常用于衡量收入水平的工资性收入指标越来越难以真实地反映个体的收入状况。

财富是个体占有、具有排他性且可以与主体分离的物品，又称资产、财产，是人们在某一时点所拥有的各项资产的货币净值，是一个存量概念。在财富测度中，一般把主体所拥有的、可以自由支配的所有现金、实物和非实物资产作为财富的范畴，包括土地、房产、生产性固定资产、金融资产（包括存款、股票、债券等）和耐用消费品。相较于收入，对财富测度的挑战性更大：一是财富调查的敏感性更强，被调查者刻意隐瞒或捏造的概率更高；二是财富的存在形式更为复杂与隐秘；三是金融资产的不确定性较高。因而，很多时候被调查者自身也很难准确地计算出其全部财富的总和。

本文综合收入和财富两个维度，对人们的经济状况同样进行理想类型的划分，并形成四种类型（见表 2）。第一种是富裕类型，即个体或家庭无论是从收入还是从财富角度考量都很充裕，毫无疑问地越过甚至大大越过富裕的门槛。第二种是财富多但收入少的富裕类型，即在财富维度上比较富足，但收入水平不高。比如，能够从亲代继承较多财产但自身不劳动或虽劳动但收入较少的子代群体即一种典型代表。第三种是收入多但财富少的不富裕类型。比如，出身寒门但在高薪行业工作的大学毕业生即这种类型的代表。第四种是不富裕类型，即在收入和财富两个维度上都较少，距离富裕标准也就更加遥远。虽然中国在 2020 年消除了绝对贫困，但仍有许多国民还处在相对贫困状态，脱贫后的返贫风险依然存在，特别是经历三年疫情后出现地区性返贫、规模性返贫与整体性返贫的风险大大增加。

表 2　收入与财富视角下的富裕类型

收入视角	财富视角	
	财富多	财富少
收入多	Ⅰ富裕	Ⅲ不富裕
收入少	Ⅱ富裕	Ⅳ不富裕

收入和财富均是对人们经济状况或地位进行测度的主要指标，但两者之间有时也存在很大差异，其差异程度、形成机制、影响后果都不能一概而论，二

者都只是富裕的一种表现形式，并不能全面反映物质文明与经济发展水平。当前中国利益关系失衡并不仅仅是收入分配所致，财富变动也是一个重要因素。[①] 因而，理论上的共同富裕中“物质富裕”标准的制定应当限于财富层面。然而，考虑到现实中财富测度的困难性与调查的不准确性以及现有数据的局限性，无论是联合国或世界银行对全球不同经济体贫富状况的衡量，还是中国脱贫攻坚战中对人民脱贫标准的鉴定，均没有选择财富指标，而是都选择了收入指标。故而，尽管财富维度对共同富裕的指标建构更重要也更准确，但短期内中国在共同富裕推进过程中同样只能限定在国民的收入维度，才更切合实际。

三、共同富裕的标准阐释与指标构建

如果共同富裕只是作为一种理念，一种未来发展的方向，有了定性的目标也就可以了，但如果它作为一种未来的发展目标，只有定性的目标是不够的，还需要有定量的目标或指标。[②] 目前，学术界关于共同富裕的阐释与讨论大多集中在形而上或定性描绘层面，故需引进更多的量化实证维度，否则将导致共同富裕的概念可操作性不强、评价标准模糊、实践指导意义差等系列问题。近年来，随着党和政府推进共同富裕的决心和力度不断增强，共同富裕正逐渐由一个整体性概念转变为实践性工作要求，此时，制定出科学可行又符合国情的评价指标与考核标准十分必要。国际上，联合国开发计划署的人类发展指数（HDI）和多维贫困指数（MPI）、世界银行的相对贫困线等指标均与共同富裕价值理念密切关联，而在国内，除了部分学者尝试构建出复杂多元的指标体系外，中共中央、国务院在《关于支持浙江高质量发展建设共同富裕示范区的意见》中也涉及了相应的指标评价内容。基于对共同富裕的概念辨析与内涵探讨，并结合已有研究中有关共同富裕指标设计的经验与缺陷，本文试图对共同富裕的现实标准与评价指标作出合适的界定。鉴于发达国家的实践与所达到

① 孙立平：《贫富格局里的纠结》，《决策与信息》2011年第4期，第22—24页。

② 李实：《充分认识实现共同富裕的长期性》，《治理研究》2022年第3期，第4—12页，第124页。

的水平，中国目前正处在追求共同富裕的初级阶段，因此，共同富裕可以定义为按购买力平价(PPP)衡量的家庭人均年可支配收入达到或超过 1 万美元(以 2020 年国际现价美元为基本锚定单位)，即判定该家庭及其成员达到或超过富裕的标准。当中国 85%及以上的家庭及其成员跨入富裕门槛时，我们便可认为实现了共同富裕的初级目标。下文对此评价指标作出了更多的标准阐释与理由说明。

（一）同一性：指标设计的重要原则

本文认为“同一性”是共同富裕评价指标构建时应遵循的重要原则之一，具体表现为两个方面：

第一，指标设计应当满足聚焦性与简洁性，充分体现共同富裕的核心内涵，即绝大多数人跨过富裕门槛。关于共同富裕测度指标，目前不少研究已然提出各种各样的多维度、多层级的评价指标体系，除了物质层面外，还涉及文化、法治、财政、生态环境等等，甚至多者高达 81 个三级指标。①② 其实，我们常常容易陷入指标体系“越复杂越好”“越全面越科学”的设计误区，实则不然。首先，共同富裕指标体系庞杂多元，看似面面俱到，但由于在指标取舍上忽视了指标之间的重复性、互斥性以及关联性的机理，结果会造成次要或衍生指标的作用因素被夸大，而本该反映概念意涵的内核指标的作用因素被严重挤压，最终使共同富裕的概念意涵稀释与评估结果失真。其次，过于庞杂繁复的共同富裕指标体系根本不利于后续富民工程的实践开展与成果验收，不仅会使实务工作者在共同富裕推进过程中迷失了工作重心，偏移到经济层面之外的次要领域，而且又为本就任务艰巨的共同富裕工作增添了更多不切实际的考核维度，大大增加了考核的成本，降低了目标实现的可行性。设想一下，国家和政府难道要依据近百项指标来判断是否实现了共同富裕的目标吗？最后，共同富裕评价指标的庞杂多元实则也是共同富裕概念被不断泛化和理想化的表现，把本该聚焦在经济领域的富民工程无限拓展至人类社会的方方面面，也

---

① 陈丽君，郁建兴，徐铱娜：《共同富裕指数模型的构建》，《治理研究》2021 年第 4 期，第 5—16 页，第 2 页。

② 杨宜勇，王明姬：《更高水平的共同富裕的标准及实现路径》，《人民论坛》2021 年第 23 期，第 72—74 页。

使得民众对共同富裕产生有偏差的认知与预期。实际上，这种泛化和理想化的认知偏差在推进全面小康社会建设时就已经普遍存在。"全面小康"本应指绝大多数人能过上物质层面"温饱有余而富裕不足"的生活，但纵观当时林林总总的全面小康指标体系，便会发现"全面小康"逐渐演化成为完美社会的代名词，甚至出现乌托邦化的倾向。[①] 而2020年中国已经实现了全面小康社会的目标，但中国并没有因此进入以往指标设计者所构想的理想社会，而是与其他国家一样，实现全面小康后的中国依然不是一个完美的理想社会，仍然充满着许多亟待解决的问题与矛盾。实现全面小康后的中国现实是对当年完美主义思想指导下的全面小康社会指标体系的否定。

第二，指标设计应当满足不同区域间的统一性和可比较性，共同富裕是在一个主权国家范围内的目标，其内涵具有整体性、全覆盖性和关联性，即举国上下采用统一的共同富裕标准。考虑到城乡或地区发展之间的不平衡性，在构建共同富裕测度指标时，许多人总是习惯于对不同区域甚至不同群体使用不同的标准，进而导致共同富裕指标的碎片化问题。首先，中国城乡、地区与群体之间本就存在较大的社会经济差距，在共同富裕推进过程中，如果对经济发达地区与欠发达地区采用不同的测度指标与衡量标准，很可能会继续助长重城市发展、轻农村发展的倾向，进而使部分经济发达地区"率先实现共同富裕"，而"率先"与"共同"之间本就存在逻辑上的张力。其次，不同于封闭性与静止性的传统社会，现代社会是开放性与流动性社会，公民在本国范围内应享有自由迁徙权，因此，若是不同区域之间采用差别化的富裕评价标准，就会出现个体或家庭在迁移中反复迈入与跌出富裕门槛的怪象。最后，如果不同地区共同富裕的评价指标存在不一致性，这不仅使得区域间的可比性大打折扣，给政策执行与人们的思想造成混乱，而且也很难满足基本的学术研究规范。因此，共同富裕在实践领域中需要警惕其概念的挪用与范围的延展，防止出现大到国家、小至县或村都各持一套共同富裕标准的现象。

① 陈友华：《全面小康的内涵及评价指标体系构建》，《人民论坛·学术前沿》2017年第9期，第80—89页。

（二）家庭：基本的衡量与统计单位

国家统计局对我国中等收入群体的界定就是以家庭年可支配收入为统计标准的。[①] 与此同理，共同富裕评价指标原则上也应该以家庭而不是个人为考察与分析的基本单位，理由如下：

第一，家庭是基本的生活单元，微观个体多嵌入在家庭之中，即使与其他家庭成员不发生物理空间意义上的共同居住，也同样存在日常交往、经济支持、生活照料与精神慰藉等多方面的密切联系，而对于具有宗族传统、家庭观念的中国人而言更是如此。

第二，家庭内部并不是每个人都有收入，如未成年的儿童、正在读书的学生、失业的中青年、没有退休金的老年人等，家庭本就是一个互助互惠的共同体，因而，家庭生活水准主要由家庭整体或高收入者的收入水平所决定。例如，由于先赋与后致因素上的差异，全体国民中的老弱病残等群体很难通过自身努力而过上富裕生活，除了接受政府转移支付与福利救济，他们最主要的还是依靠家人的帮助才有可能过上富裕的生活。再如，由于父辈与祖父辈的财富积累，很多富庶家庭的子辈与孙辈自出生起便已过上了优越的生活，尽管他们还未成年或工作后收入不高，但这部分群体显然不适合纳入共同富裕中需要帮扶的对象。

第三，随着我国越来越多的大型家庭调查数据库的建立与完善，以及统计分析技术的进步与成熟，考察家庭而非个人维度的富裕状况变得越来越有可能。

综上所述，采用家庭口径作为共同富裕最基本的衡量统计单位是比较合适的。

（三）可支配收入：对人均 GDP 或 GNI 的否弃

人均 GDP 和人均 GNI 是政府和学界最常使用的经济指标，能够粗略地反映一国或地区经济实力与收入水平的强弱。GDP 即国内生产总值，是一个国家所有常住单位在一定时期内生产活动最终成果的价值。GNI 即国民总收

① 张文宏：《扩大中等收入群体促进共同富裕的政策思考》，《社会科学辑刊》2022 年第 6 期，第 86—93 页，第 209 页。

入，是一个国家所有常住单位在一定时期内收入初次分配的最终结果，约等于政府、企业与劳动者的初次分配收入之和。人均 GDP 和人均 GNI 分别是用 GDP 和 GNI 除以年均人口计算得到的人均指标，消除了人口数量的影响。然而，这两项指标在实际工作与理论研究中还存在某些缺陷与误区，均不能如实地反映国民的收入状况，因此，都不适合作为共同富裕的评价指标。

第一，严格来说，人均 GDP 是反映不同国家或地区生产水平的指标，由于忽视了财富分配格局、物价水平、福利模式等多种因素，该项指标并不能直接反映国民的收入水平、财富状况与生活水准。

第二，GNI 是反映不同国家或地区总体收入水平的指标，GNI 等于 GDP 加上从国外获得的初次分配收入净值。相较之下，人均 GNI 比人均 GDP 稍微适用于测度共同富裕的经济标准，但也同样存在测度国民收入状况失真的风险。原因在于无论是人均 GDP 还是人均 GNI 都忽视了财富分配问题。换言之，如果人均 GDP 或人均 GNI 很高，但在初次分配过程中劳动者报酬所占比例过低，那么最终个人或家庭真正可以动用的经济资源也是不充裕的，这可视为国家或集体富裕，但显然没有做到藏富于民，自然也称不上实现了共同富裕的目标。目前，中国宏观收入分配格局中依然存在居民可支配收入比重偏低、初次分配与再分配过程中向政府倾斜、政府再分配调节力度不够等问题，[①] 由此加剧了人均 GDP 或人均 GNI 指标的不适恰性。

第三，在一个国家或地区中，虽然人均 GDP 或人均 GNI 指标很高，同时初次分配中居民收入比重也不低，但如果国民之间的收入差距过大的话，就表明该国大部分财富被少数群体所持有，社会中下阶层的民众可能并不会因为人均 GDP 或人均 GNI 的提高而增加其收入，甚至有可能相对减少。可见，人均 GDP 或人均 GNI 极易掩盖财富分配中出现的问题与收入差距，忽略国与民、民与民之间的收入的异质性。

故而，人均 GDP 与人均 GNI 指标均不适合作为共同富裕的统计口径。相比之下，家庭人均可支配收入指标可能更加适恰，该项指标既剔除了初次分配中政府和企业收入权重的影响，又在微观层面反映出国民的生活水平和购

① 施发启，张琦：《当前我国宏观收入分配格局研究》，《调研世界》2015 年第 11 期，第 3—8 页。

买力。并且，目前我国在计算城乡居民收入差距、基尼系数等指标时多需要在居民人均可支配收入的基础上进行衍生计算。

（四）1 万美元：富裕程度的判定理由

共同富裕最重要的构成要素是反映富裕程度和共享程度的两类标准。在实际操作过程中，其实只需制定出最低富裕标准，进而考察有多少群体已然满足和还未达到这一门槛即可。这一共同富裕指标的构建思路与李实[①]等学者的观点不谋而合。富裕门槛的具体设定需要兼顾本国国情与国际进展，本文尝试将该标准界定为按购买力平价衡量、以 2020 年为计算基准的 1 万美元。

第一，在人民币与美元的换算过程中采用购买力平价汇率而非货币汇率来进行。购买力平价（Purchase Power Parity，简称 PPP），是根据各国不同的价格水平计算出来的货币之间的等值系数，可一定程度上消除国家间价格水平差异的影响。世界银行（The World Bank）通常会公布“一篮子商品”来用作测算不同国家法币之间的购买力平价汇率。例如，《世界银行公开数据 2022》显示，2021 年按购买力计算，4.2 元人民币约等于 1 美元，即在美国使用 1 美元购买同样数量的货物和服务需要中国的人民币数量为 4.2 元。[②] 购买力平价汇率能够更加准确地比较不同国家或地区之间的生活水准，更加契合共同富裕所指涉的“让全体人民切实富裕起来”的指导思想，而通行的货币汇率在此方面却容易产生误导。

第二，考虑到通货膨胀、物价水平等因素，以 2020 年国际元（即美元）作为计算基准是比较合适的。美元作为世界基础货币依然在全球市场中拥有权威地位，在世界银行的统计中美元也直接被视为锚定各国法币的国际币。采用现价国际元为计算基准，既可以作横向国际比较，由此对各国民众的生活水准进行排序和讨论，又可以作纵向国内不同年份之间的比较，在消除通货膨胀影响后对一国人民的生活水平进行趋势描绘和研判。最后还可以将横向与纵向比较相结合做更多更深入的分析。

---

① 李实：《实现共同富裕，“提低”是关键》，《浙江大学学报（人文社会科学版）》2022 年第 1 期，第 6—9 页。

② 资料来源：世界银行数据库 https://data.worldbank.org.cn/indicator/PA.NUS.PPP? locations=CN。

第三,"1万美元"的具体数值主要参照了世界银行"四分位法"对中高收入国家的定义。世界银行把全世界经济体划分为四个收入组别:高收入、中高等收入、中低等收入和低收入。这些组别用于显示不同国家或地区在减少贫困、增加收入等方面的表现,其中人均GNI是衡量一个国家富裕程度及其在四个组别中所处位置的主要指标。根据世界银行的定义,使用购买力平价法计算的2022年人均GNI达到27410现价美元的国家或地区可纳入高收入组别,介于27410～13860现价美元的国家或地区归为中高等收入组别。① 同时,以往经验表明,人均可支配收入与人均GDP或GNI存在一个浮动的转化率区间,发达国家的人均可支配收入通常占到人均GDP或人均GNI的60%及以上,而这一比重在大量发展中国家中常常不足60%。② 通过对人均GNI的折算可以大致得到中高等收入国家的人均可支配收入。③ 基于此,本文认为现阶段中国共同富裕推进过程中适宜将按PPP法计算的2020年"1万美元"视作富裕的经济门槛值。

当然,关于这一标准还需作如下说明:一是富裕的标准具有动态性、时空性与相对性,因而我们采用的富裕的门槛值也会随着世界银行对中高等收入国家的界定而相应地调整。其实,富裕本就是一个相对概念,不同社会对富裕的理解与认识是不相同的。改革开放初期中国人所憧憬的富裕社会是"楼上楼下、电灯电话",现在对多数国人而言早已经实现,但"楼上楼下、电灯电话"放在今天,并非所有人都认同这是富裕的标志。二是考虑到表述习惯与统计方便,"1万"的数值标准自然不是严格精准而不容许变更的,它存在不少有待商榷与改进的空间。然而,任何研究只要提出富裕的标准都难免招致他人的质疑,因此,令所有人都认可与满意的指标是不存在的,本文是这方面的一次

---

① 资料来源:世界银行数据库 https://data.worldbank.org/indicator/NY.GNP.PCAP.PP.CD?view=chart。

② 余芳东:《世界主要国家居民收入分配状况》,《中国统计》2012年第10期,第59—61页。

③ 按照高收入国家的人均GNI门槛值27410国际元为标准,分别假设人均可支配收入是人均GNI的60%与70%,计算得到高收入国家的人均可支配收入的门槛值在16446国际元至19187国际元之间。如果按照中高收入国家的人均GNI门槛值13860国际元为标准,分别假设人均可支配收入是人均GNI的60%与70%,计算得到高收入国家的人均可支配收入的门槛值在8316国际元至9702国际元之间。因此,笔者认为,将家庭人均可支配收入设定为1万国际元是比较合适的。

有益尝试。

（五）85%覆盖面：共享程度的判定依据

全面小康社会就是绝大多数家庭或个人的生活跨入小康门槛，因此，测度全面小康进程只需要一个能够反映小康人口覆盖面的指标就足以。[①] 与之同理，共同富裕同样是指绝大部分家庭或个人的收入或者生活达到富裕的标准，家庭人均收入未达到富裕社会的门槛或未能过上富裕生活的家庭或个人占比很低。故而，共同富裕指标构建的关键除了在于富裕标准的制定，还有就是共享程度的确定，即考察富裕达标人口的覆盖面。

第一，共同富裕不是社会平均收入或生活达到富裕社会的门槛，因此，平均数值类指标不适用于测度共同富裕的进程。具体而言，我们不能将所有家庭的人均可支配收入进行加总取平均数或排序取中位数，以此来和 1 万美元的富裕门槛进行比对，从而判断共同富裕的进展情况。这是因为社会平均生活水平的最大局限在于会掩盖其中个体间的差异，尤其当个体间差别较大、贫富悬殊时更是如此。[②] 当家庭间生活水平差异较大时，存在着平均数掩盖下的贫困现象，因而使用平均数类或中位数类指标来定义共同富裕是不恰当的。这类指标不能回答究竟有多少比例的家庭或个人的收入迈过富裕社会的门槛或者过上了富裕的生活，因而不能体现共同富裕指标对富裕人群覆盖面的要求，这也是共同富裕与全面小康在概念建构与指标测度中的共通之处。实际上，世界银行在对各个国家或地区的人口贫困与经济发展状况进行评估与研究时，较少采用平均数类指标，反而更多借助五分位数或十分位数等指标来考察社会中最末端群体的经济收入与生活水准。

第二，共同富裕是指绝大多数人的收入或生活达到富裕标准的社会，因此，应当启用分位数值类指标来测度共同富裕的进程。本文认为共同富裕的实现可以分为初级和高级两个目标，高级目标是指所有家庭或全体人民的收入或生活均迈过富裕社会的门槛，而初级目标则要求绝大多数人实现富裕。

---

① 陈友华：《全面小康的内涵及评价指标体系构建》，《人民论坛·学术前沿》2017 年第 9 期，第 80—89 页。

② 凌昌玉：《全面小康社会评价指标体系的构建》，《统计与决策》2003 年第 10 期，第 6—8 页。

根据党的十九大报告中的重要表述，中国当前推进共同富裕分为两个阶段：第一阶段是到2035年共同富裕取得更为明显的实质性进展；第二阶段是到2050年基本实现共同富裕。不过，即便是基本实现共同富裕也不等于全面实现共同富裕，也就是说至少在2050年之前，中国都将以实现共同富裕初级目标为重任，即追求绝大多数人的共同富裕。当中国发展至按需分配的共产主义社会之际，便能实现人人都能过上富裕生活的理想，届时也必定完成了共同富裕的高级目标。本文认为85％的分位数是表达共同富裕初级阶段“共同”程度的临界线，换言之，共同富裕目标的实现最少需要保证富裕群体的覆盖率达到85％及以上。85％分位数的判定主要参考了相对贫困发生率的规律及相关研究。相对贫困是人类社会共同面临的又一难以彻底消除的难题。发达国家虽然较早解决了绝对贫困问题，但始终处在相对贫困治理阶段。《世界银行公开数据2022》表明，发达国家的相对贫困发生率维持在10％～15％之间，且随着经济形势与经济周期有所波动。2020年，中国脱贫攻坚战取得了全面胜利，这标志着我国告别了绝对贫困社会，但也意味着相对贫困治理社会的来临。[①] 富裕与贫困是一对相反的概念，尽管都是一个与时俱进的概念，但同时也具备“绝对”的意涵。而相对贫困则是一个相对概念，现代社会中即便是处在相对贫困状态的群体，如果放在传统社会或落后国家之中，也可能跻身富裕人群之列。事实上，任何社会的相对贫困率只能有限缩减，难以彻底消除，原因在于人与人之间差异悬殊，财富创造能力更是千差万别，老弱病残等群体多很难通过自身努力获得较高的收入与过上富裕的生活。因此，初级阶段的共同富裕并不能要求所有的社会成员都能过上富裕生活，而只能保证较低比重的群体还处在相对贫困状态。在共同富裕的初级阶段，相对贫困与共同富裕实则是共生并存的，两者并不矛盾，共同富裕社会应当允许少数相对贫困现象的发生。诚如全面小康与绝对贫困发生率互为逆向指标，共同富裕在某种程度上也是相对贫困发生率的逆向指标。故而，结合国内外相对贫困治理的现状与规律，我们认为共同富裕中“共同”的标准比较适宜界定为富裕覆盖面达到

① 陈友华，孙永健：《共同富裕：现实问题与路径选择》，《东南大学学报（哲学社会科学版）》2022年第1期，第100—108页，第147页，第149页。

85%及以上。当然,需要说明的是,85%的覆盖率同样也存在动态变化的特征与优化调整的空间,也无法令所有人信服。

(六) 共同富裕其他关联指标的辨析与讨论

除了人均GDP、人均GNI指标之外,还有很多其他社会经济指标也时常被人们用来测度与表征共同富裕社会,如中等收入群体比例、恩格尔系数、基尼系数等。尽管这些关联指标的确与共同富裕概念本身密切相关,但也存在本质的差异,因而均不适宜作为共同富裕的直接评价标准。

第一,中等收入群体比例的扩大与"橄榄型"社会结构的形成并不意味着实现了共同富裕。构建"两头小、中间大"的"橄榄型"社会结构即在于扩大中等收入群体规模,而政府和学界习惯于将"橄榄型"社会视为理想社会的代名词,并过分夸大中等收入群体比例提高的积极意义。因而,在我国推进共同富裕进程中,自然便有许多研究提出扩大中等收入群体规模在总人口中的比例是最为重要的途径之一。[①][②] 尽管扩大中等收入群体比例有助于缩小不同收入群体之间和内部过大的贫富差距,但这并不必然保证相对贫困发生率的降低。共同富裕的关键举措在于扩大富裕群体的覆盖面,使其尽早达到并超越85%的分位数值,同时减少相对贫困人口的比重,使其降低至15%及以下。故而,对开展共同富裕工程来说,"限高"(压缩上层社会的比例并限制其财富增长)、"扩中"(扩大中等收入群体的比重)、"降底"(减少底层社会的规模)这三条可能途径中,"降底"的重要性和优先级最高。推进共同富裕中最重要的是提高底层人群的收入、财产积累、社会保障和享有的公共服务水平。[③] 一方面,"扩中"并不必然直接减少相对贫困人口的比例,甚至有可能是借助对上层社会的压缩与转化来实现的。况且,中等收入线也并不能完全等同于富裕的标准线,当前者低于后者之际,中等收入群体的规模再大、比例再高也无法说明

① 许永兵:《扩大中等收入群体:实现共同富裕的重要路径》,《河北经贸大学学报》2022年第3期,第34—41页。

② 张文宏:《扩大中等收入群体促进共同富裕的政策思考》,《社会科学辑刊》2022年第6期,第86—93页,第209页。

③ 李实:《实现共同富裕,"提低"是关键》,《浙江大学学报(人文社会科学版)》2022年第1期,第6—9页。

全体人民的共同富裕。另一方面，“限高”则不利于上层社会的财富创造与税费上缴，进而会减少国家可用于治理相对贫困问题的财政收入。如此看来，是否为“橄榄型”社会结构、中等收入群体比例都不适合作为评判共同富裕的直接指标。本文所构建的共同富裕评价指标十分强调对相对贫困群体的缩减和富裕群体的扩大，很大程度上是“罗尔斯主义”和“功利主义”的折中，财富最终分配结果一方面要充分考虑社会中境况较差的社会群体的幸福指数，一个社会无论其贫富差距有多大，共同富裕进程致力于帮助经济状况较差的那部分人越来越多、越来越早地跨进富裕的门槛，另一方面也应当符合“最大多数人的最大幸福”，即大多数人过上富裕的生活。

第二，基尼系数不适用于测度共同富裕的进展与目标。基尼系数（Gini index）是国际上通用的、用以衡量一个国家或地区居民收入差距的常用指标之一，基尼系数越接近于 0，表明收入分配越是趋于平均，反之收入差距越大。基尼系数本身存在一定的缺陷：一是计算的是一定时期（如一年）人们之间的收入差距，忽视了终身收入或财富积累维度的考量；二是忽视了不同社会阶层之间的流动性；三是忽视了年龄、职业、人力资本投资对收入的影响，混淆了差异与不公平之间的差别。最为重要的是，基尼系数本身更多反映了人们的收入差距，却无法反映社会的整体进步情况，也无法反映相对贫困人口的规模与比重。例如，美国在一战与二战期间基尼系数最低，而如今基尼系数却很高。但不可否认的是，今天美国人的生活水平远超过当年，如今穷人的生活可能也好过当年富人的生活。因此，当许多主流观念过分强调降低基尼系数与实现共同富裕的密切性之际，极易使共同富裕的工作重心偏移至贫富差距的缩小，而非富裕群体的扩大。共同富裕与贫富差距是两个既相互联系又截然不同的概念，应当明确共同富裕是有差别的富裕，绝不是平均主义的富裕。实际上，较大的贫富差距并不意味着分配不合理，无差别的财富状况也不意味着分配合理，贫富差距很小的社会也可能陷入普遍的贫穷之中，例如 1950—1990 年间的中国社会即如此，所以说共同富裕的社会中也应当允许富裕家庭之间财富或收入上的某种差距。

第三，使用恩格尔系数来衡量共同富裕也不合理。恩格尔系数是平均数指标，联合国粮农组织以恩格尔系数作为社会富裕程度的划分标准是不全面的，甚至是有问题的。[①] 即使恩格尔系数低于 40％，也绝不意味着大多数人就能过上富裕的生活，况且恩格尔系数也不可能无限缩减，存在降低的极限与降速的边际递减规律。特别是当中国脱贫攻坚与全面小康社会建设取得决定性胜利之后，我国大部分家庭的恩格尔系数已然降低至较低水平，但这并不表示共同富裕社会的来临，恰恰相反，许多家庭或个体在“吃饱穿暖”达到小康水平之后仍与富裕标准存在不小的差距。

四、推进共同富裕的国际经验与中国现状

现在的中国不是一个富裕社会，更不是一个共同富裕社会，我们迫切需要知道中国当前的富裕和共享程度以及在国际比较中的地位。本文对共同富裕经济评价指标的构建有利于共同富裕目标的明晰、现状的评估以及差距不足的度量，同时也为国际对标找差与经验借鉴提供了可能。借助《世界银行公开数据 2022》以及《中国统计年鉴 2021》，本文基于“85％及以上家庭的人均年可支配收入达到或超过按 2020 年购买力平价衡量的 1 万国际现价美元”的评价标准，分别考察了高收入国家与中国推进共同富裕的现状以及与目标的差距。

（一）高收入国家推进共同富裕的现状与经验

在新发展阶段，党中央明确提出到 2035 年共同富裕要取得更为明显的实质性进展，并制定了共同富裕行动方案，这在全球范围内还是首次，特别是像中国这样将其明确放入国家远景目标并逐步推进的国家则更是没有。[②] 不过，虽然共同富裕是社会主义的本质特征，但在全球范围内推出共同富裕类似战略或悄然实现共同富裕类似目标的国家也并不鲜见。因而，本文考察了高收入国家在推进共同富裕方面的现状与成效，如表 3 所示。

---

① 陈友华：《全面小康的内涵及评价指标体系构建》，《人民论坛 · 学术前沿》2017 年第 9 期，第 80—89 页。

② 万海远，陈基平：《共同富裕的理论内涵与量化方法》，《财贸经济》2021 年第 12 期，第 18—33 页。

表3　高收入国家的贫困发生率与不同收入组别的人均可支配收入

国家	最近年份	人均GNI（美元）	绝对贫困率（%）	相对贫困率（%）	10%最低收入组		20%最低收入组	
					人均GNI（美元）	人均年可支配收入（美元）	人均年GNI（美元）	人均年可支配收入（美元）
阿联酋	2018	68800.0	0.0	0.4	27519.6	19263.7	31647.5	22153.3
挪威	2019	68860.0	0.2	0.5	23411.4	16388.0	30297.1	21208.0
丹麦	2019	60400.0	0.3	0.4	22950.6	16065.4	28688.3	20081.8
卢森堡	2019	77680.0	0.1	0.3	21749.6	15224.7	27963.8	19574.7
芬兰	2019	50580.0	0.0	0.2	19218.8	13453.2	23264.9	16285.4
德国	2018	57010.0	0.0	0.2	17686.3	12380.4	22535.8	15775.1
瑞典	2019	56200.0	0.3	0.9	16298.2	11408.7	22761.3	15932.9
法国	2018	47660.0	0.0	0.1	15260.4	10682.3	19075.5	13352.9
澳大利亚	2018	48600.0	0.5	1.0	13077.1	9154.0	17678.2	12374.7
加拿大	2017	47700.0	0.2	0.7	12855.3	8998.7	16902.3	11831.6
美国	2019	66120.0	1.0	1.7	11902.1	8331.5	16861.2	11802.8
英国	2017	45770.0	0.3	1.0	11886.4	8320.5	15543.7	10880.6
日本	2013	40760.0	0.7	1.4	11809.8	8266.9	15678.5	10975.0
韩国	2016	39720.0	0.2	1.2	11097.7	7768.4	14863.0	10404.1
葡萄牙	2019	35230.0	0.1	1.5	9865.1	6905.6	13388.3	9371.8
波兰	2018	30630.0	0.2	1.4	9774.9	6842.4	12524.1	8766.9
俄罗斯	2020	29210.0	0.0	4.1	9209.2	6446.4	11140.2	7798.1
西班牙	2019	41790.0	0.8	2.8	8359.0	5851.3	12956.4	9069.5
意大利	2018	43510.0	1.5	3.2	8270.2	5789.1	13275.8	9293.1
希腊	2019	30080.0	0.7	3.9	7520.1	5264.1	10528.2	7369.7
智利	2020	23510.0	0.7	8.0	4937.3	3456.1	6465.5	4525.9

注：(1) 表中人均GNI和可支配收入均是按2021年购买力平价(PPP)衡量并以现价美元为计算基准所得；(2) 绝对贫困发生率指按2017年购买力调整后的价格计算，每天生活费低于2.15美元的人口百分比，是世界银行在衡量极端贫困时采用的一个共同标准。相对贫困发生率指按2017年国际价格计算，每天生活费低于6.85美元的人口百分比，是世界银行衡量中高收入国家贫困线采用的标准；(3) 人均可支配收入是依据其与人均GNI一般转化率而粗略估算所得，也参考了余芳东①和谢攀等②的研究成果；(4) 俄罗斯等国曾一度位列高收入经济体之中，之后又反复退出和进入，本文也将其纳入国际比较之中。

资料来源：《世界银行公开数据2022》，详见 https://data.worldbank.org.cn/。

① 余芳东：《世界主要国家居民收入分配状况》，《中国统计》2012年第10期，第59—61页。

② 谢攀，李文溥，龚敏：《经济发展与国民收入分配格局变化：国际比较》，《财贸研究》2014年第3期，第6—13页。

分析表3可知，高收入国家中仅有少部分实现了共同富裕的目标，绝大多数国家仍与共同富裕目标存在差距，甚至差距还较大。首先，阿联酋、挪威、丹麦、卢森堡、芬兰、德国、瑞典等高收入国家已经符合共同富裕社会的经济特征，即这些国家中最底层的10%的群体的人均年可支配收入已然大于1万美元的经济标准，超过90%的国民过上了富裕的生活。其次，澳大利亚、加拿大、美国、英国、日本等高收入国家则十分接近共同富裕社会，尽管这些国家中最底层的10%的群体的人均年可支配收入还不足1万美元，但最底层20%的群体已超过了1万美元。换言之，在这些国家中至少有80%的国民达到了富裕的标准，其富裕群体的覆盖率逼近85%的临界线，甚而围绕该临界线上下波动。最后，俄罗斯、西班牙、意大利、希腊以及其他更多未纳入考察的高收入经济体，虽然目前或曾经位属高收入组别，但其国内最底层10%和20%的群体的人均年可支配收入都不足1万美元，甚至像智利等国还不足5000美元。这些国家同中国一样距离共同富裕目标仍有很长一段路要走。

解析已经实现或非常接近共同富裕目标的高收入国家，可依据其经济发展与社会福利模式将其分为两大类，为中国推进共同富裕战略提供差异化的经验与启发。首先，以阿联酋、挪威等为代表的第一类国家不适宜作为中国学习借鉴的对象。这类中东与北欧国家虽然国民经济状况与生活水准位居世界前列，但普遍具有经济体量小与人口规模少的特征，主要凭借出口大量的化石与矿产资源（如石油、天然气、铁矿石等）或依靠丰富的森林资源发展林业加工或得天独厚的地理优势，积累了不少的资本与财富，加之国内人口总量小，政府只要向国民施以合理的财富再分配政策与丰厚的社会福利制度，便可以“轻松”地帮助国民过上富裕的生活。因此，这些国家的公民被世界戏称“含着金钥匙出生”并“躺在石油上致富”。然而，这些“小国”与我国在政治制度、经济体制、意识形态、历史文化传统、人口规模、自然禀赋等几乎所有维度上都存在着明显的差距，因此其在经济增长、财富分配以及社会福利方面取得的成绩均不存在太多的学习与模仿价值。其次，以德国、美国、日本等为代表的第二类国家的成功经验与做法可能对中国推进共同富裕具有真正的借鉴价值。这类欧美与东亚高收入国家人均产出较高的同时，经济与人口总量也较大，且自20世纪中叶起多采取一系列富民政策，为其实现共同富裕提供了助力。德国在二战之后不久提出了收入倍增调节计划，致力于调节收入分配，缩小社会贫富差距。日本为了摆脱经济与社会困境，1960年也宣布实施国民收入倍增计划，通过完善财税政策和社保机制、保证收入分配的公平性、重视国民教育、促进产业结构升级等措施来刺激经济增长与改善民生。美国也借助降低税赋、完善社会保障等制度工具来缩小贫富差距、提高国民经济待遇。这些国家无论是经济体量还是人口规模，似乎与中国国情稍近一些，尽管未明确提出共同富裕的口号与战略，其中许多政策思路与手段却是值得中国反思与参考的。

（二）中国推进共同富裕的现状与差距

借助《世界银行公开数据2022》和《中国统计年鉴2021》对中国民生发展数据的统计，本文考察了中国推进共同富裕的进程以及距离目标间的差距，如表4～5所示。

表4　中国贫困发生率与不同收入组别的人均可支配收入

年份	人均GNI（美元）	绝对贫困率（%）	相对贫困率（%）	10%最低收入组		20%最低收入组		20%第四收入组（五分位）	
				人均GNI（美元）	人均年可支配收入（美元）	人均GNI（美元）	人均年可支配收入（美元）	人均GNI（美元）	人均年可支配收入（美元）
2019	16610.0	0.1	24.7	4650.3	2325.1	5563.7	2781.9	18268.9	9134.5
2018	15430.0	0.4	28.1	4166.1	2083.1	5014.8	2507.4	17127.3	8563.7
2017	14220.0	0.7	32.0	3697.2	1848.6	4550.4	2275.2	15713.1	7856.6
2016	13420.0	0.8	34.2	3623.4	1811.7	4361.5	2180.8	14896.2	7448.1
2015	12840.0	1.2	37.9	3338.4	1669.2	4108.8	2054.4	14316.6	7158.3

注：(1) 表中人均GNI和可支配收入均是按2021年购买力平价(PPP)衡量并以现价美元为计算基准所得；(2) 绝对贫困发生率指按2017年购买力调整后的价格计算，每天生活费低于2.15美元的人口百分比，是世界银行在衡量极端贫困时应用一个共同标准。相对贫困发生率指按2017年国际价格计算，每天生活费低于6.85美元的人口百分比，是世界银行衡量中高收入国家贫困线采用的标准；(3) 人均可支配收入是依据其与人均GNI一般转化率而粗略估算所得，参考了李子联①的研究成果。

资料来源：《世界银行公开数据2022》，详见 https://data.worldbank.org.cn/。

---

① 李子联：《中国收入分配格局：从结构失衡到合理有序》，《中南财经政法大学学报》2015年第3期，第34—41页，第159页。

结合表3～4分析可知:(1) 历史纵向比较而言,在消除了通货膨胀影响后,中国不同收入组别国民的经济状况均得到了明显的改善,人均年可支配收入显著上升。并且,我国绝对和相对贫困率在2015—2019年间明显降低。(2) 国际横向比较而言,按购买力平价汇率换算之后,中国国民的收入状况仍与高收入国家存在很大差距,如阿联酋最底层10%民众的人均可支配收入约是中国的8倍,而美国、日本则是中国的3.5倍左右。(3) 与共同富裕的经济评价标准比较,中国距离共同富裕社会仍有很大的距离,主要是富裕群体的覆盖面不大。2019年,中国最底层10%和20%群体的人均年可支配收入都不足3000美元,较1万美元存在显著差距。而中国第四层20%群体(五分位,即收入介于60%至80%之间的群体)的人均年可支配收入也不足但较为接近1万美元的标准,考虑到第四层群体内部的收入差距,我国迈过家庭人均年可支配收入1万美元门槛的人口只有25%左右,与85%的覆盖面还有很大的距离。

表5　2020年中国居民的家庭人均可支配收入

组别	全国	城镇	农村
20%低收入组家庭人均可支配收入(元)	7868.8	15597.7	4681.5
20%中间偏下收入组家庭人均可支配收入(元)	16442.7	27501.1	10391.6
20%中间收入组家庭人均可支配收入(元)	26248.9	39278.2	14711.7
20%中间偏上收入组家庭人均可支配收入(元)	41171.7	54910.1	20884.5
20%低收入组家庭人均可支配收入(元)	80293.8	96061.6	38520.3

注:(1) 绝对贫困线指按2017年购买力调整后的价格计算,每天消费或收入低于2.15美元的标准,相对贫困线指按2017年国际价格计算,每天消费或收入低于6.85美元的标准。

资料来源:《中国统计年鉴2021》。

表5表明:(1) 从绝对贫困线(按PPP换算为人民币约为9.03元/人·天)来看,2020年即使是农村人口中最底层20%的居民的家庭人均可支配收入也已越过了这一门槛,再次论证了中国脱贫攻坚战所取得的成果;(2) 从相对贫困线(按PPP换算为人民币约为28.77元/人·天)来看,2020年城镇人口中超过80%的群体和农村人口中超过60%的群体迈过了这一标准,意味着中国取得全面脱贫与全面小康社会建设胜利的同时,仍与高收入国家存在很大差距;(3) 以共同富裕的经济评价标准来衡量,中国与共同富裕目标实现之间的

差距似乎更大。2020 年，按家庭人均可支配收入来计算，我国满足家庭人均可支配收入 1 万美元(按 PPP 折合成人民币 4.2 万元)富裕门槛的家庭比重也只有 25%左右。

表 4 与表 5 中富裕家庭的覆盖率之间存在一定的差异，原因在于：一是计算方式不同。《中国统计年鉴》是以家庭为基本统计单位，而《世界银行公开数据》则是借助均值法进而以个人为基本统计单位，前者更契合本文对共同富裕评价指标的构建要求。由于以家庭为计算单位会熨平家庭成员之间的收入差距，使得本来服从右偏分布并具有右边长尾效应的财富曲线更加向中心收敛，曲线两端极高收入者和极低收入者因为家庭成员的“分摊”效应而趋于缩小，故而，人均可支配收入会放大中国富裕家庭的覆盖面。二是数据来源的不同。《中国统计年鉴》是基于国家统计局开展的城镇与农村住户调查数据汇总所得，而《世界银行公开数据》则是源自世界银行专门搭建的国际比较项目数据库。

此外，其他来源的统计数据、政府工作报告与学术研究同样为我们考察中国共同富裕进程提供了重要的参考价值。例如，2020 年在十三届全国人大三次会议记者会上，李克强总理强调中国“有 6 亿人每个月的收入也就 1000 元”。换算后可知，我国近 50%的群体人均年收入不足 3000 美元，这实际上表明中国与共同富裕社会之间的差距更大。再例如，李实根据国家统计局划分的中等收入标准，利用中国收入分配课题组的数据(CHIPS)，估计出 2019 年全国家庭人均年收入不足 8000 美元的低收入人群约占全国人口的 64%，[①]同样说明我国距离共同富裕目标仍有巨大的提升空间。

五、结论与讨论

(一) 结论

本文从物质与精神、国家与人民、收入和财富等关系辨析维度对共同富裕

① 李实：《实现共同富裕，“提低”是关键》，《浙江大学学报(人文社会科学版)》2022 年第 1 期，第 6—9 页。

的概念与内涵进行了梳理与探讨，进而构建共同富裕的评价指标。本文认为在测度与衡量共同富裕时，应当遵循同一性的设计原则，以家庭为基本统计单位，采用可支配收入指标而非人均 GDP 或人均 GNI 指标，考察富裕群体的覆盖面而非社会平均经济发展水平，并且需要识别中等收入群体比例、基尼系数、恩格尔系数等指标在共同富裕中的混淆与误用。基于此，本文尝试定义共同富裕：当中国 85%及以上家庭的人均年可支配收入达到或超过 2020 年按购买力平价衡量的 1 万国际现价美元的富裕标准，即可判定实现了共同富裕的目标。

按照本文对共同富裕的界定与指标构建，结合《世界银行公开数据 2022》与《中国统计年鉴 2021》，我们考察了高收入国家与中国推进共同富裕的现状与差距。研究发现，仅有阿联酋、挪威、丹麦等少数几个国家符合共同富裕社会的经济特征，其余多数国家仍与共同富裕存在一定差距，甚至距离遥远。高收入经济体推进共同富裕的做法与经验不完全适用于中国的国情，我们应当有所取舍且辩证地看待与借鉴。反观中国，随着脱贫攻坚与全面小康社会建设的决定性胜利，我国在治理贫困与改善民生方面取得了显著成绩。然而，与共同富裕的经济评价标准相比，中国距离共同富裕社会仍较远，最关键的问题在于富裕群体占总人口的比重距离 85%的目标还很远，相对贫困率仍有待降减。

（二）讨论

从马克思在《经济学手稿(1857—1858)》中提出共同富裕的初步设想，“生产将以所有的人富裕为目的”，到如今中国特色社会主义对共同富裕的科学化以及方向道路的明晰，人类社会似乎从未放弃过对共同富裕理想目标的孜孜追求。不过令人遗憾的是，共同富裕及其理论发展至今仍未提出一套行之有效的评价指标与测度标准，很多时候使得共同富裕局限在思想层面，却很难推向实处。首先，共同富裕的衡量与实现本就存在诸多困难。仅从经济维度考察，也只有寥寥几个国家达到了共同富裕的标准。若是以中国提出的共同富裕战略目标来衡量，世界上几乎没有国家或地区敢于宣称自身实现了共同富裕。面对如此大的困难与挑战，中国敢为天下先，这恰恰说明了中国共产党和中国政府强大的决心与坚定的意志。其次，一旦给共同富裕设定具体的评价指标，就类似于企业管理中制定了关键绩效指标(Key Performance Indicator，简称 KPI)，这种考核政府及其相关人员工作成绩的量化指标，使得推动共同富裕成功与否一目了然。鉴于中国在改革开放初乃至 21 世纪初推进共同富裕的条件和时机并不成熟，发展相应的量化测度标准也显得并不迫切与必要。随着新时代中国社会主要矛盾已经转化为人民日益增长的美好生活需要和不平衡不充分的发展之间的矛盾，在此背景下，共同富裕自然成为全面脱贫和进入全面小康社会后，党和政府下一步努力奋斗的目标。正因如此，“十四五”规划纲要进一步明确提出要制定共同富裕的行动纲要，共同富裕正式由理念目标迈入现实要求。习近平总书记强调，要让人民群众真切感受到共同富裕不仅仅是一个口号，而是看得见、摸得着、真实可感的事实，因此，我们要抓紧提出科学可行、符合国情的指标体系和考核评估办法。[①][②] 最后，任何组织、学科或学者提出的共同富裕的测度标准都或多或少难逃来自他者的质疑与批评，因而这是一个社会各界不断讨论与完善的过程。本文是这方面的有益尝试，也属于一家之言，但仍希望引起学界和政府更多的重视与反思，并一同将共同富裕研究引向深处。

① 习近平:《把握新发展阶段，贯彻新发展理念，构建新发展格局》，《求是》2021 年第 9 期，第 4—18 页。

② 习近平:《扎实推动共同富裕》，《中国民政》2021 年第 20 期，第 4—6 页。

共同富裕视角下的第三次分配:概念、内容与效应

陈友华[①] 李 梅[②]

(南京大学社会学院)

摘 要:我国已正式进入实现共同富裕目标的初步探索阶段,财富创造与财富分配成为当前全社会关注的热点问题。改革开放以来,以市场为主导的初次分配制度和以政府为主导的再分配制度构建了我国居民的基础收入分配格局。如何改善我国的收入分配状况,让人民过上更美好的生活,是第三次分配急需解决的问题。本研究分析了我国贫富差距的形成机制,并就第三次分配的概念、内涵与分配效应展开了深入的分析。研究发现:我国的初次分配制度与再分配制度存在着结构性失衡;第三次分配相关研究存在着主体不明晰、定位模糊等问题;财富分配过程具有边际递减效应,随着分配次数的增加,分配方式所能发挥的分配效应不断衰减;共同富裕不仅是物质的生产与分配问题,同时也是精神富足与道德建设问题;对于精神富裕的追求应当贯穿于财富的生产与分配的全过程之中。

关键词:分配制度;第三次分配;共同富裕;公益慈善

一、引言

共同富裕是中国特色社会主义的本质要求,也是中国全面建设社会主义现代化国家的奋斗目标。2021 年 5 月中共中央、国务院出台《关于支持浙江高

---

① 陈友华,南京大学社会学院教授,博士生导师,主要研究方向为人口社会学。

② 李梅,南京大学社会学院博士研究生,主要研究方向为福利社会学。

质量发展建设共同富裕示范区的意见》，标志着我国正式进入实现共同富裕目标的初步探索阶段[①]。自中华人民共和国成立以来，我国的综合国力大幅提升，人均 GDP 从 1978 年的 384.7 元增至 2020 年的 71999.6 元[②]，实现了从低收入国家到中等偏上收入国家的历史性跨越。但我们也注意到，在蛋糕逐渐做大的同时，我国面临的贫富差距问题日益严峻，基尼系数呈持续上升态势并维持在较高水平(孙豪、曹肖烨，2022；程永宏，2007)。因此，在经济增长的同时，合理地分配蛋糕、解决发展不平衡不充分问题、让全体人民共享改革发展成果已经成为我国在奋力实现共同富裕过程中面临的关键问题。

分配制度是促进共同富裕的基础性制度安排。党的二十大报告明确指出要构建初次分配、再分配、第三次分配协调配套的制度体系(习近平，2022)。目前我国实行的分配制度体系主要由三种机制组成：一是市场主导下的初次分配机制；二是政府主导下的再分配机制；三是市场和政府之外、道德主导下的分配机制，通常也被称为"第三次分配"。其中，初次分配与再分配在很大程度上决定了我国居民的基础收入与财富格局，而第三次分配的重点在于优化居民的收入和财富分配格局，缓解我国贫富差距大与收入不平等问题。近年来党和政府高度重视第三次分配，在党的十九届四中全会、五中全会上多次提出要发挥第三次分配作用，发展公益慈善事业，这无疑彰显了我国努力实现共同富裕的决心，与此同时，第三次分配与公益慈善事业也成为助力我国实现共同富裕过程中的补充路径。

然而，如何理性认识三次分配在财富分配过程中的效用以及如何切实有效地使用再分配手段来调节收入分配差距是当前我国在推动共同富裕实践中面临的严峻考验。尽管自 2008 年以来，我国的公益慈善事业蓬勃发展，尤其是近年来"互联网＋公益慈善"的兴起，催生了一大批新鲜血液，但总体上来看，我国的社会捐款占 GDP 的比重在正常年份多维持在 0.10%左右的水平，以公益慈善事业为主导的第三次分配对于改善财富再分配的效用依然十分有限。因此，本文将从我国贫富差距形成机制入手，对我国的初次分配、再分配

---

① 取自 2021 年 5 月中共中央、国务院出台的《关于支持浙江高质量发展建设共同富裕示范区的意见》，链接为 http://www.gov.cn/zhengce/2021-06/10/content_5616833.htm。

② 取自中国国家统计官网，地址为 http://www.stats.gov.cn/tjsj/ndsj/2020/indexch.htm。

面临的结构性失衡问题以及第三次分配的概念辨析、分配内容与分配效应展开研究。这些内容的探索将有助于深化对共同富裕与财富再分配相关领域的理解与认识。

二、我国贫富差距问题的形成

在探讨消减贫富差距、实现共同富裕目标之前,首先应清晰了解我国的贫富差距是如何形成的。目前,我国居民的收入分配格局主要有初次分配与再分配两种调节方式。

(一) 初次分配的结构性失衡

初次分配在我国居民财富分配格局中占比最大,是基础性的分配方式(樊纲、张晓晶,2008)。初次分配的结构性失衡是导致我国居民贫富差距不断扩大的最重要原因,因而现阶段的收入分配改革应以初次分配制度改革为重点(厉以宁,2013)。

我国的宏观经济运行在初次分配过程中存在着一些结构性失衡问题,对后续的财富分配机制带来很大压力。结构性失衡主要体现为居民部门、政府部门和企业部门的收入分配结构失衡。劳动者报酬、生产税净额、资本收入(包括财产收入和经营性留存)分别是居民部门、政府部门和企业部门的主要收入来源(白重恩、钱震杰,2009)。既有研究表明,我国居民部门的劳动报酬占 GDP 比重较低,行业垄断、行业歧视或行业间收入不平等问题较为突出(陈钊 等,2010)。此外,工资性收入增速远低于 GDP 增速(谌莹、唐志军,2011)。造成这一失衡现象出现的一个主流解释是企业和政府对国民收入的挤占效应,主要体现为市场部门资本收入占 GDP 比重与政府部门生产税净额占 GDP 比重均较高(李扬、殷剑峰,2007)。这些现象的产生受到我国的产业结构调整、国有企业改制与垄断等相关经济政策与经济行为的影响,也从某种程度上反映了我国当下的市场经济环境仍不够健全与完善。近年来,党和政府更加重视收入分配的公平与效率问题,反复强调要坚持按劳分配与按要素分配相结合的原则(刘翔峰,2021)。党的十五大报告首次将按生产要素分配原则引入我国收入分配制度体系(江泽民,1997);党的十八大、十九大和二十大报告均提出完善按劳分配与按要素贡献参与分配的初次分配机制,促进收入分配更合理与更有序(胡锦涛,2012;习近平,2017,2022)。

(二) 再分配加剧利益关系失衡

再分配是调节初次收入分配差距的主导手段,也是促进共同富裕目标实现的重要手段(孙豪、曹肖烨,2022)。党的二十大报告指出,加大税收、社会保障、转移支付等的调节力度。完善个人所得税制度,规范收入分配秩序,规范财富积累机制,保护合法收入,调节过高收入,取缔非法收入(习近平,2022)。当前,我国的再分配制度仍然存在一些不完善不合理的地方,以再分配方式加剧利益关系失衡的现象也屡见不鲜。

社会保障是调节我国居民收入再分配的重要工具(王延中 等,2016)。在我国,社会保障体系由社会保险、社会福利、社会救助构成。目前,有关社会保障体系对于再分配的调节效果也存在较大的争议与分歧。部分学者认为我国现行的社会养老保险制度、新型农村合作医疗制度、最低生活保障制度及其转移支付等对于缓解地区间、城乡间的贫富差距有一定效用;然而,有较多学者认为,目前我国社会保障制度调节收入分配的效果不理想,甚至出现了对收入分配的"逆向调节"作用,存在着大量的累退效应(吴祥佑,2014;香伶,2007)。社会保障制度体系的差别化、碎片化特征异常明显。

1. 差异化

虽然我国的社会保险覆盖面不断扩大,但社会保险缴费与待遇不仅因人而异,而且差异巨大。这种差异不仅体现在城乡居民之间,也存在于城镇职工之间。目前,我国城乡社会养老保险制度由公务员、事业单位人员、城镇职工与城乡居民"四轨制"构成,且彼此之间差距悬殊,致使我国的社会保险制度呈现出"一国 N 制 M 民型社会"形态特征,既缺少基本的公平性,也没有达到通过社会保障制度合理调节贫富差距的初衷。

2. 碎片化

社会保障制度体系的碎片化主要表现为地区之间的分割。长期以来我国养老保险统筹层次一直较低,这使得社会保险的地区转移与接续变得尤为困难。从1986年我国缴费型养老保险制度雏形正式诞生，到2022年实施养老保险全国统筹，在36年的发展历程中我国提高统筹层次的改革经历了从各地分散试点到全国制度统一、从县市统筹到省级统筹再到全国统筹的漫长和曲折的渐进过程(郑秉文，2022)。

此外，我国的住房公积金制度也存在着公平性不足与加剧社会收入分配差距等问题(黄静 等，2009；陈友华，2014)。公积金采用强行缴存的方式，使用却有条件限制。购买商品房是公积金贷款的前置条件，只有那些缴纳了住房公积金并购买了商品房的人才享有公积金贷款的权利。那些中低收入家庭多不具备购买商品房的能力，因而即便缴纳了住房公积金，也较少有机会享有公积金贷款的权利。而那些中高收入群体则可以使用公积金贷款购房，以较低的资金使用成本获取较高的房产投资收益。住房公积金制度逐渐演变成多数中低收入者用低息住房储蓄来补贴部分中高收入者获得低息购房贷款的方式，这种福利累退制度的持续性备受争议。

三、第三次分配及其效用分析

当下我国的经济发展已经从“让一部分人先富起来”“效率优先、兼顾公平”的政策基调转向了“追求共同富裕”“效率与公平统一”的政策基调(王宁，2022)。“第三次分配”这一概念逐渐成为新时代我国经济社会发展的一个落脚点。

(一) 概念缘起与辨析

“第三次分配”这一概念最早由厉以宁提出。厉以宁(2020)在其著作《股份制与现代市场经济》中对中国的收入分配进行了清晰的介绍：第一次分配是由市场按照效益进行分配，这意味着生产要素提供者在市场竞争中按照竞争结果进行分配，因此，基于市场进行的初次分配不仅会产生收入差距，而且常常还较大；而第二次分配正是政府兼顾公平与效率原则，通过税收调节、社会保障等方式来进行的收入分配；第三次分配是在道德力量的作用下，通过个人收入转移、个人自愿缴纳和捐献等非强制方式再一次进行分配。厉以宁

(1997)认为在中国第三次分配是客观存在的。这种分配方式既不属于市场，也不属于政府，是来自社会力量的崛起与个体需求的持续发展。随着市场经济的发展与居民收入的增加，个体会逐渐产生更高层次的需求，例如自愿捐赠、志愿服务、参与公益慈善事业与社区互济互助等。这种发端于自愿性质的、基于个体自身需求产生的收入调节方式正是第三次分配方式存续的事实基础。

而"道德力量的调节"是厉以宁对第三次分配概念阐释的核心要义(厉以宁，1997)。那么，何谓"道德的力量"？《辞海》中将"道德"定义为"以善恶评价的方式调节人际关系的行为规范和人类自我完善的一种社会价值形态"。它兼具主观与客观两重性，主观方面是指个体的道德实践，客观方面是指对社会成员的某些要求。在这个定义中，"道德的力量"主要体现为"依靠社会舆论、习俗和内心信念的力量，以'应当'如何的方式调节人的行为，实现人格的完善"。它是一种充满社会期待的、符合社会主流意识形态的价值体现。因此，在道德力量影响下的第三次分配也应当是一种"以来自社会的、非制度性的力量来调节个体的行为进而影响收入分配"的调节方式，但也恰恰是这一概念具有高度的主观性与模糊性，导致第三次分配这一概念呈现出了诸多争议(王宁，2022)。

1. 第三次分配与公益慈善

第一个争议围绕第三次分配与公益慈善展开。学界与实务界常常将第三次分配等同于公益慈善。如部分研究对于第三次分配的认识局限于公益慈善活动，将公益慈善视作第三次分配的主要实践形式(王名 等，2021)。这种理解未免稍显狭隘，因为公益慈善这一实践方式并不能穷尽归于"社会"部门下的所有类型的资源分配活动。因而笔者认为，第三次分配与公益慈善是两个不同的概念，不能画等号。学界对三种分配制度的区分基本上达成共识，它们隶属于三种不同的资源分配主体，即市场、国家与社会(王宁，2022)。厉以宁(1997)认为第三次分配是"非交易的关系和活动"，很好地体现了其社会部门的性质。因此，这种非交易的关系和活动方式不仅包括公益慈善，而且还应当包括基于社会关系的资源分配、冲突所导致的分配以及分享经济等多种方式(王宁，2022；陈庆云，1999)，由此可见，第三次分配的含义更为广泛。

2. 第三次分配的属性:道德的力量还是社会的力量?

本文认为社会的力量应当成为第三次分配的关键抓手。尽管第三次分配崇尚道德的力量,期冀以道德约束促进社会资源的自愿流动与转让。但需要认识到的是,第三次分配的本质是社会资源的流动与整合,道德的力量只是一种广泛的催化剂。不仅是第三次分配,在初次分配与再分配过程中,道德的力量也深耕其中。20 世纪 70 年代欧美经济学界兴起的道德经济学就是道德力量影响下产生的一种政治经济形态,其诞生的基础正是各国在经济体制转轨过程中不断加剧的贫富差距与社会不稳定使得低收入群体开始产生不满与抗议(李培锋,2010)。因此,道德经济学的主要任务是对现有的不合理的市场规则与经济政策进行修正,以达到保护弱势群体、缓解社会矛盾、完善经济调控以及保障全体社会成员共享社会发展成果的目的。这对于当前我国的经济社会发展具有重要的借鉴意义。由此可见,道德的力量不仅存在于第三次分配的实践过程中,也是引导初次分配与再分配的重要来源。道德的力量不应当被视为一种额外的、"劫富济贫"式的补充,它应当体现在经济调控过程中的方方面面。在厉以宁《超越市场与超越政府》一书中,也能得到体现与支持。通过习惯与道德调节进行的收入分配同市场主导的初次分配与政府主导的再分配也具有相互关联性(厉以宁,2010)。

如果说财富的生产是一个经济学问题,那么财富的分配早已超出经济学的研究范畴。伴随着研究视域的拓宽,财富分配过程中的核心要素——利益也呈现出泛化的趋势。以格兰诺维特为首的新经济社会学派提出的社会人假设对于经济学领域中古典经济人的假设发起了挑战,个体的行为已不再为个人主义决定论所捆绑,而是嵌入其所身处的社会结构与社会关系之中。个体对利益的理解与认识也随之发展出泛化的趋势,货币收入、物质等纯粹的经济学利益已无法单纯满足个体需求,个体的声望、社会地位、尊严,甚至其拥有的信息和数据等都已成为无法用经济学尺度衡量的"利益"。因此,对于第三次分配问题的研究应当站在一个更广泛的社会意义上来考量。经济意义上的收入分配合理性与社会意义上的收入分配合理性这两个概念也应当区别开来进行理解与认识(厉以宁,1996)。

（二）第三次分配：分配内容与分配效应

1. 通货膨胀与公益慈善的影响比较

自第三次分配概念提出至今，国内外学界关于第三次分配对国民收入分配格局的影响研究依然相当缺乏（汪进贤、汪晨，2022）。与初次分配和再分配不同的是，第三次分配是一只“温柔的手”（商文成，2004），其带来的分配效应亦是“温和”的。那么，第三次分配所带来的分配效应究竟有多温和？本文通过引入通货膨胀这一经济现象来与第三次分配进行比较研究。

为什么选择通货膨胀，而非与初次分配、再次分配的分配效应进行比较？原因有二：一是第三次分配与前两次分配的分配效应比较的研究已有丰硕的成果。现有研究表明，在财富再分配效应分解中，再分配起到了80%以上的分配效用，而第三次分配的贡献不足20%，分配效应较低。而这其中由社会捐赠所带来的效应仅有0.5%，分配效应非常有限（汪进贤、汪晨，2022）。二是第三次分配与通货膨胀两者均具有非制度性分配的特征。通货膨胀是经济发展过程中产生的一种经济现象，尽管它不是一种财富分配制度，却能够在无形之中发挥财富再分配的效应。第三次分配方式在目前阶段看来也具有相似特征，诸多研究都在尝试与探索第三次分配的制度化实践路径（王杨、邓国胜，2022；徐家良、张煜婕，2022），这也能够体现其当下非制度性或不完全制度化的迫切处境。而在非制度性财富分配研究领域，通货膨胀是一个非常重要的、无法忽视的方面。它对我国居民收入和财产分布格局有着深刻的影响，这一指标的变动在某种程度上增加抑或降低了国民的财富不平等（张伟 等，2014）。有研究表明，我国的通货膨胀存在明显的再分配效应，通货膨胀的增加会加剧居民的收入与财富不平等（陈彦斌 等，2013；谭浩、李姝凡，2017）。因此，本文选择将通货膨胀与公益慈善两种非制度性财富分配方式带来的分配效应进行比较，以加深对第三次分配的实践方式与分配效应的理解与认识。

本文梳理了“十三五”期间我国的GDP、M_2、GY（社会捐赠）及其相关指标，如表1所示。从中可见，M_2/GDP与GY/GDP、通货膨胀额与社会捐赠额均不在一个数量层级上，通货膨胀对财富分配的影响要远远大于社会捐赠对财富分配的影响。这一结果表明，非制度层面的财富再分配受到多方面因素的

表 1　中国 GDP、M_2 与慈善捐款及其相关指标

年份	GDP（亿元）	GDP 年增量（亿元）	GDP 年增长率（%）	按 2015 年价格计算			M_2（亿元）	M_2 年增量（亿元）	M_2 年增长率（%）	通货膨胀额（亿元）	通货膨胀率（%）	M_2/GDP	GY（亿元）	GY/GDP	通货膨胀额/GY
				GDP（亿元）	GDP 年增量（亿元）	GDP 年增长率（%）									
2015	688858.2	—	—	688858.2	—	—	1392278.1	—	—	—	—	2.0211	654.5	0.0010	—
2016	746395.1	57536.9	8.35	736036.5	47178.3	6.85	1550066.7	157788.6	11.33	110610.3	4.48	2.0767	827.0	0.0011	133.75
2017	832035.9	85640.8	11.47	787170.4	51133.9	6.95	1690235.3	140168.6	9.04	89034.7	2.10	2.0314	754.2	0.0009	118.05
2018	919281.1	87245.2	10.49	840302.6	53132.2	6.75	1826744.2	136508.9	8.08	83376.7	1.33	1.9871	919.7	0.0010	90.66
2019	986515.2	67234.1	7.31	890304.8	50002.2	5.95	1986488.8	159744.6	8.74	109742.4	2.79	2.0136	873.2	0.0009	125.68
2020	1015986.2	29471.0	2.99	911205.3	20900.5	2.35	2186795.9	200307.1	10.08	179406.6	7.74	2.1524	1059.1	0.0010	169.40

资料来源:(1)《中国统计年鉴 2021》,北京:中国统计出版社,2021 年。(2) 中华人民共和国民政部《民政事业发展统计公报》,https://so.mca.gov.cn/searchweb/。

影响，经济发展过程中引发的通货膨胀的体量远远大于社会捐赠的体量，社会捐赠的财富再分配功能微弱。因而学界需要重新审视，第三次分配不应仅限于社会捐赠及其公益慈善事业，它应当充分考虑到许多非制度层面的内容。

2. 财富分配的边际递减效应

在我国当前的财富分配体系中，已经形成了以初次分配、再分配、第三次分配为主要模式的财富分配格局。具体到每一次财富分配方式所带来的分配效应来看，存在着边际递减效应（如图1所示），即在财富分配过程中，随着分配次数的增加，分配方式所发挥的分配效应在不断衰减。其中，由市场部门主导的初次分配对于收入分配差距起着主导性作用，这主要是由我国经济增长的非均衡特征所导致的（周明海 等，2010）。这一特征的积极之处在于能够发挥个体的劳动积极性，但消极之处在于会造成收入极化。因此，由公共部门主导的再分配在一定程度上调节了初次分配带来的国民收入分配失衡状况，这一分配方式涵盖了政府转移支付，如养老金和退休金收入、政府的各种补助收入等（汪进贤、汪晨，2022）。但这种调节作用更多体现为一种放大镜的效果，如果初次分配结构陷入失衡状态，试图通过再分配方式加以扭转是很困难的。在我国，再次分配甚至在一定程度上加剧了初次分配中出现的结构失衡与收入不平等。第三次分配建立在前两次分配的基础之上，试图对收入分配不均进行调节，主要渠道是社会捐助。需要注意的是，第三次分配在我国收入再分配调节体系中发挥的是补充性作用（韩文龙、唐湘，2022；厉以宁，2010），这意味着它的存在其实是一种普适的但非必要的条件，其分配效用很小。现有主流研究将第三次分配视为独立于初次分配和再次分配的一种新的分配形态，寄希望于道德力量能够独立于市场与政府，通过大力发展公益慈善事业以期缩小我国的收入分配差距，缓解收入分配失衡局面，这种观点是失之偏颇的。所以，对于有关财富再分配问题的认识中，需要意识到分配效应而非分配次数应当成为研究的重点。

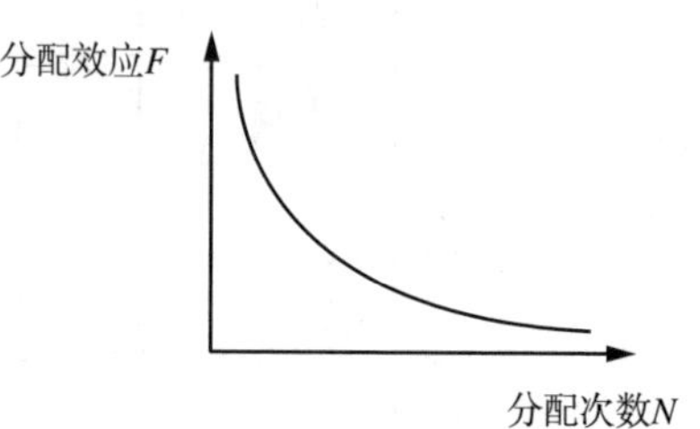

图1　收入分配的边际递减效应

（三）财富分配内容：物质与精神的双重分配

1. 财富分配兼具物质与精神层面

伴随着共同富裕的持续推进，财富分配逐渐衍生出更为丰富的意涵。这一概念已不仅仅停留于经济学意义上的收入、财产等物质性内容。当经济发展到一定水平时，共同富裕不仅是物质的生产与分配问题，同时也是精神的富足与道德建设问题。

目前，第三次分配是我国追求实现精神富裕的主要载体，其主要原因依然是发端于"道德的力量"这一阐释。在已有研究中，有学者将道德视为一种产品或生产力，它能产生效用，这种效用是通过道德主体的行为对其自身产生的心灵与精神满足等来实现(李建德、罗来武，2004；郭剑雄，2005；王文贵，1999)。此外，一些研究认为，有关精神财富的内容已经超越经济学的研究范畴，它与个体的精神追求和人民美好生活紧密相关(王名等，2021)，是个体依据自身的发展需求而产生的更高层次的需求。所以，无论是从经济学、伦理学抑或其他学科视角来理解，个体对于精神财富的追求已成为普遍的共识。精神层面的富裕与物质层面的富裕应当受到同样的重视，我国的共同富裕也应当是物质富裕与精神富裕的统一(王爱桂，2018)。

2. 精神富裕具有广泛性

尽管目前有关共同富裕问题的研究中绝大部分把精神富裕聚焦于第三次分配领域，但正如上文所论述的那样，对于精神富裕的追求与实践应当贯穿于整个国民收入分配体系中，它不仅仅体现在第三次分配中，不为第三次分配所独有。事实上，它也应用于初次分配与再次分配过程中。精神富裕或对道德的追求是经济的生产与分配过程中无法避免的因素。无论是亚当·斯密在《道德情操论》中提出的道德人假设，还是马克思主义的义利观，其探讨的根源依然围绕着人性展开。因此，第三次分配不应仅仅沦为追求精神富裕的代名词，而是应当广泛贯穿于财富的生产与分配的全过程中。

四、结论

促进收入分配趋于合理、缓解经济发展不平衡不充分问题是当前我国经济社会发展的重要任务。第三次分配是党和国家在迈向共同富裕的实践过程中的积极有益探索。本文对第三次分配的相关概念进行了多维阐释与拓展深化,不仅仅是公益慈善,其他有关非交易性质的收入流动也应当纳入第三次分配的范畴中;在对收入再分配的理解中,需要认识到第三次分配发挥的分配效应。财富的再分配并非分配次数越多越好,在财富分配过程中存在着边际递减效应;就财富分配的内容来看,精神与物质层面的富裕具有同等重要的地位。对精神富裕的追求应当贯穿于财富的生产与分配的全过程中。

参考文献

[1] 白重恩,钱震杰. 国民收入的要素分配:统计数据背后的故事[J]. 经济研究,2009(03):27-41.

[2] 陈庆云. 公共政策十大理论问题再思考[J]. 中国行政管理,1999(12):34-36.

[3] 陈彦斌,陈伟泽,陈军,邱哲圣. 中国通货膨胀对财产不平等的影响[J]. 经济研究,2013(08):4-15,130.

[4] 陈友华. 住房公积金制度:问题、出路与思考[J]. 山东社会科学,2014(03):40-47.

[5] 陈钊,万广华,陆铭. 行业间不平等:日益重要的城镇收入差距成因:基于回归方程的分解[J]. 中国社会科学,2010(03):65-76,221.

[6] 谌莹,唐志军. 为什么我国劳动收入占比不断下降——一个基于权力(资源)结构和地方政府竞争的视角[J]. 湖北经济学院学报,2011(01):21-25.

[7] 程永宏. 改革以来全国总体基尼系数的演变及其城乡分解[J]. 中国社会科学,2007(04):45-60,205.

[8] 樊纲,张晓晶. "福利赶超"与"增长陷阱":拉美的教训[J]. 管理世界,2008(09):12-14,187.

[9] 郭剑雄. 道德:经济学边界扩展的新领域[J]. 陕西师范大学学报(哲学社会科学版),2005(01):67-72.

［10］国家发展改革委宏观经济研究院课题组，刘翔峰. 健全要素由市场评价贡献、按贡献决定报酬机制研究［J］. 宏观经济研究，2021(09)：5 - 23，85.

［11］韩文龙，唐湘. 三次分配促进共同富裕的重要作用与实践进路［J］. 经济纵横，2022(04)：21 - 29.

［12］胡锦涛. 坚定不移沿着中国特色社会主义道路前进 为全面建成小康社会而奋斗：在中国共产党第十八次全国代表大会上的报告［J］. 求是，2012(22)：3 - 25.

［13］黄静，胡昊，屠梅曾. 我国住房公积金制度公平问题分析［J］. 上海管理科学，2009(03)：84 - 87.

［14］江泽民. 高举邓小平理论伟大旗帜 把建设有中国特色社会主义事业全面推向二十一世纪：在中国共产党第十五次全国代表大会上的报告(1997 年 9 月 12 日)［J］. 求是，1997(18)：2 - 23.

［15］李建德，罗来武. 道德行为的经济分析——新兴马克思主义经济学的道德理论［J］. 经济研究，2004(03)：107 - 115.

［16］李培锋. 欧美穷人道德经济学研究评析［J］. 国外社会科学，2010(01)：38 - 43.

［17］李扬，殷剑峰. 中国高储蓄率问题探究——1992—2003 年中国资金流量表的分析［J］. 经济研究，2007(06)：14 - 26.

［18］厉以宁. 超越市场与超越政府 论道德力量在经济中的作用(修订版)［M］. 北京：经济科学出版社，2010.

［19］厉以宁. 股份制与现代市场经济［M］. 北京：商务印书馆，2020.

［20］厉以宁. 关于经济伦理的几个问题［J］. 哲学研究，1997(06)：13 - 17.

［21］厉以宁. 经济的伦理问题：效率与公平［J］. 经济学动态，1996(07)：3 - 13.

［22］厉以宁. 全面深化改革开放推进经济持续健康发展——学习贯彻十八大精神笔谈(下)：收入分配制度改革应以初次分配改革为重点［J］. 经济研究，2013(03)：4 - 6.

［23］商文成. 第三次分配：一个日益凸显的课题［J］. 兰州学刊，2004

(04):208－209.

[24] 孙豪,曹肖烨.收入分配制度协调与促进共同富裕路径[J].数量经济技术经济研究,2022(04):3－24.

[25] 谭浩,李姝凡.通货膨胀对家庭财富不平等的影响分析[J].统计与决策,2017(16):157－160.

[26] 汪进贤,汪晨.中国的二次分配与三次分配对收入极化的影响[J].产业经济评论,2022(02):112－128.

[27] 王爱桂.从精神贫困走向精神富裕[J].毛泽东邓小平理论研究,2018(05):44－50,107.

[28] 王名,蓝煜昕,高皓,史迈.第三次分配:更高维度的财富及其分配机制[J].中国行政管理,2021(12):103－111.

[29] 王宁.角色扮演、场域切换与第三次分配 ——兼论分享经济作为广义第三次分配[J].山东大学学报(哲学社会科学版),2022(02):1－14.0

[30] 王文贵.道德行为的经济分析[J].浙江社会科学,1999(06):96－101.

[31] 王延中,龙玉其,江翠萍,徐强.中国社会保障收入再分配效应研究——以社会保险为例[J].经济研究,2016(02):4－15,41.

[32] 王杨,邓国胜.第三次分配的制度化:实现机制与建构路径——基于制度理论视角的分析[J].新疆师范大学学报(哲学社会科学版),2022(04):1－9.

[33] 吴祥佑.个税递延型养老保险的累退效应及克服[J].税务与经济,2014(01):1－7.

[34] 习近平.高举中国特色社会主义伟大旗帜 为全面建设社会主义现代化国家而团结奋斗——在中国共产党第二十次全国代表大会上的报告(2022年10月16日)[N].人民日报,2022－10－26(01).

[35] 习近平.决胜全面建成小康社会 夺取新时代中国特色社会主义伟大胜利——在中国共产党第十九次全国代表大会上的报告[N].人民日报,2017－10－18(01).

［36］ 香伶. 关于养老保险体制中再分配累退效应的几个问题［J］. 福建论坛（人文社会科学版），2007(01)：31－35.

［37］ 徐家良，张煜婕. 国家治理现代化视角下第三次分配的价值意涵、现实逻辑与优化路径［J］. 新疆师范大学学报（哲学社会科学版），2022(04)：1－9.

［38］ 张伟，成谢军，陶士贵. 通货膨胀与收入不平等：基于省域面板数据的研究［J］. 经济问题探索，2014(04)：25－33.

［39］ 郑秉文. 职工基本养老保险全国统筹的实现路径与制度目标［J］. 中国人口科学，2022(02)：2－16，126.

［40］ 周明海，肖文，姚先国. 中国经济非均衡增长和国民收入分配失衡［J］. 中国工业经济，2010(06)：35－45.

以人与自然和谐共生的现代化推进共同富裕研究①

方世南② 韩 叶③

（苏州大学马克思主义学院）

摘 要：人与自然和谐共生的现代化是中国式现代化的重要特征之一，是习近平生态文明思想的核心理念，是对人类现代化发展道路和人类文明新形态发展方向的科学展望。共同富裕是在中国式现代化语境和进程中基于人民群众共同理想而追求共同利益实现的一个重大价值目标，反映了中国特色社会主义坚持以人民为中心和始终为人民谋利益的本质要求。立足人与自然和谐共生的高度谋划经济社会发展，对于我们在百年未有之大变局背景下构建人与自然和谐共生的现代化以推进共同富裕，具有很强的针对性和指导性。

关键词：共同富裕；人与自然和谐共生；现代化；生态文明

共同富裕是贯穿于《习近平谈治国理政》第一卷到第四卷的重要论题。习近平总书记站在切实维护好、实现好、发展好人民群众根本利益的全局性、战略性高度多次强调，共同富裕是社会主义的本质要求，在中国特色社会主义现代化进程中必须更加注重共同富裕问题，要以更有效的举措不断推进共同富裕，朝着共同富裕方向稳步前进。这些重要论述，为新时代扎实推进共同富

---

① 基金项目：教育部哲学社会科学研究重大课题攻关项目资助项目（18JZD007）和江苏省研究生科研创新项目（KYCX21_2901）。

② 方世南，苏州大学马克思主义学院教授、博士生导师，苏州大学东吴智库首席专家，苏州大学马克思主义学院“马克思主义生态文明理论与绿色发展研究中心”主任，从事马克思主义社会发展理论、当代中国政治和生态文明研究。

③ 韩叶，苏州大学马克思主义学院博士研究生，从事马克思主义中国化、马克思主义意识形态相关研究。

裕指明了方向。共同富裕是在中国式现代化语境和进程中基于人民群众的共同理想而追求共同利益实现的一个重大价值目标，反映了中国特色社会主义坚持以人民为中心和始终为人民谋利益的本质要求。习近平总书记在党的第二十次全国代表大会上的报告中旗帜鲜明地强调："大自然是人类赖以生存发展的基本条件。尊重自然、顺应自然、保护自然，是全面建设社会主义现代化国家的内在要求。"①应当站在人与自然和谐共生的高度谋划发展，站在人与自然和谐共生的高度谋划推动共同富裕。实现共同富裕的过程是一个不断推进经济价值、政治价值、社会价值、精神文化价值以及生态价值成为客观现实的过程，也是一个不断地将人民群众的经济权益、政治权益、精神文化权益、社会权益、生态权益融合起来一体化地予以切实保障和提升，从而促进人的自由而全面发展的过程。人与自然和谐共生的现代化与实现共同富裕两者之间具有内在的逻辑契合关系，两者在实现共同富裕的行为主体和价值取向上具有高度的一致性。推进人与自然和谐共生的现代化，确保人与自然、人与社会、经济发展与生态保护之间相互协调以及和谐共生的张力，有助于为新时代稳健扎实地推动共同富裕奠定坚实的物质基础、构筑丰富的精神家园和厚植永续的生态价值。

一、人与自然和谐共生的现代化与共同富裕具有内在契合关系

中国式现代化就是在中国共产党领导下朝着共同富裕目标迈进的社会主义现代化，"是全体人民共同富裕的现代化，是物质文明和精神文明相协调的现代化，是人与自然和谐共生的现代化，是走和平发展道路的现代化"②。"人与自然和谐共生的现代化"是习近平生态文明思想的核心理念，蕴涵着十分丰富而深刻的共同富裕思想。习近平在党的第二十次全国代表大会上的报告第十部分的主题是"推动绿色发展，促进人与自然和谐共生"，深刻阐述了站在人与自然和谐共生的高度谋划发展的必要性和重要性，进一步明晰了人与自然

① 习近平：《高举中国特色社会主义伟大旗帜 为全面建设社会主义现代化国家而团结奋斗——习近平同志代表第十九届中央委员会向大会作的报告摘登》，人民日报，2022-10-17(02)。

② 《习近平谈治国理政》第4卷，北京：外文出版社，2022年，第164页。

的关系、人与社会的关系从根本上决定着共同富裕目标的实现。对于我们在百年未有之大变局和实现中华民族伟大复兴战略全局的背景下，以人与自然和谐共生的现代化推进新时代共同富裕，具有很强的针对性和指导性。

新时代中国共产党团结带领人民追求的共同富裕有着多维度的价值诉求和价值目标，以人的自由而全面发展为价值指向，在协调人与自然、人与社会、人与自身等多重关系的基础上不断追求人民群众的物质财富丰裕、经济社会发展、精神文明富足以及人与自然和谐的有机统一过程。其中，人与自然和谐共生的现代化是实现共同富裕目标的重要前提条件和坚实基础。现代化一词起源于西方，却并不止步于西方，追求现代化是当今世界的根本目标，体现了社会进步发展的时代潮流。中国共产党强调推进中国式现代化，就是要与西式现代化区别开来，坚持走以人民为中心而不是以资本为中心、以人与自然和谐相处而不是人与自然相互对立的人与自然和谐共生的现代化道路。如果说前资本主义社会由于自身认识不到位，而忽视了对环境的破坏尚有客观因素可循，那么在理性主义高度发展的当代资本主义社会，无视工业发展可能给生态和环境带来的毁灭性影响，则充分显露出了资本利益优先的狭隘“人类中心主义”。中国式现代化倡导人与自然是和谐共生的命运共同体，坚持保护自然环境就是保护人类自己的理念，将现代化中的经济理性和生态理性紧密地结合起来，为自然发展与人的发展提供福祉。在人与自然和谐共生的现代化视野下，经济社会发展和自然生态之间绝不是非此即彼的矛盾对立关系，而是一种将彼此的存在视为整体发展的条件和妥善解决对立面困境的和谐共生关系。对现代化的追求不应是以人与自然的严重对立为前提，相反，要将促进人与自然和谐共生作为中国式现代化的重要特征。一方面，人与自然和谐共生的现代化为共同富裕的实现创造了不可或缺的重要前提条件。共同富裕不是单指物质财富的增长，也不是仅限于一代人的富足，对优美生态环境的需要和永续共享也是共同富裕的重要内涵。“绿水青山就是金山银山”的“两山论”，指明了人们共同的自然资源通过有效保护会转化为全民共享的物质财富和精神财富的深刻道理，因此，在确保自然生态安全不受威胁的前提下，充分挖掘自然生态的内在价值，形成绿色生产方式、绿色生活方式，就能使当代人能享受到的优美生态也能让世世代代人享受得到，达到以人与自然和谐共生的永续发展为共同富裕目标的实现奠定坚实生态基础的目标。另一方面，共同富裕是人与自然和谐共生的现代化的必然结果，从人与自然和谐共生的现代化的视角为实现共同富裕指明了方向。人与自然和谐共生的现代化与共同富裕之间的这种内在契合关系，是由两者具有共同的行为主体和价值追求所决定的。

一方面，人与自然和谐共生的现代化和共同富裕的内在契合关系是由两者在行为主体上有着高度的一致性所决定的。自人类社会步入现代化以来，人与自然的关系以肉眼可见的速度紧张起来。正如风险社会理论的创始人德国思想家乌尔里希·贝克所言："生产力在现代化进程中的指数式增长，使风险和潜在自我威胁的释放达到了前所未有的程度。"[①]由人与社会、人与自然之间的矛盾所引发的诸多风险成了现代化发展的最大阻碍。人如何对待、如何协调现代化发展过程中同社会、同自然的关系，直接决定了现代化发展的未来、前进方向以及价值实现程度。任何不以客观规律为依据的现代化，必然会带来一系列重大风险和巨大灾难。人与自然和谐共生的现代化充分体现了尊重客观规律的现代化发展逻辑。人与自然和谐共生的现代化依靠人来建设，人是其间的行为主体，人与自然和谐共生的现代化发展程度取决于客观现实的人对人与自然关系以及人与社会关系的认识和践行程度。共同富裕体现了共建共享，共建共享涉及人与自然的关系以及人与社会的关系。现代化所产生的经济价值、精神文化价值和生态价值都是由人民辛勤劳动创造出来的，理应为人民共享，因此，共同富裕的出发点和落脚点都在现实的客观的人民群众身上。人类以什么样的方式开发和利用自然，直接决定了人与自然的和谐程度，也决定了共同富裕的发展程度。习近平深刻地指出："当人类合理利用、友好保护自然时，自然的回报常常是慷慨的；当人类无序开发、粗暴掠夺自然时，自然的惩罚必然是无情的。人类对大自然的伤害最终会伤及人类自身，这是无法抗拒的规律。"[②]道出了生态价值和人类价值之间的内在辩证互动关系，有助于我们全面地理解把握人与自然和谐共生的现代化对于推进共同富裕实现

---

① (德)乌尔里希·贝克：《风险社会：新的现代性之路》，张文杰、何博闻译，南京：译林出版社，2018年，第3页。

② 《习近平谈治国理政》第3卷，北京：外文出版社，2020年，第360—361页。

的重要性。

另一方面，人与自然和谐共生的现代化和共同富裕的内在契合关系也是由两者所具有的共同的价值取向性所决定的。人与自然和谐共生的现代化追求的是在发展过程中人与自然之间关系的协调，要通过大力发展绿色产业，提倡绿色生活，以绿色发展方式推动现代化永续发展，实现生态资源的代内和代际公平。作为中国特色社会主义本质要求的共同富裕追求的也不只是一部分人或者一代人的物质富裕、精神富足、生态优美，而是要实现代内和代际的共同发展、共同富裕。人与自然和谐共生的现代化和共同富裕都反映出一种深刻的代内价值关系和代际价值关系。既要以现实的人民群众以及利益为出发点，满足和实现当代人的价值，又要从代际关系的高度同时关照子孙后代人的价值的实现。我们坚持构建人与自然和谐共生的现代化，需要以新发展理念为引领，在全社会形成"绿水青山既是自然财富、生态财富，又是社会财富、经济财富"的价值共识，尽力防范化解生态领域可能出现的各种系统性风险，聚焦新时代共同富裕的主体和主题，以满足当代人民对于优美生态环境和共同富裕的需要，同时关照子孙后代对优美生态环境和共同富裕的同等需求，实现人与自然和谐共生的现代化和共同富裕的协调并进。

二、以人与自然和谐共生的现代化奠定共同富裕的物质基础

人与自然之间的关系问题，是新时期实现共同富裕目标时必须重点予以关注的问题。生态环境问题并不是简单的人与自然的关系问题，更是关系到党的性质、宗旨，关系到经济社会可持续发展和民生福祉的重大政治问题、重大经济问题、重大社会问题和重大民生问题。推进共同富裕目标的实现，必须协调好、处理好人与自然的关系问题。新时期"我国现代化是人与自然和谐共生的现代化。我国现代化注重同步推进物质文明建设和生态文明建设，走生产发展、生活富裕、生态良好的文明发展道路"[①]。推动人与自然和谐共生的现代化建设，不仅关系到生态文明领域的健康、可持续发展，同时关涉物质文明

① 《习近平谈治国理政》第4卷，北京：外文出版社，2022年，第124页。

的建设与发展。“绿水青山就是金山银山”，优美的生态环境可以直接转化为推动经济社会发展的强大动力，优美的生态环境可以持续满足人民对美好生活的向往，人与自然和谐共生的现代化可以直接为共同富裕的实现奠定坚实的物质基础。

以人与自然和谐共生的现代化奠定共同富裕的物质基础，其着力点是大力发展绿色产业。绿色产业是相对于传统产业而言的关涉人与自然和谐共生的产业，绿色产业充分兼顾社会经济效益和生态效益，有助于强化发展生产力过程中的生态环境的承载力。在实际生活中，缺乏人与自然和谐共生意识的人，往往更愿意去追求看得见、摸得着的资源和财富，而忽视生态资源能带来的物质财富，甚至会出现以牺牲生态环境换取物质财富的现象。因此，必须转换现代化的发展方式，摒弃以消耗资源、污染环境为代价的导致人与自然对立的现代化，代之以将经济理性与生态理性、人的理性结合在一起的人与自然和谐共生的现代化，从而明确经济发展与生态环境保护绝不是矛盾对立的关系，而要将彼此的充分发展视为自身发展的必要前提。保护和改善生态环境就是在保护生态系统所蕴含的内在生产力，就是确保经济社会发展的可持续性。要以绿色发展理念引导经济社会发展与生态环境保护同向而行，实现经济同人口、资源、环境的协调发展。同时，要大力发展绿色生产力和绿色科技以确保人民群众能够在获得相对稳定的绿色收益中提高共同富裕水平，在充分实现人与自然和谐共生的现代化过程中确保共同富裕目标的稳步推进。实践证明，发展绿色生产力以取代传统的忽视自然资源的承载力和严重破坏环境的重污染、高浪费生产方式，有助于在发展经济的同时兼顾自然资源和环境的承载力，达到进一步提高资源的利用效率之目的。马克思在《资本论》中揭示：“所谓的废料，几乎在每一种产业中都起着重要的作用。”[①]看似是生产废料，实则是可以利用的资源。在马克思看来，对生产废料的循环使用，既提高了资源利用效率，同时也提高了生产的利润率。发展绿色科技是以人与自然和谐共生的现代化推动共同富裕实现的重要力量。生产工具作为“物化”了的技术创新，在借助绿色科技实现自身的创新和发展过程中，可以有效提高自然资源的

① 《马克思恩格斯文集》第7卷，北京：人民出版社，2009年，第116页。

使用效率,有效减少废弃物、污染物的排放,进而减轻对自然生态的压力和对环境的污染,不断提高人民群众的生活品质。

以人与自然和谐共生的现代化奠定共同富裕的物质基础,还要大力倡导绿色生活方式和绿色消费方式。要在全社会范围内弘扬和培育社会主义生态文明观,充分调动人民参与生态文明建设的主体性和积极性,实现生产方式、生活方式以及消费方式的全面绿色转型,提高人与自然和谐共生的现代化水平。人与自然和谐共生的现代化与共同富裕目标的实现以及广大人民群众的身体健康甚至生命和财产安全休戚相关,人作为其间的行为主体,也是人与自然和谐共生的现代化和共同富裕目标实现的重要推动力。推动人与自然和谐共生的现代化,仅仅依靠国家层面的单一治理或者企业履责还不够,必须动员广大人民群众共同参与,在全社会范围内普及并践行绿色生产方式、绿色生活方式、绿色消费方式,与国家生态治理、企业生态履责形成良性互动的责任共同体、使命共同体、利益共同体和共享共同体。人与自然和谐共生的现代化还包括了生活方式的现代化,这种现代化大力倡导绿色生活方式,引导人民群众从单一的注重物质利益、物质享受的生活方式转变为将物质享受与精神享受叠加在一起的丰富多样的生活方式,促进人们在享受物质生活的同时,不以无节制的自然生态环境消耗为代价,而进一步明确“人与自然是生命共同体。生态环境没有替代品,用之不觉,失之难存”[①]。生活方式与消费方式是紧密相连的。人与自然和谐共生的现代化也是倡导绿色消费方式的现代化,是以简朴、实用、便利、健康为目标的科学消费方式取代传统的以享乐、攀比、奢侈等为目的的消费方式的现代化,“过高尚而节俭的生活,才能既实现人生的价值,又有利于生态与环境的发展”[②]。在全体人民共同践行绿色生活、绿色消费的过程中,构建起人与自然和谐共生的现代化发展方式,有助于为实现共同富裕提供优美、健康、可持续的生态环境,以绿色生产方式、绿色科技为共同富裕提供稳定、可持续的绿色收益,不仅满足当代人对共同富裕美好生活的向往,而且关照子孙后代、世世代代对共同富裕美好生活的需求。

---

① 《习近平谈治国理政》第3卷,北京:外文出版社,2020年,第360页。

② 方世南:《马克思环境思想与环境友好型社会研究》,上海:上海三联书店,2014年,第377页。

三、以人与自然和谐共生的现代化构筑共同富裕的精神家园

共同富裕是物质生活的共同富裕与精神文化生活共同富裕的有机统一，通俗形象的话就是"富口袋"与"富脑袋"的有机统一。人与自然和谐共生的现代化，也是促进人民群众精神文化生活丰富发展的现代化。关于"环境就是民生，青山就是美丽，蓝天也是幸福。要像保护眼睛一样保护生态环境，像对待生命一样对待生态环境"[①]的生动而形象的话语，都表达了良好生态环境在物质生活共同富裕和精神文化生活共同富裕的重大价值，都要求在实现人与自然和谐共生的现代化进程中，注重现代化的科学理念建设。

人与自然和谐共生的现代化是一种完全区别于西方现代化的全新现代化发展模式，高度注重协调人与自然、人与社会、经济发展与生态环境之间的关系，是对传统的资源浪费、环境污染发展方式的彻底摒弃。只有真正确立起人与自然和谐共生的现代化理念和发展方式，自觉地抛弃旧有的征服自然、掠夺自然以及为了经济发展毫无节制地向自然索取的思维方式和发展方式，才能在全社会营造出新型的人与自然和谐共生的文化氛围和文化价值观，为新时代推进共同富裕构筑尊重自然、敬畏自然、顺应自然、呵护自然的精神文化家园。

绿色生态文化、绿色发展理念在以人与自然和谐共生的现代化推动共同富裕中发挥着重要的指引作用。人作为自然界长期发展的产物，与自然绝对不是处于一种矛盾对立、水火不容的关系之中，恰恰相反，自然界是人的无机的身体，任何伤害自然、消耗自然的行为，最终都会投射到人类自身，危及人类自身的生存和发展。因此，普遍存在的生态危机、环境问题，从根源上讲都不是生态或者环境的问题，而是人的问题，是人的文化价值观念出了问题而引发的问题。以人与自然和谐共生的现代化推进共同富裕的一个关键问题，就是要正确界定人与自然、经济发展与自然环境之间的关系。人是自然界长期发展的产物，在自然面前，人同时具有受动性和能动性。且人在自然面前的受动性是能动性发挥的重要前提，人的能动性的发挥必然以某种特定的受动性为

① 《习近平关于社会主义生态文明建设论述摘编》，北京：中央文献出版社，2017年，第8页。

依据，受动性既能阻碍人的能动性的发挥，又能够促进人的能动性的有效发挥，在一定条件下，两者可以相互转换。当人片面追求自我价值、违背自然规律时，自然就会对人类的活动予以严厉报复，人的能动性就会转换为受动性；相反，当人顺应自然规律时，自然对人的约束就会潜藏、消失，人的受动性就能转化为能动性。以人与自然和谐共生的现代化推进共同富裕，内在地蕴含了作为主体的人要自觉地将自己在自然面前的能动性和受动性紧密地结合起来，按照客观的自然规律发展，从而充分彰显出人作为主体的能动性。在经济发展与自然环境的关系问题上，必须明确，自然环境是优先于人类社会存在的，人类社会的发展、经济的发展必然以自然的存在为前提。因此，在发展经济的过程中，绝不能违背自然规律、肆意破坏自然生态，否则必然会陷入不可持续发展的境地，并且一切对自然规律的违背、对生态环境的破坏，最终都会以自然界的激烈报复危及人类社会的存在和发展。以人与自然和谐共生的现代化推进共同富裕的另一个重要途径，就是在全社会各领域要大力培育绿色生态文化、绿色发展理念。只有全社会普遍形成绿色发展理念，大兴绿色生态文化之风气，才能超越传统的罔顾自然规律、片面追求经济效益的不良风气，助推经济社会发展和生态保护的双赢发展模式，促使共同富裕行稳致远。

生态文明制度在以人与自然和谐共生的现代化推进共同富裕过程中发挥着重要保障作用。生态文明制度是着眼于生态环境保护的制度设计，依靠国家层面制度的规范性、刚性以及结合环境伦理、绿色文化价值观的灵活性、弹性，双向发力，起着有效防止资源浪费、环境污染的不良生态行为产生，保障人与自然和谐共生的现代化建设，促进共同富裕实现。长期以来，生态环境一直作为一种免费的物品而成为人类社会的必要生产和生活条件。然而，自工业革命以来，现代化发展对自然资源毫无节制的索取，使得自然资源在转瞬间成为稀缺资源，且这种稀缺程度随着人类社会的发展愈加凸显。生态资源的有限性与人类需求的无限性之间的尖锐矛盾，迫切需要生态文明制度发挥平衡两者关系的作用。一方面，要充分兼顾生态环境保护和人类社会发展的需要，促进两者之间实现良性互动；另一方面，借助制度的力量有助于有效规避单一剥夺和牺牲生态环境资源以满足人类经济社会发展的做法，缓和经济社会发展和自然生态之间的尖锐矛盾。生态文明制度倡导的是一种和谐共生、共存、共荣的全新现代化发展模式。当前我国生态环境保护中存在着一些突出问题,“一定程度上与体制不健全有关”。对此,习近平强调,要构建“科学适度有序的国土空间布局体系、绿色循环低碳发展的产业体系、约束和激励并举的生态文明制度体系”①,这是基于对我国生态文明建设的实践的客观认识而提出的符合我国实际的生态文明制度设计。在人与自然和谐共生的现代化建设过程中,也只有不断探索自然规律、遵守自然规律,才能通过不断创新生态文明制度以保障人与自然和谐共生的现代化发挥出推动共同富裕实现的功能。通过加强生态文明制度建设,有助于持续深化人民群众对于生态环境保护观念的认识,将人与自然和谐共生的价值理念厚植于心,为共同富裕提供精神养料。

四、以人与自然和谐共生的现代化厚植共同富裕的生态价值

人与自然和谐共生的现代化内在蕴含了人的价值与自然价值的同向共促,人的价值与自然价值在人与自然和谐共生的现代化发展过程中得到充分发展和实现,是新时期推进共同富裕目标实现的重要前提。人们对人与自然关系的认识是随着人类社会生产力的发展而不断明晰的,大致经历了由对自然的臣服和顺从到对自然无节制地索取、征服和掠夺的发展阶段。其间,伴随着对人与自然关系的认识,人的价值在得到高度彰显的同时,自然价值却在不断地被淡化、边缘化,直至出现无法保障人的价值实现的恶果。提出人与自然和谐共生的现代化发展理念,促使人们进一步加深对人与自然关系问题的认识。人的价值与自然价值之间不是矛盾对立的关系,而是彼此促进、共同发展的价值整体。人的价值的实现以自然价值为前提,自然价值因为人的价值的彰显而得到发展。对人与自然关系的不同认知,直接决定了人的价值与自然价值的发展和实现程度。只有充分认识到人与自然是生命共同体、发展共同体、利益共同体和共享共同体,才能在构建人与自然和谐共生的现代化崭新发展格局中,充分实现人的价值与自然价值的双向互促,厚植新时期共同富裕的生态价值。

---

① 《习近平关于社会主义生态文明建设论述摘编》,北京:中央文献出版社,2017 年,第 37 页。

为此，要以人与自然和谐共生的现代化理念，高度重视促进共同富裕实现的生态价值的巨大功能。自然界是人的无机的身体，人又是自然界的有机的身体，人与自然之间不应当存在彼此之间的征服或者掠夺，人的价值的实现所需要的每一步，都是竖立于自然价值之上的，如果只是顾及人自身的价值而忽视自然价值，那么必然会遭受到来自自然界的严厉报复。因此，人类尊重并利用自然规律，与自然和谐共生，就是尊重和呵护人类自身。人与自然和谐共生的现代化就是在充分认识和尊重自然规律、顺应和呵护自然的基础上发展生产力的现代化，也是一种在物质文明、政治文明、精神文明、社会文明以及生态文明的同步发展中迈向共同富裕的现代化。在人与自然和谐共生的现代化发展过程中培育人的绿色思维方式，就是新时期正确处理人与自然的关系、把握和解决生态危机的思想根基。在人与自然和谐共生的现代化发展进程中厚植绿色思维方式，以清晰的底线思维约束和规范人的行为。既要考虑经济社会发展的需要，也要兼顾自然承载力的生态红线、生态底线；既要考虑和满足当代人的发展和需要，也要考虑子孙后代的发展和需要。通过人与自然和谐共生的现代化发展，在全社会范围内厚植绿色生态价值观，不断提高人们对人与自然关系、对生态环境的认识水平，促进人的感性的生态意识向理性的生态意识转变，在全社会形成关于人与自然和谐共生的价值追求和价值共识，保护环境就是保护人类自己、发展绿色生产力就是发展人类自己的价值取向，让绿色思维方式成为人类发展的思维“底色”，走向人与自然和谐共生的绿色经济社会，实现更高水平的共同富裕，又以共同富裕推动人们的生态理性、生态文明素养的形成和发展，自觉地摆正人在自然界的位置，主动地呵护自然环境，促进人与自然和谐共生关系的发展，提高人与自然和谐共生的现代化发展水平。

基于此，必须以人与自然和谐共生的现代化构筑起绿色、可持续的经济社会发展模式，厚植共同富裕的永续生态价值。人与自然和谐共生的现代化区别于传统的以牺牲生态环境作为获取经济效益的发展模式，更彰显出鲜明的价值追求，助推自然界与人类社会的可持续发展。中国特色社会主义对共同富裕的追求，绝不是忽视生态承载力对经济发展的片面追求，也不是目光短浅只顾当代人的利益而不顾及子孙后代的需求，而是兼顾社会伦理和生态环境伦理、经济公平和生态公平、代内公平和代际公平的经济社会可持续、可循环的绿色发展、公平发展，是在物质文明、政治文明、精神文明、社会文明、生态文明五位一体文明基础上互促互进的共同富裕。无论是历史教训还是现实经验都充分证明，共同富裕的实现离不开优美的生态环境，离不开人与自然和谐共生的生态文化氛围。因此，人与自然和谐共生的现代化的建设在扎实推进共同富裕中发挥着重要作用，为促进人与社会关系协调、人与自然关系协调的共同富裕以及人的自由而全面发展增添了鲜明的绿色色彩。改革开放四十多年来，我国经济建设在取得历史性成就的同时，也积累了不少生态环境问题，成为妨害共同富裕目标实现的生态阻碍。生态环境的问题，归根究底是经济发展方式的问题。人与自然和谐共生的现代化提倡绿色、可持续的经济发展方式，是对人与自然的关系、人与社会的关系、经济发展与生态保护的关系的协调。一方面，将生态文明建设融入经济社会发展全方位各领域，实现经济社会的可持续发展，能为共同富裕提供可以永续发展和利用的经济资源、生态资源；另一方面，通过发展可持续、可循环的绿色生产力、绿色生产方式，为人的自由而全面发展营造出优良的生态环境，促进人的价值的复归，实现人的价值与自然价值的双向互促。在人与自然和谐共生的现代化发展中构筑绿色、可持续的经济发展模式，充分彰显出人与自然和谐共生内涵的生态价值，必将会有力地推进共同富裕的实现和人自由而全面的发展。

五、结语

在当今这个生态危机和生命危机交织并存发生并已经严重地威胁人类生存和发展的时代，在现代化已经成为世界性潮流的态势下，能否在实践中科学认识和准确把握人与自然和谐共生的现代化蕴涵的共同富裕内容，关系到人与自然、人与社会以及经济发展与自然生态能否协调发展，关系到中国式现代化发展的成效，直接影响我国新时期共同富裕的实现。“必须牢固树立和践行绿水青山就是金山银山的理念，站在人与自然和谐共生的高度谋划发展。”[①]人

① 习近平：《高举中国特色社会主义伟大旗帜 为全面建设社会主义现代化国家而团结奋斗——习近平同志代表第十九届中央委员会向大会作的报告摘登》，人民日报，2022-10-17(02)。

与自然和谐共生的现代化的本质内涵在于，人与自然是生命共同体、发展共同体、利益共同体和共享共同体。共同富裕作为一个涉及经济、政治、社会、精神文化等多种要素的总体性概念和总体性价值目标，绝不能忽视或无视人与自然和谐共生的现代化在实现共同富裕中的重大功能。对自然的尊重、顺应和保护就是对人自身的尊重和保护。基于人与自然和谐共生的现代化基础上的绿色经济发展方式，就是为了创造更多物质财富、精神财富以及优质生态产品以满足人民日益增长的美好生活需要，更有力地佐证着“绿水青山就是金山银山”的真理性，更深刻地揭示出人与自然和谐共生的现代化与实现共同富裕之间的内在逻辑契合关系。古人云：“风调雨顺，国泰民安”，说明了经济富裕、政治稳定、社会和谐、生命安全与自然生态环境之间的内在关联性。如今，中国共产党倡导的人与自然和谐共生的现代化和扎实推动共同富裕的战略任务更进一步从理论和实践紧密结合的高度促使“风调雨顺”与“国泰民安”紧密联姻。只要我们坚定不移地走人与自然和谐共生的现代化道路，将人与自然和谐共生的价值理念转化为坚持绿色发展、绿色生活的实际行动，实现经济发展与生态保护的结合，经济现代化与生态现代化、人的现代化的结合，我们就一定能够建成天蓝、地绿、水清且全体人民享受共同富裕的富强、民主、文明、和谐、美丽的社会主义现代化国家，完成到21世纪中叶全体人民共同富裕基本实现的宏伟战略目标。

第二部分

实践篇

“十四五”时期江苏省推进共同富裕的目标、重点及政策研究

张　卫[①]　后梦婷[②]　鲍　雨[③]

（江苏省社会科学院社会学研究所）

摘　要：共同富裕是全体人民通过辛勤劳动和相互帮助最终达到丰衣足食的生活水平，是消除两极分化和贫穷基础上的普遍富裕，是物质生活与精神生活的有机统一。党的十八大以来，江苏省遵照习近平总书记关于民生工作的要求，把握社会主要矛盾变化，遵循新发展理念，系统化推进脱贫攻坚、就业、教育、医疗、养老、社会保障等各项民生事业全面发展，在共富领域取得了丰硕成果。课题组认为，当前江苏省在推进共同富裕进程中要重点关注存在的富民增收效应仍需提升、区域内协调发展仍有瓶颈、民生共享机制仍需完善等短板。课题组提出“十四五”时期江苏省要着力于：第一，聚焦富民，提高居民收入水平；第二，推进乡村振兴，构建农民收入稳步增长长效机制；第三，强化功能区建设，促进省域一体化；第四，提高基本公共服务水平，促进成果共享。

关键词：十四五；江苏；共同富裕

习近平总书记指出，“人民对美好生活的向往，就是我们的奋斗目标”“让人民群众过上更加幸福的好日子是我们党始终不渝的奋斗目标，实现共同富裕是中国共产党领导和我国社会主义制度的本质要求”。《中共中央关于制定国民经济和社会发展第十四个五年规划和二〇三五年远景目标的建议》将“全

---

① 张卫，江苏省社会科学院社会学研究所所长、二级研究员。

② 后梦婷，江苏省社会科学院社会学研究所副研究员。

③ 鲍雨，江苏省社会科学院社会学研究所副研究员。

体人民共同富裕取得更为明显的实质性进展”作为到2035年基本实现社会主义现代化远景目标，在“改善人民生活品质”中强调“扎实推动共同富裕，不断增强人民群众获得感、幸福感、安全感，促进人的全面发展和社会全面进步”，并且提出了一系列要求和举措，为江苏省“十四五”时期推进共同富裕指明了方向、提供了保证。

一、江苏省推进共同富裕工作取得的成就

党的十八大以来，江苏省遵照习近平总书记关于民生工作的要求，把握社会主要矛盾变化，遵循新发展理念，持续着力解决突出民生问题，系统化推进脱贫攻坚、就业、教育、医疗、养老、社会保障等各项民生事业全面发展，在共富领域取得了丰硕成果。

（一）省级层面推进共同富裕取得的成效

一是坚持党对江苏省共富实践工作的全面领导，从省级统揽全局、顶层设计到基层党组织主动作为、锐意进取，将党的全面领导贯穿于江苏省共富探索的全过程。

二是注重区域协调，推动各个板块之间的有效协同，积蓄共富势能，探索具有江苏特点的新型城镇化和城乡一体化之路，构建城乡一体化的共富品牌，全省基本公共服务标准化实现度超过90%。

三是实施富民强省战略，推进产业结构调整优化，坚持藏富于民，到2020年，全省人均可支配收入达到43390元，“富民增收33条”目标全面实现，城乡居民人均可支配收入比值为2.25∶1，是全国最小的省份之一。

四是深入实施脱贫攻坚奔小康工程，高标准推进脱贫攻坚。2020年，全省254.9万建档立卡低收入人口、821个省定经济薄弱村全部达标，12个省级重点帮扶县(区)全部摘帽。

（二）江苏省各地推进共同富裕的具体举措和成效

江苏省各地结合自身实际，在南北共建园区实现先富带动后富，以基本公共服务标准化推进公共服务均等化，实施开发式扶贫和救助式扶贫“双轮驱

动”，在巩固拓展脱贫攻坚成果、促进重点人群稳定就业增收等领域展开了积极探索。

1. 苏州宿迁工业园区高质量开发建设，谱写区域协同发展、实现共同富裕的江苏篇章。苏宿工业园区持续优化营商环境，促进南北产业协同发展，初步形成了优势互补的经济循环链条，累计承接来自苏州的各类投资项目 926 个，实际引资金额 686.3 亿元，带动近 20 万人就业。

2. 常州、扬州、泰州等地创新探索基本公共服务标准化，覆盖城乡、普惠均衡的基本公共服务体系日趋完善，各领域公共服务供给水平显著提高。常州市通过财政资金倾斜、项目支持等手段加强薄弱地区的基本公共服务体系建设。扬州市明确了 114 项功能配置，推进标准研究制订及普及应用。泰州市高度重视基本公共服务标准化工作，开展了 6 个基本公共服务标准化试点建设。

3. 盐城市坚持开发式扶贫和救助式扶贫“双轮驱动”，切实提高脱贫攻坚成色，在推进共同富裕上迈出坚实步伐。以发展产业为先，夯实脱贫根基，促进经济薄弱村和低收入农户稳定增收；做实“三个保障”，构建含商业补充保险在内的“一站式”信息化结算平台，建立精准教育资助和控辍保学机制，实现建档立卡户资助全覆盖，完善兜底政策，做到应保尽保。

4. 淮安市实施一系列助残就业举措，促进重点人群稳定就业增收。搭建按比例安置残疾人就业双选平台，年均为 1500 多残疾人提供就业服务。据统计，淮安市就业年龄段持证残疾人就业 26355 人，就业率达 45.5%。

二、“十四五”时期江苏省推进共同富裕的目标及重点

共同富裕是全体人民通过辛勤劳动和相互帮助最终达到丰衣足食的生活水平，是消除两极分化和贫穷基础上的普遍富裕，是物质生活与精神生活的有机统一。因此，推进全体人民共同富裕，要从物质和精神、客观和主观多方面发力，既要有数量上的增加，更要有质量上的提升、飞跃。

（一）江苏省推进共同富裕的良好基础和目标

“十三五”时期，“强富美高”新江苏建设取得重大阶段性成就，综合发展实

力显著增强，经济总量连跨三个万亿元台阶，突破10万亿元，对全国经济增长的贡献超过十分之一；人均地区生产总值达到12.5万元，位居全国各省(区)之首。立足"十四五"，展望2035年，江苏省应坚持以人民为中心的发展思想，促进重点群体共享改革发展成果，在缩小城乡差距、区域差距和收入分配差距上下功夫，积极提高中等收入群体比重和收入水平，加快基本公共服务覆盖城乡全部人口，着力增强民生福祉，更好地保障人民平等参与、平等发展的权利，努力实现人的全面发展和全省人民共同富裕走在全国前列的目标。

(二)"十四五"时期江苏省推进共同富裕的重点

1. 收入分配。注重稳步增加工资性收入和更多经营性收入，要提高转移性收入水平。要完善二次分配制度，发挥税收等调节收入差距的作用，发挥第三次分配作用，支持慈善等公益事业发展。培育和壮大全省中等收入群体。

2. 高质量就业。重点关注就业优先政策，健全公共就业服务体系，完善人力资源市场体系，强化就业风险监测预警，在多渠道就业创业上下功夫，扩大公益性岗位安置。

3. 社会保障。完善基本公共服务体系，实现巩固拓展脱贫致富奔小康成果同乡村振兴有效衔接集中在社会保险制度领域、住房保障领域、社会救助领域。

4. 重点群体共享发展。促进妇女全面发展，加强女性人才队伍建设，促进女大学生、农村留守妇女、残疾妇女等重点群体就业。促进儿童优先发展。健全残疾人关爱服务体系。

三、当前江苏省推进共同富裕存在的制约因素

"十三五"期间，江苏省经济社会发展的稳定性、协调性明显增强，主要经济指标保持在合理区间，人均GDP居发达省份前列，远高于浙江省、广东省和山东省，城乡居民人均可支配收入逐年提升，富民政策成效显著，江苏已经基本迈向现代化阶段。对照江苏省推进共同富裕的目标内涵，当前全省实现区域共同富裕仍然存在以下制约因素。

（一）富民增收效应仍需提升

1. 城乡居民收入水平有待提高。江苏省人均可支配收入从2016年的3.21万元增长到2019年的4.14万元，年平均增幅达到8.80%，整体增幅40.15%，仍然略低于人均GDP的40.44%。同期，浙江省居民人均可支配收入由3.55万元增长至4.99万元，年平均增幅达到8.86%，整体增长40.4%，绝对值和增幅都超过江苏省。

2. 要素分配结构有待优化。以收入法核算GDP，发达国家的劳动者报酬占国民收入的比重在50%～60%，尽管“十三五”期间，江苏省劳动者报酬的绝对数不断提高，但占国民收入的比重仍然较低，截至2018年仅为45.7%，劳动者报酬占国内生产总值的比重偏低，是江苏聚焦富民的薄弱环节。

3. 城乡居民收入仍有差距。江苏省城乡收入差距逐渐缩小，截至2020年末，城乡居民人均收入比为2.19∶1，比上年缩小0.06，仍然高于浙江省（自2016年的2.07∶1下降到2020年的1.96∶1），浙江省成为全国除直辖市以外城乡收入比最小的省份。浙江省的这一优势主要得益于其发达的民营经济以及一系列促进市场公平的政策安排。

（二）区域内协调发展存在瓶颈

1. 苏南、苏中、苏北发展差距明显。截至2019年，苏南、苏中、苏北人均GDP分别为17.0万元、12.4万元和7.4万元。从三次产业比重来看，苏北的第一产业增加值占GDP比重仍高达10.3%，远高于苏南的1.6%。横向比较，在沿海主要发达省份中，浙江省的区域发展差距仍是最小的。浙东北与浙西南的人均GDP比值从2016年的1.91∶1下降到2019年的1.72∶1，同期，江苏苏南与苏北的比值则分别为2.23、2.24、2.28和2.30，远高于浙江省。

2. 省内全域一体化格局尚未形成。目前来看，“水韵江苏”的品牌效应仍有待提高，沿江城市群东西向经济地理空间外溢效应仍未充分发挥，“1+3”功能区（“1”即扬子江城市群，“3”包括沿海经济带、江淮生态经济区和淮海经济区中心城市）的绿色发展网络辐射效应仍不明显。

（三）民生共享机制仍需完善

1. 就业高质量依然存在压力，“创业经济”尚未形成。江苏省劳动力供需结构矛盾依旧突出。江苏省就业的总体质量不高,人才吸纳力低于上海市、浙江省,2019 年留苏就业的毕业生的占比较 2017 年约下降 2.2 个百分点。同时,与广东、浙江等省份相比,“创业经济”尚未成为江苏省主体经济形式,带动就业能力弱。

2. 公共服务供给结构失衡。江苏省养老与医疗的城乡差异依然明显,从地区上看,江苏省由南到北由于地方政府的财政能力差异,公共服务供给能力也表现出梯度落差。

四、“十四五”时期江苏省推进共同富裕的政策思路

“十四五”时期,江苏省要以高质量发展为核心议题,综合施策、多措并举,以提升总量、优化结构夯实推进共同富裕的经济基础,以创新创业、富民增收作为推进共同富裕的主要抓手,以乡村振兴、区域协同补齐推进共同富裕的实际短板,以公共服务、高效治理奠定推进共同富裕的制度保障,把江苏省建成全国共同富裕的引领区、先导区和示范区。

(一) 聚焦富民,提高居民收入水平

1. 创新驱动,促进经济高质量增长。江苏省要以创新驱动推动经济结构优化升级,提升经济增长质量,为推进共同富裕奠定坚实的基础。一是稳步推进第二产业的转型升级,积极培育高技术产业和战略性新兴产业,逐步形成位于价值链中高端的优势产业集群。二是着力推动现代服务业提档升级,以信息服务、科技研发以及金融等生产性服务业作为江苏省服务业的主导力量。三是多措并举支持民营经济高质量发展,加大对中小微企业的经济扶持,提高市场经济的活力和成熟度。

2. 优化收入分配结构。第一,健全工资合理增长和支付保障机制,稳步提高劳动报酬在初次分配中的比重,建立一整套适应经济发展水平的单行调控机制。第二,要着力营造双创生态系统,扎实推进普惠金融工作,创新居民投资机制,稳步增加居民财产性收入和经营性收入。第三,要完善再分配机制,履行好政府再分配调节职能,发挥慈善等第三次分配作用。

（二）推进乡村振兴，构建农民收入稳步增长长效机制

1. 推进农村土地产权制度改革。要做好承包地"三权"分置、宅基地"三权"分置及农村集体经营性建设用地入市等改革，开展土地经营权入股发展农业产业化经营试点。以赋权赋能为核心，探索农民承包地、宅基地等退出转换机制。

2. 推动农业转型升级。鼓励土地规模经营。要大力发展特色农业，推进生态农业示范区和现代渔业产业园建设。要适度延展农村产业链，发展与农业紧密相关的新型轻工业。要加快构建城乡深度融合发展的"双向开放"新机制，进一步完善农业转移人口市民化机制，深化"三权到人（户）、权跟人（户）走"改革。

3. 巩固脱贫成效与提升生活品质并举。要构建低收入农户增收和经济薄弱村发展长效机制。要结合农民收入十年倍增行动，分层分类开展常态化帮促。要将美丽田园乡村建设以及农村人居环境改善结合起来，实现基础设施量质同升。要丰富乡村文化产品的供给与服务，不断满足农民群众日益增长的精神文化需求。

（三）强化功能区建设，促进省域一体化

1. 打造"1＋3"功能区发展。"十四五"期间，江苏省要进一步落实大运河文化带建设，凸显江苏县域经济的优势特点，明确每个功能区在江苏省发展中的功能定位，促进功能区之间的链接。以信息技术服务强化空间治理体系建设的能力，尽快出台推进功能区规划落地的政策细则。

2. 促进北沿江城市群联动发展。"十四五"期间，江苏省要通过网络化综合立体交通走廊和畅达高效的城际综合交通网络，给沿江八市的跨江融合和一体化发展提供强有力的保障，释放北沿江城市的"群效应"。要不断提升南京的特大城市枢纽能级和城市首位度，要以苏南五市和苏中三市带动苏北的发展。

3. 加大南北产业转移力度。苏北地区应坚持"产城融合、产业集聚、功能合理"的规划原则，实现"移业就民"。提高对苏北地区的省级财政投资补助比重，支持苏南对苏北的资源捐赠、项目投资与人才引进。利用省内 48 个飞地

经济工业园区示范效应，强化苏北园区高标准营商环境建设，优化“软环境”，加速实现省域一体化。

（四）提高基本公共服务水平，促进成果共享

1. 促进就业更加充分、更高质量发展。完善经济发展和扩大就业良性互动、产业结构调整与就业结构调整有机结合的长效机制。继续着力推进大众创业，给予重点群体精准化的资金扶持和技术扶持，以创业带动就业。要在新产业、新模式、新业态加快成长的过程中拓展就业空间，推动劳动力实现提质转岗就业。

2. 推进教育资源均衡配置。要建立以城带乡、整体推进、均衡发展的义务教育发展机制，促进城乡教育资源均衡配置。要制定专门政策，大力发展中等职业教育和高职教育。加快建立终身培训制度，设立与产业发展趋势相匹配的专项培训项目。

3. 健全多层次社会保障体系。要完善社会保险待遇动态调整机制，尤其注重提高农村居民养老和新农合医疗待遇水平。要扩大住房保障受益人群，深化共有产权住房试点。要完善政府购买服务清单制度，拓展社会力量参与渠道基本公共服务，加强基本公共服务绩效管理，提高资金使用效益和服务质量。

社区基金会:社会慈善资源的社区动员机制探索

田　蓉[①]　王　君[②]

(南京大学社会学院)

摘　要:第三次分配是实现共同富裕的重要机制。作为推进国家治理现代化的战略性布局,如何进一步创新和动员第三次分配领域中的社会慈善资源,尤其是调动社区慈善力量,成为新时代命题。通过梳理社区资源动员的历史脉络,重新审视社区基金会的意涵,可以发现社区基金会正成为促进社区对话、开发及整合本地慈善资源、回应社区需求的有效方式。作为一种创新性的社区慈善形式,社区基金会在全球得到快速传播,并建立了独特的筹资机制,同时也遭遇了不同运作模式的冲突。在我国,社区基金会伴随社区建设而兴起,近年来中央及地方纷纷出台支持性政策,社区基金会被赋予创新社会治理的角色与意义。然而,如何真正发挥社区基金会资源平台作用,撬动社区慈善资源,助力共同富裕的社会分配机制形成,还需要更多实践探索。

关键词:社区基金会;社会慈善资源;第三次分配;社区筹款

一、引言

习近平新时代中国特色社会主义思想指引共同富裕战略目标的实现需要发挥第三次分配的作用,促进慈善事业发展。2021 年 8 月中央财经委第十次会议指出,“在高质量发展中促进共同富裕,正确处理效率和公平的关系,构建

① 田蓉,南京大学社会学院副教授,硕士生导师。
② 王君,南京大学社会学院研究生。

初次分配、再分配、三次分配协调配套的基础性制度安排”。2022 年党的二十大报告提出，“健全共建共治共享的社会治理制度，提升社会治理效能”“建设人人有责、人人尽责、人人享有的社会治理共同体”。随着社会治理结构转变，基层社会日益成为各种利益诉求的交汇点，第三次分配的重心不断向基层社区转移。如何构建第三次分配的基层组织网络，使基层社区力量得以凝聚？创新第三次分配资源同社区工作、社区志愿服务的联动机制，探索“社区基金会”等邻里互助的公益慈善新模式，是新时期公益慈善发展的新议题。

近年来，中央层面相继出台了一系列相关政策，鼓励与支持社区基金会的发展。2016 年 6 月，民政部、发改委印发的《民政事业发展第十三个五年规划》提出，“鼓励在街道（乡镇）成立社区社会组织联合会，发挥管理服务协调作用，探索设立社区基金会”。这是在中央层面的官方文件中首次提出发展社区基金会。

社区基金会作为扎实推进共同富裕现代化的基本单元，在促进韧性社区发展的独立自主，整合社区居民、周边企业资源方面发挥了强大潜能（原珂，2023）。2017 年 6 月，中共中央、国务院印发《关于加强和完善城乡社区治理的意见》，再次将“设立社区基金会”写进中央文件，这标志着社区基金会在国内发展得到党和政府的肯定与重视。同年 12 月，民政部出台《关于大力培育发展社区社会组织的意见》，也明确提出“鼓励有条件的地方设立社区发展基金会”。随后，上海、成都、南京等地皆根据当地实际出台了相关支持政策，社区基金会得到了蓬勃发展。

二、社区层面的筹款与社区基金会

（一）社区层面的筹款

筹款是伴随慈善的发展而出现的。慈善一词，“philanthropy”，最早起源于希腊，意为人类之爱。同为慈善之意的“charity”，更强调宗教的利他主义，特指狭义层面的慈善。自愿捐赠（voluntary giving），最早可以追溯至法老为身后之事建立早期慈善信托。在圣经旧约中还记载了“什一税”，农牧产品的十分之一属于上帝,被认为是捐赠的早期来源。其他形式的捐赠还见于献给德尔菲神谕的大量宝藏、柏拉图时代的学校捐赠等(Sargeant et al.,2010)。正式的筹款活动总是与宗教信仰相关,最早记录于犹太教,当时每个社区的志愿者都专门负责特定的筹款任务。中世纪的基督传统中,有专业筹款人向富人募集资金,建大教堂、帮助穷人。1386 年建成的米兰大教堂的资金就来源于学校筹款、登门和街头募捐、社区筹款、义卖。可以发现,这时的筹款对象已不再局限于富人,筹款活动需要详细规划并事先进行营销。除此之外,教会的"赎罪券"也体现了筹款,人们可以为教堂、医院和桥梁等各种善事购买赎罪券,解除罪恶。

尽管电话、电视、邮件、互联网在筹款活动中被广泛运用,但在筹款的发展历史中,社区层面的筹款(community fundraising)一直是极为重要的途径。社区筹款包括一系列广泛的参与性事件和活动,属于"社区筹款"这一总称的活动包括向社区商店和企业分发募捐箱、街头募捐、庭院义卖、当地学校或工作场所举办的赞助活动,以及大型社区活动,如欢乐跑或马拉松等。在某种程度上,社区筹款是"过时的"筹款。社区筹款是"人力密集型"的,涉及动员大量志愿者,而这通常由社区委员会组织起来。从历史发展来看,社区筹款很大程度上依赖志愿团队。随着社区人口统计数据的变化,社区捐赠和志愿活动也相应呈现出新特征。社区筹款不仅可以筹集资金,还可以提高特定社区对某项事业的关注。社区筹款是一个不容易"专业化"的领域,不容易集中、精简和控制活动以获得最大利润。虽然社区筹款通常不能达到高额的捐赠量,但与互助、志愿、微公益、社区意识等公益元素息息相关。在英国前 500 家筹款慈善机构中有三分之一从事地区性或"本地"筹款活动,尽管这种形式的回报相对较低(Sargeant et al.,2010)。

社区层面的捐赠动机是复杂的。一些捐赠者无疑是出于"纯粹的"慈善动机,但社区筹款包含了强烈的交换价值,即社区捐赠者能从捐赠中获得利益。社区活动为社交、娱乐、竞争、认可和建立社会网络提供了机会,而抽奖、拍卖和销售则为赢得奖品或买卖商品提供了机会。响应社区筹款活动,做出捐赠行为不需要深入思考,也不需要对非营利组织的具体工作有多少了解。因为社区捐赠价值不高,而且是冲动的,通常由提出要求的人或正在发生的事件引发，而不是由特定的原因引起的。可见，社区筹款依赖于网络和人群的聚集，筹款人要么去人群聚集地，例如学校、工作场所、俱乐部等，要么通过举办活动来吸引潜在捐赠群体。

社区层面的筹款是一个受到人口统计、捐赠动机、志愿者需求变化等严重影响的领域。

英国和美国的许多大型非营利组织都在定期重组、重组和改变其本地筹款业务。社区筹款目前也面临几大特殊的困境。第一，社区筹款的投资回报问题。在社区开展筹款活动将获得诸多隐性收益，例如提高知名度和可信度，这些优势不容易用资产负债表来衡量，但无疑对非营利组织在筹款和提供服务方面都有价值。如果社区筹款要作为非营利投资组合中可行的一部分来维持，那么它的影响似乎必须仔细衡量，而不是纯粹从投资回报率的角度来评估。第二，地方筹款的激烈竞争。因为国家和地方慈善机构，甚至家庭和个人都在竞争有限的本地捐赠资源。第三，社区筹款与其他筹款途径的整合问题。在未来，将会出现一些能够在管理费用和基础设施之间保持合理平衡的基金，使得社区筹款变得更加有效，以社区基金和社区基金会为代表。

（二）社区基金会之意涵

世界上首家社区基金会肇始于 1914 年美国俄亥俄州克利夫兰市，后于 1980 年代引入英国。其始，社区基金会之“社区”意指居住在特定地理区域的一群人，但随着人们越来越因“利益”而非“空间”聚集在一起，其意涵愈发引起争议。按照国际惯例，“社区”既非所居住社区，也非人们日常工作中所指涉之社区居委会或工作站地域范围，而更多是“区域”或“地区”。以美国为例，“社区”一词在美国更强调其“共同体”的含义，而非明确的行政区划，它可以是一个县，一个州，“也可以是整个联邦。其核心在于强调‘本地’，而非‘区域大小’”（田蓉，2017）。

“社区基金会”是非营利性的公共慈善机构，为个人、家庭、公司和非营利性组织管理捐赠基金，并将资金回馈给社区或特定地区以实现共同利益（Lachapelle，2020）。作为社区储蓄银行，社区基金会正在成为促进社区对话的一种重要而有效的方法。哈罗等人解释说，社区基金会可以被理解为“一个独立的、对公众负责的捐赠机构,由社区成员控制,有多个资金来源,包括个人、政府、公司和私人基金会,并通过其捐赠和领导,寻求提高特定地理区域的生活质量”(Harrow,2016)。葛罗根提供了一个更哲学的解释:“社区基金会的根基和本质是社区,它是所有其他机构中唯一一个试图调动社区资源以满足社区需求的机构。它寻求对社区作出回应和界定,它的使命就是社区,不局限于个别捐赠者的利益,不局限于任何赠款接受者的利益,也不受特定慈善工具的限制,不受任何一个政党的利益或任何特定倡议的诱惑(Grogan,2014)。”

徐永光(2015)认为,基金会有八种形态,社区基金会为其中一种。不同国家对社区基金会的理解不同,也有不同的界定。在美国,社区基金会被定义为“一个免税的慈善组织,主要为一定地理区域内的社区或地区提供支持,包括资金维持和基于多元资助者的管理”(唐有财 等,2020)。我国学者朱健刚认为,可以将社区基金会宽泛地定义为“动员本地资源,依靠本地利益相关方,寻找问题的本地解决方案的基金会”①。

三、国外社区基金会的发展与运作

(一)社区基金会之缘起与发展

1914年,美国银行家兼律师弗雷德里克·哈里斯·戈夫(Frederick Harris Goff)成立了克利夫兰基金会,这是美国乃至世界上第一个社区基金会。戈夫的想法是创建一个面向社区的基金会,慈善人士可以在这里建立永久性基金,以满足当前和未来的社区需求。克利夫兰基金会成立后,许多美国社区效仿克利夫兰,在自己的社区建立了类似的机构(Sacks,2008)。自1970年以来,政府法规和社会福利政策的变化导致了美国社区基金会的快速增长。社区基金会的概念也逐渐扩展到其他国家,根据社区基金会地图集的数据,21世纪初,全球社区基金会的总数为900多家,此后翻了一倍多,到2017年达到了1860家左右(Guo et al.,2019)。

社区基金会被描述为“最容易识别的结构化社区慈善事业的形式”(Sacks,

① http://gongyi.cnr.cn/list/20170607/t20170607_523789965.shtml.

2014)。社区基金会的运作方式有别于私人或企业基金会,它是"一个独立的、对公众负责的拨款机构",由社区成员控制,资金来源多样,包括个人、家庭、企业、政府和私人基金会(Yang et al.,2021)。社区基金会的优势在于拨款的专业化,将多个捐赠者的慈善资金引向经批准的慈善组织,这些组织能有效地满足社区的迫切需求(Graddy et al.,2006)。通过将赠款与资源开发、捐赠者服务和社区领导力相结合,慈善组织希望成为他们所服务的社区的"核心、肯定的元素"(Mazany et al.,2013)。

随着社区基金会的传播,人们对社区基金会如何在捐赠者和他们所服务的社区之间取得适当的平衡进行了大量的讨论(Carson,2003; Guo & Brown,2006)。对这个问题和其他重要问题的答案在国家内部和国家之间都是不同的,因此,在持续的全球传播过程中,社区基金会不得不适应不同的地方环境,以至于现在有多种不同的形式,"与最初的发明有不同程度的差异"(Yang et al.,2021)。

(二)社区基金会筹款影响因素

在对公益筹款的研究中,影响因素涉及不同的参与主体。例如赵培等人(2021)在分析医疗健康众筹成功的影响因素时,将视角分为捐助者捐款行为视角、筹款者的筹款行为视角、众筹平台的运营服务视角以及基于项目特征分析的视角。然而,社区层面的筹款区别于一般筹款的影响因素,特别强调社区特征、居民人口统计特征、志愿者因素。

社区特征,包含社区信任、当地慈善文化、经济结构等。社区信任,常指代社区社会资本、社区参与、社会网络等,是研究社区基金会筹款的代表性因素。社区基金会是一种独特的公共慈善形式,是有地域限制的。鉴于社区基金会与其服务地区之间的这种独特联系,诸多学者论证了社区的社会资本水平直接影响社区基金会筹款额的关系。格雷迪等人重点研究了社会资本与社区基金会发展的内在关系,基于对 132 个社区基金会的调研结果进行分析,发现社区信任程度影响着社区基金会的捐赠(Graddy,2009)。社区中社会网络的密度和居民之间的社会互动频率会增加慈善捐赠的总量,特别是对社区基金会的捐赠。

社区基金会作为与地方主义相关的慈善组织，当地的传统慈善文化、社区领导力将对社区基金会的解读和本土化产生重要影响(Yang et al.,2021)。例如美国有悠久的社区慈善传统，即通过志愿服务，或通过捐赠金钱或物品来回报社区的行为。由于许多地方政府面临资源制约以及地方治理的变化，这一慈善传统的重要性有所增加。奥斯特罗尔分析了社区基金会要想获得更多的成就，需要立足社区本地，强调社区基金会的愿景应该与社区整体的生态相一致(Ostrower,2007)。在人口特征方面，除了常见的性别、教育水平、经济水平、宗教信仰等，社区基金会的筹款因素还会考虑社区人口的密度、居住年限、种族、贫困率、单身率、房屋所有权、社区志愿时长等居民特征(Graddy et al.,2009)。

志愿因素在社区基金会筹款中被重视，它可以被视为测量社区社会资本的一项指标。从社区层面筹款的发展历程来看，社区筹款总是依赖于社区志愿团队进行策划、组织和动员。志愿可以从两个方面促进社区捐赠。第一，志愿者往往具有亲社会的性格(例如同情、关心)，这使他们更有可能进行社区捐赠。第二，志愿行为增强了社区参与意识，帮助居民与慈善组织建立网络和关系(Wang et al.,2008)。除此之外，社区基金会本身的组织因素也值得关注，例如社区基金会在社区的成立年限、社区基金会的公信力、区域内的竞争对手数量等。

(三) 社区基金会发展之困境

经过100多年的探索和实践，西方的社区基金会已经形成了相对成熟的运作模式。西方社区基金会的运作模式可分为两类，即银行模式(Bank Model)和聚集模式(Convening Model)，金斯等人认为美国的社区基金会形成了以聚集模式为主、银行模式为辅的格局(Kinse et al.,2009)。对于社区基金会的发展导向，出现了“以捐赠者为导向”和“以社区为导向”两个方向(Guo et al.,2006)。伯恩霍尔兹等人提出了社区基金会的焦点必须从关注机构发展转换到关注社区需求，社区基金会的宗旨和使命决定了其应该最大化地发挥社区优势，聚焦于社区问题与服务(Bernholz et al.,2005)。持不同观点的哈罗等人认为要确保捐赠人的资金得到合理利用，对当地的捐赠人负责，就应该将资产建设作为重点，明确社区基金会的资产收支（Harrow et al.，2016）。

尽管从社区服务的国际传播和战略意义上看，社区基金会可能是“研究最少的慈善形式”（Sacks，2014）。其中一个原因是大型基金会在慈善事业中占据了绝对的主导地位，它们的资金来自强大的、来源狭窄的金融捐赠和国际知名的捐助者。另一个原因是社区基金会的组织结构错综复杂，涉及多个相互关联的目的：调动当地慈善资源、对慈善资源进行财务管理、服务捐赠者、提升社区领导力（Daly，2008）。

社区基金会的理念已得到了国际传播，但在广泛不同的社会历史环境中，社区基金会如何被适应和合法化，目前对此仍缺乏全球性的理解（Yang et al.，2021）。此外，全球增长并不总是“自下而上”，而是“自上而下”（Harrow et al.，2016）。虽然社区基金会旨在吸引来自当地的、通常是中小规模的捐赠资金，但许多社区基金会优先接受大型捐赠基金会的资金，也就是来自“上面”的资金。这为那些捐赠基金会提供了一种合法化的形式（Leat，2006），即将社区基金会作为社区的切入点。

四、我国社区基金会之发展与现状

（一）我国社区基金会之兴起

20世纪80年代后期，社区建设逐渐开始。1993年，民政部等14部委联合发布了《关于加快发展社区服务业的意见》，明确要求各地建立社区服务发展基金。在社区转型时期出现了一些草根性组织，它们致力于社区问题的解决，已部分具备社区基金会的特征，可以看作社区基金会的雏形，余文渊（2005）将这种组织称为“类社区基金会”。社区基金会的概念最先是由资中筠在其2006年所著的《散财之道》一书中提出，国内学者对社区基金金的研究经历了由“类社区基金会”向社区基金会的过渡。2008年，桃源居公益事业发展基金会发起成立，它的诞生拉开了我国社区基金会发展的序幕，直到2009年，第一家以“社区”命名的基金会——广东省千禾社区公益基金会成立。此后，社区基金会在广东、浙江、上海、北京、江苏等多个省份或城市陆续发展（李丹，

2022)。

为了鼓励社区基金会的发展,深圳市 2014 年 3 月出台《深圳市社区基金会培育发展工作暂行办法》,而上海市也把发展社区基金会写进了 2014 年年底上海市一号课题成果《关于进一步创新社会治理加强基层建设的意见》以及 6 个配套文件(徐宇珊 等,2015)。成都市于 2015 年发布了关于规范社区微基金发展的通知,其第一次明确给出了社区基金的定义:“社区微基金是指由热心公益事业的社区居民、驻社区机构或其他社会人士,基于自己的意愿捐助资金并自己命名的微型基金”(李秀娟,2020)。随后,南京市民政局在 2015 年 7 月发布《关于推动南京市社区型基金(会)发展的实施方案(试行)》,提及截至 2015 年年底,南京市各区将至少建成一家社区型基金会。2021 年浙江省在《推进民政事业高质量发展建设共同富裕示范区行动方案(2021—2025 年)》中进一步提出“鼓励县(市、区)和有条件的乡镇(街道)设立社区发展基金会”。广州市慈善会从 2019 年开始推动社区慈善基金设立, 截至 2022 年 2 月,全市共设立社区慈善基金 435 个。

(二)我国社区基金会之角色与功能

社区基金会以满足社区需求为目的,以推动社区建设为使命,是资助公益项目、发展社区教育、培育社区组织、优化社区服务、倡导社区成员参与社会治理的一种社会组织。在我国政府转变职能、创新社会治理的大背景下,社区基金会在激发社区公益、聚集社区资源、解决社区问题、促进社区发展等方面均发挥着重要作用。

饶锦兴等人(2014)将社区基金会归纳为本地资助者、本地问题回应者、社区议题倡导者、慈善资源管理者、跨界合作推动者五个角色。李莉(2010)认为,中国社区基金会是弥补政府缺口、规避邻里和市场组织的不足的社区保障载体。田蓉(2017)认为,中国的社区基金会实际上发挥“准资源平台”功能,其募款功能待开发、管理能力待提升,有待在资源平台功能有效发挥后成为引领性社区组织。

章敏敏等人(2014)指出我国社区基金会的混合模式、类聚集模式两种发展倾向。徐家良等人(2016)则以资源依赖理论为指导,将社区基金会根据运行模式的不同分为政府主导型、企业主导型和居民主导型基金会。周如南等人(2017)在前一分类方式的基础上,进一步通过案例比较三种类型基金会的运作和动员机制的不同,其中政府主导型基金会得到的政府政策、人员、资金方面的支持更大;企业主导型基金会在管理方式上更专业先进,但由于对企业的过度依赖,可复制程度较低;居民主导型社区基金会是真正的居民发起、筹资、当家作主的基金会,但规模较小。也有专门针对某种类型的社区基金会运作模式的研究,例如方勇(2018)指出政府主导型基金会的项目制运作是一种"柔性控制机制",提升社区服务效率的同时,促进基层政府逆行政化创新。

(三)我国社区基金会的筹资机制

社区基金会的资源分为两部分,其一为原始资金,其二为后续资源筹集。周晓梅等人(2019)表示社区基金会的注册资金来源是多元化的,除了政府之外,还应撬动社区利益相关主体注入资源。胡小军等人(2017)在对基金会的原始资金来源的研究中发现,向社区居民公开筹集和定向捐赠为两种典型的原始资金筹集方式。资源筹集能力影响社区基金会的可持续发展,是我国社区基金会发展的制约性因素之一。周晓梅等人(2019)表示社区基金会应该多渠道筹集运作资金,提升社区的造血能力。

胡小军和朱健刚(2018)将社区基金会的筹资机制和体系放在社区基金会发展战略的优先地位,并将社区基金会的筹资机制和模式分为五类:公众小额劝募、永久捐赠基金、项目专项基金、资源匹配链接、社区慈善信托。同时,针对"资源筹集存在主要面向企业且向居民资源动员较少"这一特点,田蓉等人(2018)进一步指出,企业资源依旧是以行政化募集为主,如何加强企业对于社区的认同感、责任感,引导企业主动捐赠仍待解决。社区基金会如何动员资源?朱志伟(2021)的研究发现,与政府建立良好的组织关系、积极塑造公益价值共识、提升信任度和促进品牌化是社区基金会动员资源的措施。

五、结语

第三次分配是在道德、文化、经济等力量影响下,个人、企业、社会组织等社会力量通过慈善捐赠、慈善服务等方式对社会资源进行分配、流动的行为。为保障第三次分配价值意涵的全面实现，要立足第三次分配的多重现实逻辑，优化第三次分配路径，通过理念引领、资源整合、多元参与和成果共享等方式，创新共同富裕的社会分配机制（徐家良 等，2022）。社区基金会是社区资源的汇聚平台，一头吸纳广泛社会资源，另一头满足社区邻里需求。社区基金会在创新社区治理、促进居民参与公共事务、满足居民个性化需求等方面有着独一无二的优势。发展社区基金会是解决现有基层社会治理过分依赖政府刚性管理的良策，弥补社区公共财政不足，以公益项目带动居民参与社区共同体建设（苗青，2022）。

从长时段来看，“熟人社会” 向 “陌生人社会”的历史性转变提供了“慈善”与“社区”关系新发展的前提。国家是推动当前中国社区慈善创新的最主要动力（吴子明，2019）。王建军等人（2006）认为，没有政府的信任和支持，社区基金会想在实践当中获得长期的生存是艰难而脆弱的。持同样观点的还有学者徐永光（2015），他认为社区基金会想要有更好的发展，必须获得政府的支持，但就目前情况来看，社区基金会并未获得政府的合法性认可。此外，华民研究中心 2016 年在《美国和中国社区基金会：历史、现状与前景》研究报告中提出了对中国社区基金会发展模式的看法。报告指出：“中国因社会政治体制的不同，政府主导和企业主导是两类特有的社区基金会发展模式。相反，居民主导的社区基金会则更加接近美国的社区基金会，但因资金不足、资源获取能力有限、发展动力欠缺等弊端，居民主导的社区基金会还需要漫长的发展时间（何立军，2018）。”

社区基金会的健康发展同样离不开包容开放的社区生态。苗青（2022）认为一是形成“社区基金会＋社区居委会”的联动机制；二是寻求“社区基金会＋慈善会系统”的双赢机制；三是畅通“社区基金会＋基层社会组织”的供求机制；四是创新“社区基金会＋社区产业”的造血机制。综上，第三次分配是扎实推进共同富裕的重要之举，需要促进社区基金会发挥更大作用，激活社会资源，赋予社会力量相应的职责角色，助力其为共同富裕事业作出更大贡献。

参考文献

［1］陈月菲. 社区慈善基金：为居民解难的资源平台［J］. 中国社会工作，2021(19)：41.

［2］代曦. 慈善创新社区治理——四川省成都市社区微基金实践［J］. 中国社会工作，2020(01)：38－39.

［3］范斌，朱志伟. 差异性互补：我国社区基金会合法性获取的比较研究——以两个不同类型的社区基金会为例［J］. 社会主义研究，2018(03)：88－97.

［4］方勇. 柔性控制：政府主导型社区基金会的项目制运行逻辑［J］. 社会主义研究，2018(02)：97－109.

［5］何广文. 农村社区发展基金的运作机制及其绩效诠释［J］. 经济与管理研究，2007(01)：31－39.

［6］何立军. 中美社区基金会的起源与发展比较［J］. 中共福建省委党校学报，2018(05)：81－87.

［7］何明洁，潘语. 资源视角下社区基金对社区治理的作用研究［J］. 社会工作与管理，2021(02)：76－84.

［8］胡小军，朱健刚. 社区慈善资源的本土化——对中国社区基金会的多案例研究［J］. 学海，2017(06)：85－92.

［9］胡小军，朱健刚. "三社联动"机制下社区基金会的功能与运行逻辑［J］. 华东理工大学学报(社会科学版)，2018(01)：77－86.

［10］李丹. 社工参与社区慈善基金运作探索［J］. 中国社会工作，2022(19)：43－44.

［11］李莉. 中国公益基金会治理研究：基于国家与社会关系视角［M］. 北京：中国社会科学出版社，2010.

［12］李晓燕. 超越资源依赖：社区基金会何以能发展［J］. 华东理工大学学报(社会科学版)，2018(01)：87－95.

［13］苗青. 高水平促进第三次分配：分析框架与实施路径［J］. 上海交通

大学学报(哲学社会科学版),2022(06):86－99.

[14] 能青青,周如南.社交媒体时代的公益传播——以腾讯公益为例[J].新闻世界,2016(06):51－53.

[15] 乔宏彬.美国社区基金会与光明新区社区基金会比较研究[J].特区实践与理论,2015(02):109－112.

[16] 饶锦兴,王筱昀.社区基金会的全球视野与中国价值[J].开放导报,2014(05):28－33.

[17] 任敏,吕江蕊."五社联动"中社区基金的探索与实践[J].中国民政,2022(06):58－59.

[18] 唐有财,权淑娟.中国城市社区基金会发展及运作研究.上海:华东理工大学出版社,2020年.

[19] 田蓉.从"准资源平台"迈向社区领导者——社区基金会功能三角在地化实践反思[J].河北学刊,2017(01):155－159.

[20] 田蓉,王丽丽.我国政府主导型社区基金会供需理论视角分析——以南京为例[J].中国行政管理,2018(12):53－58.

[21] 王建军,叶金莲.社区基金会:地位与前景——对一个类社区基金会的个案研究[J].华中师范大学学报(人文社会科学版),2006(06):29－35.

[22] 王洁,严秀灵.互联网时代社区慈善基金五步筹款法[J].中国社会工作,2022(01):43.

[23] 王曙光,胡维金.社区发展基金与金融反贫困[J].农村经济,2012(02):10－14.

[24] 王巍.社区基金会:社区自治发展的新思路[J].宁夏党校学报,2006(01):32－35.

[25] 吴子明."社区慈善"背后的社会趋向反思[J].华南师范大学学报(社会科学版),2019(06):134－140.

[26] 徐家良.互联网公益:一个值得大力发展的新平台[J].理论探索,2018(02):18－23,38.

[27] 徐家良,刘春帅.资源依赖理论视域下我国社区基金会运行模式研究——基于上海和深圳个案[J].浙江学刊,2016(01):216－224.

[28] 徐家良,张煜婕. 国家治理现代化视角下第三次分配的价值意涵、现实逻辑与优化路径[J]. 新疆师范大学学报(哲学社会科学版),2022(04):7-15,2.

[29] 徐永光. 八种形态基金会的作用及其完善[J]. 中国国情国力,2015(01):16-17.

[30] 徐宇珊. 非对称性依赖:中国基金会与政府关系研究[J]. 公共管理学报,2008(01):33-40,121.

[31] 徐宇珊,苏群敏. 社区基金会的“形”与“神”[J]. 中国社会组织,2015(03):9-11.

[32] 余文渊. 农村合作基金会兴衰对我国农村合作金融发展的启示[J]. 理论探讨,2005(05):83-84.

[33] 原珂. 我国社区基金会高质量发展的推进路径[J]. 理论探索,2023(01):74-82.

[34] 章敏敏,夏建中. 社区基金会的运作模式及在我国的发展研究——基于深圳市社区基金会的调研[J]. 中州学刊,2014(12):65-69.

[35] 赵培,巴志超,赵宇翔. 在线医疗健康类项目众筹成功的影响因素综述及展望[J]. 信息资源管理学报,2021(02):97-108.

[36] 周如南,陈敏仪. 互联网时代的公益传播新趋势[J]. 新闻战线,2016(15):50-51.

[37] 周如南,何立军,陈敏仪. 社区基金会的动员与运作机制研究——以深圳市为例[J]. 中共浙江省委党校学报,2017(02):50-56.

[38] 周晓梅,任雷. 社区基金会的兴起与基层社会治理共同体的建构:从参与主体多元到资源渠道多元[J]. 华东理工大学学报(社会科学版),2019(06):88-95.

[39] 资中筠. 财富的归宿:美国现代公益基金会述评[M]. 上海:上海人民出版社,2006.

[40] 朱健刚,邓红丽. 治理吸纳慈善——新时代中国公益慈善事业的总体特征[J]. 南开学报(哲学社会科学版),2022(02):71-81.

[41] 朱志伟. 社区基金会如何动员资源 ——基于 Y 个案的考察[J]. 社

会工作与管理，2021(06)：61－69.

[42] Adrian Sargeant and Jayne George. *Fundraising Management: Analysis, Planning and Practice (2nd edition)*, Routledge, 2021.

[43] Andrew Williams, Mark Goodwin, and Paul Cloke. Neoliberalism, Big Society, and Progressive Localism. *Environment and Planning A*, 2014, 46(12): 2798－2815.

[44] Ann M. Kinser, William A. Sands, and Michael H. Stone. Reliability and Validity of a Pressure Algometer. *Journal of Strength & Conditioning Research*, 2009, 23(1): 312－314.

[45] Cassandra M. Chapman, Winnifred R. Louis, Barbara M. Masser, and Emma F. Thomas. Charitable Triad Theory: How Donors, Beneficiaries, and Fundraisers Influence Charitable Giving. *Psychology & Marketing*, 2022, 39(9): 1826－1848.

[46] Chao Guo and Weijun Lai. Community Foundations in China: In Search of Identity?. *Voluntas: International Journal of Voluntary and Nonprofit Organizations*, 2019, 30(4): 647－663.

[47] Chao Guo and William A. Brown. Community Foundation Performance: Bridging Community Resources and Needs. *Nonprofit and Voluntary Sector Quarterly*, 2006, 35(2): 267－287.

[48] Diana Leat. "Foundation Legitimacy at the Community Level in the United Kingdom." In Legitimacy of Philanthropic Foundations: United States and European Perspectives, edited by Kenneth Prewitt, Mattei Dogan, Steven Heydemann, and Stefan Toepler. Russell Sage Foundation, 2006: 252－270.

[49] Donald W. Macke, Deborah M. Markley, and Ahmet Binerer. *Transfer of Wealth in Rural America: Understanding the Potential, Realizing the Opportunity, Creating Wealth for the Future*, NE: Center for Rural Entrepreneurship, 2011.

[50] Eleanor W. Sacks. *2008 Community Foundation Global Status Re-*

port, WINGS, 2008.

[51] Eleanor W. Sacks. The Growing Importance of Community Foundations, 2014.

[52] Elizabeth A. Graddy and Donald L. Morgan. Community Foundations, Organizational Strategy, and Public Policy. *Nonprofit and Voluntary Sector Quarterly*, 2006, 35(4): 605 - 630.

[53] Elizabeth A. Graddy and Lili Wang. Community Foundation Development and Social Capital. *Nonprofit and Voluntary Sector Quarterly*, 2009, 38(3): 392 - 412.

[54] Emmett D. Carson. *Making Waves to Build Community and raise assets: A 21st Century Strategy for Community Foundations*, Keynote Address Community Foundation Network Annual Meeting, 2003.

[55] Eugene R. Tempel. *Hank Rosso's Achieving Excellence in Fund Raising*, John Wiley & Sons, 2010.

[56] Francie Ostrower. The Relativity of Foundation Effectiveness: The Case of Community Foundations. *Nonprofit and Voluntary Sector Quarterly*, 2007, 36(3): 521 - 527.

[57] Jenny Harrow and Tobias Jung. Philanthropy and Community Development: The Vital signs of Community Foundation?. *Community Development Journal*, 2016, 51(1): 132 - 152.

[58] Joanne G. Carman. Community Foundations: A Growing Resource for Community Development. *Nonprofit Management and Leadership*, 2001, 12(1): 7 - 24.

[59] Lili Wang and Elizabeth A. Graddy. Social Capital, Volunteering, and Charitable Giving. *Voluntas: International Journal of Voluntary and Nonprofit Organizations*, 2008, 19(1): 23 - 42.

[60] Lili Wang, Elizabeth A. Graddy, and Donald L. Morgan. The Development of Community-based Foundations in East Asia. *Public Management Review*, 2011, 13(8): 1155 - 1178.

[61] Lucy Bernholz, Katherine Fulton, and Gabriel Kaspter. *On the Brink of New Promise: The Future of U.S. Community Foundations*, Blueprint Research & Design, 2005.

[62] Paul Lachapelle. Assessing the Potential of Community Foundation Leadership Through a New Conceptual lens. *Community Development*, 2020, 51(2): 93－106.

[63] Peter Walkenhorst. *Building Philanthropic and Social Capital: The Work of Community Foundations*, Verlag Bertelsmann Stiftung, 2010.

[64] Peter Walkenhorst. "From Local Institutions to Transnational Actors: The Spread and Evolution of the Community Foundation Concept." In *Local Mission-Global Vision: Community Foundations in the 21st Century*, edited by Peter DeCourcy Hero and Peter Walkenhorst, Foundation Center, 2008.

[65] P. Gorgan. "The Emerging Civic Leadership Model: A Community Foundation's Distinctive Value Proposition." In *Here for Good: Community Foundations and the Challenges of the 21st Century*, edited by Terry Mazany and David C. Perry. London: Sharpe, 2014: 219－230.

[66] Rhonda Phillips and Robert Pittman. *An Introduction to Community Development (2nd edition)*, New York: Routledge, 2008.

[67] Roger Colinvaux. Defending Place-based Philanthropy by Defining the Community Foundation. *Brigham Young University Law Review*, 2018.

[68] Ruomei Yang, Charles Harvey, Frank Mueller, and Mairi Maclean. The Role of Mediators in Diffusing the Community Foundation Model of Philanthropy. *Nonprofit and Voluntary Sector Quarterly*, 2021, 50(5): 959－982.

[69] Sheila Marie McAllister. Toward a Dialogic Theory of Fundraising. *Community College Journal of Research and Practice*, 2013, 37(4): 262－277.

[70] Siobhan Daly. Institutional Innovation in Philanthropy: Community

Foundations in the UK. *Voluntas: International Journal of Voluntary and Nonprofit Organizations*, 2008, 19: 219 - 241.

[71] Terry Mazany and David C. Perry. *Here for Good: Community Foundations and the Challenges of the 21st Century*, M. E. Sharpe, 2013.

[72] Tobias Jung, Jenny Harrow, and Susan D. Phillips. Developing a Better Understanding of Community Foundations in the UK's Localisms. *Policy & Politics*, 2013, 41(3): 409 - 427.

赋税机制、第三次分配与慈善动机：中美之比较研究①

苗　国②　周恬恬③

（江苏省社会科学院，江苏省第二师范学院）

摘　要：公益慈善具有税负“漂移”功能，慈善功利主义导致利他主义初心“异化”。中美两国分别对富人主体征税和企业主体征税产生不同的第三次分配后果。中国慈善事业的高质量发展应坚持以人民为中心，第三次分配作为一种“补充”性质的社会资源再分配手段，慈善事业的中国式现代化应追求物质和精神“双丰盈”。慈善的社会和文化功能应专注于公益精神培育，即精神的共同富裕，第三次分配应尽量淡化物质再分配共同富裕色彩，防止出现道德风险与伦理异化。

关键词：慈善动机；税负机制；功利主义

一、引言：“捐赠誓言”神话

慈善活动是存在于人类各大文明的普遍社会现象，与中华文化推崇“大爱无言”的低调哲学不同，“捐赠誓言”(Giving Pledge)是西方精心编织的意识形态神话。近期《福布斯》公布了全球亿万富豪榜，在全球新冠疫情困境时期，各社会阶层财富大幅缩水情况下，全球新上榜人数和亿万富豪总人数双双创下

---

①　本文系国家社会科学基金重大项目《实现积极老龄化的公共政策及其机制研究》(17ZDA120)、教育部一般项目《教育供给与人口生育良性互动机制研究》(21YJC840017)的阶段性研究成果。

②　苗国(1984—　)，男，江苏省社会科学院区域现代化研究院副研究员，社会学博士，主要研究方向为人口社会学与社会政策。

③　周恬恬(1992—　)，女，江苏省第二师范学院助理研究员，主要研究方向教育社会学与公共政策。

历史新高。全世界最富有的10名亿万富豪的总财富增加了5400亿美元，而登上福布斯富豪榜的全球400位富豪的财产总值达到了11.95万亿美元，相当于G20国家振兴经济的总支出。[①] 全球各路富豪纷纷仿效西方社会的慈善事业标杆——盖茨夫妇和巴菲特，宣布要在去世后把自己大部分的财富捐出去。西方超级富豪频频上演“慈善秀”，给自己开极低的薪资，其余的营收捐给慈善基金会机构，然后通过慈善机构运作到自己家族名下，可谓名利双收。在过去的三十年间，美国富豪出资创办的各类基金会的数量相较此前几乎翻了三倍，据美国国家慈善统计中心(NCCS)的数据显示，1950年美国共有5万个非营利组织，而到2019年，在美国注册的非营利组织已经超过了150万个。美国非营利组织中有近1140万工作人员，是美国的第三大产业。[②] 这背后的主要动机并非基于“崇高道德”，合法避税是美国富豪的惯用做法，“合法避税”尽管在世界各国、各社会阶层普遍存在，但利用慈善捐款的税负“漂移”机制是美国富豪群体避税的主要渠道和基础动机，只不过富豪们不喜欢“慈善避税”，声称“在巨富中死去是一种耻辱”，1999年和2000年，美国国会曾两次通过废止遗产税的法案。比尔·盖茨的父亲威廉·盖茨、沃伦·巴菲特、索罗斯、迪士尼的女继承人迪士尼等120名亿万富翁却联名向美国国会递交请愿书，反对取消遗产税，并在《纽约时报》上刊登广告：“Please tax us”(请对我们征税)。富豪们一方面摆出不给子女留财产的超然姿态，同时全力自持各色慈善基金会合法转移资产；另一方面，慈善基金会大力进行慈善营销，为捐赠者带来了更好的名声、更多的政治和社会资源。相比他们所捐出的部分和他们所收获的回报，这些“无偿捐献”不值得一提。

但我们并不能简单把西方富豪“捐赠誓言”单方面归结于富人的“虚伪”和“为富不仁”，无论何种“税制—慈善”制度设计，存在既定游戏规则，按照经济理性人决策开展“个体—组织—国家”等层面的博弈是正常社会应有的社会现象，社会制度和文化不同，博弈机制不同，最终存在体制型差异，制度衍生的社会后果须加以客观看待。

---

① https://world.huanqiu.com/article/4343ajBJJy3.

② https://nccs.urban.org/publication/nonprofit-sector-brief-2019#number-01.

二、精英慈善 VS 人民慈善：美国慈善事业的“政治化”与中国慈善事业的“第三部门失灵”

英语中有关慈善含义的单词分别是“charity”和“philanthropy”。这两个单词在英文中交叉使用，但也存在细微的差别。前者强调情感的自然动机，其原始含义与宗教的奉献精神有关。后者则强调以长期的策略与方法提供帮助，常与企业家和基金会联系在一起，体现的是公益精神，但不拒绝功利。[①] 后者以美国各色基金会为代表，“私人财产不可侵犯”乃至“资本至上”社会意识形态下，资本主义社会制度的慈善事业多以私人捐赠为主体。[②] 获得财政补贴与道德红利的慈善资源被富人“引流”至政治领域，慈善不再单纯为普通民众提供基础性救济和援助，而是在“改良社会”的名义下逐渐演变成一种政治活动。美国慈善公益的本质是将公共资金转移到富人群体自己偏好的社会议程上，并且在这个过程中避开了预算民主的约束，使美式民主政体面临滑向“财阀政体”的危险。[③] 中国作为一个社会主义国家，有着悠久的“仁爱”“行善”“兼爱”等积德行善文化传统，近代慈善思潮多基于“家私”“血缘”“民情”“乡愿”等熟人社会元素，与“公平”“正义”“利他”等当代公民的慈善意识并不同质。在中国古代传统慈善伦理文化中，一方面有“施恩不图报”的全利他主义动机，尽力排除功利主义，更接近西方“charity”内涵；另一方面也有“善有善报”的合法性解释，不乏个人功利的考虑，属于非组织化的“philanthropy”活动。中国慈善事业的现代化不能脱离中华文化传统另起炉灶，但蜕变过程需要“主心骨”，即第三次分配理论。

---

① 周中之：《慈善：功利性与非功利性的追问》，《湖北大学学报（哲学社会科学版）》2017 年第 3 期，第 1—6 页，第 30 页。

② 美国基金会主要分为四大类：社区基金会（Community Foundation）、独立基金会（Independent Foundation）、公司基金会（Corporate Foundation）和运作型基金会（Operating Foundation）。其中社区基金会属于公共公益机构（Public Charity），而独立基金会、公司基金会和运作型基金会这三大类基金会则被统称为私有基金会（Private Foundation）。

③ 银培萩：《善意、民意还是生意？——第三次分配视角下的西方慈善政治化》，《当代世界与社会主义》2022 年第 5 期，第 129—140 页。

习近平总书记在党的二十大报告中指出，扎实推进共同富裕，完善分配制度，构建初次分配、再分配、第三次分配协调配套的制度体系，为我们指明了在全面建设社会主义现代化国家新征程中迈向共同富裕的目标任务、改革举措和政策取向。[①] 第三次分配这一概念是20世纪90年代由著名经济学家厉以宁先生提出。其定义与功能定位：通过向市场提供生产要素所取得的收入称为第一次分配。政府再把人们从市场取得的收入用税收政策或扶贫政策进行再分配，就是第二次分配。而第三次分配是指人们完全出于自愿的、相互之间的捐赠和转移收入，比如对公益事业的捐献，这既不属于市场的分配，也不属于政府的分配，而是出于道德力量的分配。[②] 第三次分配如何实现慈善资源有效分配？有哪些具体机制？相关的研究日益增多，第三次分配和慈善事业高质量发展的基础性制度建构有哪些？首先要吃透核心概念，即第三次分配的内涵与特征主要包括：第三次分配的动力机制是基于社会机制的爱心驱动，区别于第一次分配是基于市场机制的利益分配，第二次分配是基于行政机制的强制性调节。慈善是以捐赠财产或者提供服务等方式自愿开展的公益活动，是第三次分配的主要形式。[③] 第三次分配的定位和第三部门在现代国家体系下扮演的角色和功能高度相关。第三次分配既不强调等价交换，也与初始的财富禀赋无关。国家、市场和第三部门的区别——市场是以志愿（自由交易）方式满足私人利益的机制；国家是以强制（权力运作）的方式满足公共利益的机制；第三部门则是一种自由公民的公益社团，以民间组织为形式、以志愿为方式，满足公共利益[④]。

中华人民共和国成立后很长一段时间，公益慈善活动被视为西方资本主义的虚伪文化，遭到彻底“禁锢”，但中华传统儒家、道家、佛家等慈善文化基因塑造了国人“强烈的家国情怀、表达感恩、家族传承”动机，多元利他主义慈善动机延续旺盛的生命力。改革开放前，我国主要借鉴苏联的国家福利模式，社会慈善事业本质等同于政府福利。尽管保障水平不高，却面面俱到。事实上

---

① https://www.samr.gov.cn/zt/20djs/mtbd/202301/t20230103_352613.html.

② 厉以宁：《股份制与现代市场经济》，南京：江苏人民出版社，1994年，第53—54页。

③ 邓国胜：《第三次分配的价值与政策选择》，《人民论坛》2021年第24期，第42—45页。

④ 秦晖：《政府与企业以外的现代化：中西公益事业史比较研究》，杭州：浙江人民出版社，1999年。

的长期平均主义和物资匮乏使公益慈善失去了发展的经济基础。长期以来，国家对社会资源的全面掌控，也固化了人们的思维与行为模式。在全能政府思维定势下，普通民众习惯于政府出面实施救助活动，“有困难找政府”仍然是主流社会心理。[①] 因此，与西方国家不同，中国慈善捐赠的主体不是私人资本家而是企业。在中国，官方慈善组织远比私人慈善组织有更强的社会组织和动员能力。有学者认为：“政治环境与税收制度造成中西方慈善动机存在差异，慈善动机与行为效果有时存在不一致性，应善用私益动机和交换动机动员广泛的社会资源。”[②]但任由利己主义的私益动机和交换动机泛滥，慈善组织的许多商业收益很可能将经过变通进入个人的腰包，部分甚至滋生慈善腐败，如“郭美美事件”，慈善行业的声誉已因一些个别人的丑闻而受损。基于中国公司的调查实证研究也发现，慈善捐赠是形成政企关系的“纽带”，是对政治资源的投资，是获得更优惠的银行贷款、更多政府补贴的有效路径。甚至亏损企业为了得到政府的援助，反而有更强的捐赠动机。最近的研究还表明，企业进行慈善捐赠可能是为了掩盖企业在其他方面的不道德行为，中国企业的捐赠部分有“伪善”嫌疑。[③] 总之，中华文化观念里谦逊低调是一种受人尊敬的美德，社会舆论环境对类似广告的高调慈善缺乏信任，企业勾兑“变味”的慈善活动扭曲了第三次分配的激励机制，产生了“逆淘汰”效应，中国慈善公益事业发展不能走西方“慈善政治化”道路。

中华人民共和国成立后至改革开放初期的30多年间，慈善组织及其相关活动几乎处于停摆状态。随着中国市场经济转轨，国家不再是社会资源的唯一拥有者和配置者。改革开放40年来我国的社会财富总量激增，人均国民收入已超过一万美元。但从社会捐赠总量、人均捐赠额、志愿服务现状看，我国慈善事业距离应有规模和质量都相去甚远。以2019年为例，我国接收款物捐赠共计1509.44亿元，仅占当年GDP的0.15％，人均捐赠仅107.81元人民币；

---

① 刘振杰：《中国慈善事业发展研究：一种社会运行视角》，《中国机构改革与管理》2015年第1期，第6—10页。

② 高静华：《利他还是交换：群体视角下慈善动机的影响因素研究》，《社会保障评论》2021年第1期，第146—159页。

③ 沈弋，徐光华，吕明晗，钱明：《企业慈善捐赠与税收规避——基于企业社会责任文化统一性视角》，《管理评论》2020年第2期，第254—265页。

同年美国的捐赠总额为4496.4亿美元，占其当年GDP的2.14%，人均捐赠额逾1000美元。[①] 国家与社会相对分离，市场成为社会资源配置的基础和主体，新社会阶层力量产生，中国向西方慈善事业学习的步伐加快，但西方精英式的慈善活动引起政府对朋党结社行为的高度警惕，中国慈善事业的“民间性”“自发性”“自主性”空间不足。与此同时，公众普遍对高调捐赠持怀疑态度，质疑捐赠背后的动机，私人慈善事业相比官方活动萎靡不振。“市场失灵”和“政府失灵”外，中国慈善事业发展出现“第三部门失灵”现象：随着各级政府财力的增加，政府向社会组织购买公共服务成为流行趋势，第三部门提供公益慈善服务在政府“服务外包”思想下迅速膨胀。“只购买服务不养人”固然是一种高明的经济理性和政府经营策略，但这种政府主导的公益服务“外包主义”并非万能：第三部门存在新生劣势与专业困境，服务能力不足；价值缺失与行为失范，导致第三部门面临合法性困境；项目制度的弊端，导致公共服务的非持续性与选择困境；对上负责与脱离民众，导致监管制度的困局；迫于生存压力，第三部门出现了行政倾向与市场倾向，出现了定位偏差。[②] 本应“自立自强”的第三部门由于自身生存能力和服务社会需求定位偏差，逐步变成某种政府附庸，有能力的慈善组织多是官方背景色彩，导致慈善活动的效率不高，本就有限的公益资源在暗箱的操作下滋生出腐败和不公事件，消耗了公众对慈善组织的信任度，沦为次级公共服务，使得部分公益慈善组织活动再次陷入“政府失灵”逻辑。近期，面对百年未有之大变局，各级政府在财力萎缩、过度依赖政府供养的第三部门事实上在第二次分配能力下降冲击下遭遇生存危机，如何“断奶独立”将成为中国特色社会主义慈善事业可持续发展的最大挑战。发挥真正的第三次分配作用，非政府主体如何产生自我造血机制，而不是沦落为第二次分配的“二传手”，这是中国慈善公益事业健康发展的核心痛点。

简而言之，在资本功利主义推动下，西方慈善公益活动愈加靠拢“影响力

---

① 傅昌波，董培，陈凯：《中国式现代化进程中慈善事业的功能定位与发展路径》，《行政管理改革》2022年第11期，第79—87页。

② 王杰，朱志伟，康姣：《政府购买公共服务背景下的第三部门失灵及其治理》，《领导科学》2018年第32期，第28—30页。

投资”概念，西方国家把第一次和第二次分配所结余的资源——通过利用第三次分配将这些资源再次合法引流回政治场域，因此产生了“慈善政治化”，慈善政治进一步把政党拖入观念角逐和意识形态极化中，慈善活动日益远离“初心”。中国式现代化理论认为：在中国共产党的统一领导下，中国慈善公益事业不会堕落为西方式“高级广告”，公益慈善求真务实、脚踏实地服务于道德分配的“初心”才是第三次分配真正价值所在。

三、慈善动机异化中美比较：低税负、低管制环境才能产生真正意义的第三次分配

第三次分配本质上是一种社会自发与志愿机制，第三次分配应以非政府主体的公益慈善行为形成对资源的配置。中美两国差异巨大的国情，慈善发展的基础和沿革迥然不同，三个方面因素决定了中国的“人民慈善”和美国的“精英慈善”大有不同：第一，“税收—慈善”制度原因，欧美国家普遍有较高的遗产税，因此，包括税制在内的各项慈善机制的配套制度是两国慈善事业体制差异的关键。尽管民间有大量自发组织的非功利慈善（charity）活动，但在美国开展功利慈善（philanthropy）活动，若没有税制优惠很难刺激社会资本的大量投入。不排除美国很多富人是因为规避高额的遗产税收而选择成立公益慈善基金，但正如前文提到的美国“慈善政治化”的成因复杂，税收制度目前为止仍然是其调节慈善活动的重要手段。然而，对中国来说，不同的文化土壤未必产生同样的制度效果，慈善事业的中国式现代化无法复制西方“精英慈善”路径。第二，财富代际传承阶段原因。美国的私人基金会多是多代传承积累，在中国“富不过三代”现象显著。中国改革开放后的第一代富豪传承弱势、子女教育等问题导致财富积累困难。因此，美国私人家族基金模式在中国成长的土壤并不存在，中国富人继续将资本转化为投资进行再生产不是慈善公益而可能是主流心态，政府也对于企业的非善意避税高度提防。第三是文化与历史传统因素。美国的“家族慈善”在基督教文化信仰的作用下容易跳出中华文化圈重视的血缘、地缘等“差序格局”。在西方，慈善事业本身是私人事情，国家慈善就是国家福利，两者泾渭分明，但在中国，“人民慈善”和“国家慈善”两

者的界限却被刻意模糊。

“国家慈善”本质是国家福利主义主导的第二次分配，“人民是江山，江山即人民”作为一种国家意识形态，“人民慈善”如果被理解为第三次分配，则应与国家慈善之间存在隔离墙，而不是在第二次分配过程中利用政府的返还资源扮演“二传手”角色。中国慈善公益事业在本土化情境下出现广泛的“第三部门失灵”现象就是这种“二传手”机制带来的后果。中国在鼓励第三次分配的过程中应始终遵循自觉自愿原则，主张“本土化”公益文化的培育，形成体现时代精神的社会共识，探索慈善激励机制、创新慈善方式。[①] 现代慈善活动所涉及资源分配的关键因素——税负制度产生迥异的慈善动机，第三次分配主体是选择“二传手”行动策略还是“独立”主动作为，都存在巨大的“道德风险”：慈善组织不是捐赠人的代理人，而是受赠对象。“通过慈善组织捐赠”的说法只能在最终意义上站得住脚，在现实实践中既无法实施甚至有害于实践。直接向受益人捐赠极易引发道德风险和经济纠纷：媒体上披露的因捐赠而发生的纷争无一例外都是因捐赠人直接面向受益人而引发的，如知乎女神骗捐案、杨某借天津大爆炸骗捐案、南京柯某涉嫌诈捐案和中大老师“公益众筹”争议纠纷案等。[②] 共同富裕时代背景下，分配制度争论的焦点和实践的难点皆集中于：究竟能否量化初次分配、再分配和第三次分配各自应占的份额，以确保正确地平衡效率与公平，达到既不损害市场效率又能够切实维护社会公平正义的目的。[③] 第二次分配比例过高给企业与个人带来沉重税负则会抑制社会的活力，以高税收和高福利为特征的福利制度，曾经给西欧福利国家带来了严重的财政负担和福利危机，西方发达国家过去为了兑现高福利承诺，采用高税负手段，因此，这些国家的富人有充足的避税动机，慈善可大幅降低富人的税负而变得异常发达，至于慈善活动本身的社会价值，在逐步“变味”，忘了“初心”。坚持福利国家模式高税收的富裕国家，在慈善捐赠方面并不是最慷慨大方的。

---

① 杨蕤：《企业慈善行为、第三次分配与共同富裕》，《社会科学战线》2022年第5期，第275—280页。

② 李永军：《论〈慈善法〉的理解与完善建议》，《北京航空航天大学学报（社会科学版）》，2017年第3期，第35—40页。

③ 杨秀云，冯子纯：《协同性三次分配制度构建研究》，《社会科学研究》2022年第5期，第135—140页。

根据经济合作与发展组织(OECD)排名,法国税收占 GDP 比重世界最高(46.2%),其次是丹麦(46%)和比利时(44.6%)。根据慈善援助基金会(CAF)的世界捐赠指数,法国的慷慨大方排在第 72 位,丹麦排在第 24 位,比利时排在第 39 位。另一方面,爱尔兰的税收占 GDP 的比重为 22.8%,美国的比重为 27.1%。爱尔兰在世界捐赠指数上排名第 5,美国排名第 4。[①]

市场机制倡导主体平等与过程公平,主体平等与过程公平依然会带来剧烈的贫富分化,这种贫富分化须用二次分配手段加以调节,“第三次分配”是为了进一步解决好“分蛋糕”问题形成的,但这种以人民性为代表的共同富裕理念,一贯被以私有制为基础的资本主义制度敌视。发达国家流行的“精英慈善”都建立在经济财务自由的前提下,拥有独立人格、个性自由和个人权利,方便开展西式精英慈善活动,“慈善政治化”成为少数社会精英名利双收的“演艺秀”,在中国的文化和社会氛围下,无论是政府还是社会公众在理智和情感层面都不会接受慈善沦为少数富人阶层的特权。

四、慈善发挥真正的社会公益和社会教化功能的前提:“藏富于民”

治理现代化理论认为现代慈善公益事业的主要功能是为解决“市场失灵”和“政府失灵”这对天然矛盾所建立的补充机制,以自愿为原则和前提、以道德伦理为驱动的公益慈善行为。社会主义市场经济体制对自由主义市场经济有所修正,追求发展成果享有的平等与公平。积极主动的社会慈善行为不仅需要道德上的志愿感召,更需要行动者投入“真金白银”的时间或财富,个人践行慈善事业的成本极高,组织化慈善活动是现代社会的主流模式,如果说前者尚能靠个人“充分发挥主观能动性”,时间和财富的投入则会受各种经济限制——如果一个人本身依然在为个人生计而奔波,便难以再去关照他人。因此,在发展中国家开展西方式的慈善事业是很困难的,政府最主要的目标是解决温饱、增加个人财富,这才是最重要的“善”。由“藏富于国”向“藏富于民”转

① https://www.cafonline.org/docs/default-source/about-us-research/cafworldgivingindex2021_report_web2_100621.pdf.

变才是实现中国现代化慈善事业健康发展的前提与基础。对于政府来说，人民的钱袋子越鼓，社会公益慈善的土壤就会越肥沃。虽然当前“藏富于国”与“藏富于民”仍然处于互相博弈、此消彼长的冲突之中，但两者之间并非完全无法调和，“共同富裕”意味着政府让利于民将是中国社会财富增长的长期方向。这也是我国社会主义的本质：让人民富起来，实现全社会的共同富裕。但对于第三次分配的法律地位，我国尚未建成独立的慈善税收制度，税法对慈善组织享受税收优惠的政策包含在非营利组织的现行税收优惠政策规定中。目前财税[2014]13 号文对非营利组织免税资格认定条件的规定较为严苛，财税严肃制度要考虑中国现实文化背景，为减少更多的“变通”风险，采取“一刀切”手段避免“逆向选择”是一种务实姿态。

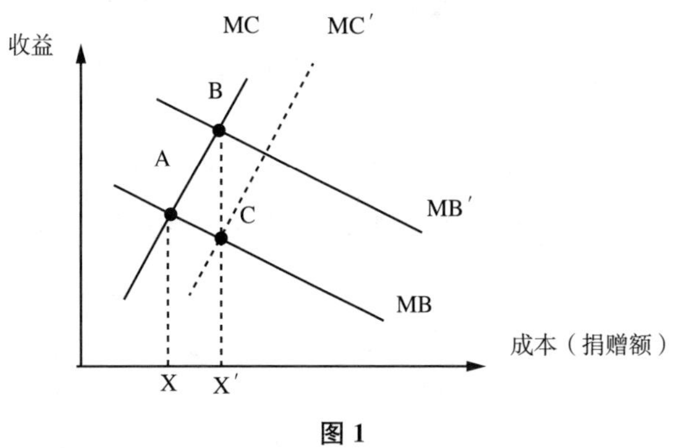

图 1

如图 1 所示，按照“成本只能被转移而不能被消灭”的经济学观点，欧美国家的高税负使得慈善事业已“退化”为第二次分配的中介环节，慈善本身的社会价值和功能体系被税负制度异化和扭曲。相对于不享受各种政策优惠的一般企业来说，慈善减税也是不公正的：税收优惠的制度安排给予了本应承担相同税负的纳税人不一样的课税结果，对于税收优惠非受惠者而言，实际上有加重税收负担的效果。① 回归到朴素的公共产品理论，公益活动是社会公众自愿无偿服务于社会公共事业，即非政府部门代替政府提供了部分公共产品，这在

① 叶姗：《社会财富第三次分配的法律促进：基于公益性捐赠税前扣除限额的分析》，《当代法学》2012 年第 6 期，第 117—126 页。

一定程度上提高了社会福利水平。公益慈善的行为承担了政府的某种职能，税收则可以视为政府购买捐赠的价格，即政府放弃该部分税收收入用来购买非政府部门提供的公共产品，产生了政府对公益事业的税收激励，通过放弃这部分税负激发社会资本的乘数效应，比如，减税 100 块带来 300 块的公益服务。在高税负国家，社会资源多集中在政府手中，因此，慈善组织和活动必定要想方设法依附于政府，迎合政府的需要，而不是社会的需要开展慈善活动。只有真正的低税负国家，“藏富于民”的土壤才可能真正孕育独立、自发、自愿的第三方部门。

习近平总书记强调，共同富裕是全体人民的富裕，是人民群众物质生活和精神生活都富裕，不是少数人的富裕，也不是整齐划一的平均主义，要分阶段促进共同富裕。[①] 中国传统社会的慈善思想，不是国家福利主义，而是基于家庭私有制、互惠平衡基础上的互助和自助结合，即社会（天下）大同观念。慈善不是知名人士的专利，这是中华慈善文化的朴素认知。自先秦以来，在儒家“大同”“仁爱”，道家“积德行善”，佛家“慈悲为怀”，墨家“兼爱交利”等传统思想影响之下，中国慈善事业一直处于自发运行、朴素发展状态。凡是有行为能力的人，在举手投足之间即可完成一件善举。慈善资源来自个体、企业和政府，公益服务外包本质上属于“二传手”，第三部门实质上承担“受托支付”责任，在社会主义制度下，慈善事业应具备“人民性”，“取之于民，用之于民”，人民慈善的“平凡而伟大”不应被湮没于公众视野。

“人民慈善”与“精英慈善”相比，普通人都能获得非利己的利他社会收益，中国慈善事业的现代化多属于政府职能的延伸，政府与社会在慈善领域所承担的责任边界模糊，这难免挤占了真正的民间组织的发展空间。中国慈善事业正经历“传统”与“现代”断裂，在摸索前行之中，作为重要的社会资源分配机制就与第三部门提供的准公共服务之间建立了密切联系。

① http://www.qstheory.cn/dukan/qs/2021-10/15/c_1127959365.htm.

五、结论与反思：第三次分配的社会价值在于回归“初心”

慈善事业的发展植根于特定的制度和文化土壤，中国慈善事业发展不应照搬照抄西方模式，而必须走中国式现代化道路。依托国情现实和历史文化传统，构建初次分配、再分配、三次分配协调配套的基础性制度安排，第三次分配制度设计不易复杂，不应成为初次分配和再分配的附庸，或者说二传手。西方国家的慈善事业在较高的税负水平下走向极端，慈善“异化”为社会精英逃避税负和参与政治分利的手段。慈善演化为“影响力投资”，商业与慈善的界限日益模糊，政府机制与市场机制都存在分配问题，进而影响到公共服务的质量高低，第三部门则出现了低效率、权力寻租导致的腐败以及组织规模自我扩张。后疫情时代，中国社会经济的发展正面临着诸多挑战和愈发复杂的内外部环境。“第三次分配”不仅契合了建设社会主义现代化强国的第二个百年奋斗目标，也是国家治理体系和治理能力现代化的题中应有之义。

发达国家普遍拥有发达但“虚胖”的慈善事业，西方慈善事业的繁荣规律对发展中国家并不一定适用。当前的慈善伦理与实践务实面临着新的挑战，必须更深入地反思慈善与功利主义之间的关系。慈善的实质是弘扬全社会的爱心，所以发动广大普通公众参与慈善活动并提供小额捐赠，而不是某些少数企业的大额捐赠的慈善捐赠结构可能更有利于保持社会的创新活力。长期的公益慈善行为背后必然是慈善文化机制的驱动，在完善制度设计、改善财税政策的基础上，还要培育全社会的慈善精神、弘扬慈善文化，发挥传统“善”的社会教化功能。

共同富裕的精神事业何以可能？中国作为世界最大的发展中国家，慈善捐赠主体主要是企业。实现共同富裕要坚持以人民为中心的发展思想，在高质量发展中促进共同富裕，正确处理效率和公平的关系，构建初次分配、再分配、三次分配协调配套的基础性制度安排。当前，我国的社会公益和慈善事业贡献者已从少数企业家、慈善家逐渐扩大到部分社会群体。公益慈善行为的内容和方式也日益多元化，逐渐从解决温饱问题到当前涉及医疗、教育、环保、文化等诸多民生领域，极大推进了我国公共事业的发展，不断由物质慈善走向精神慈善。但与西方国家相比，我国个人捐赠比例仍然较低。鼓励“向善”如果依赖“减税”激励而不是一种天性流露就会走向“异化”。减税本质上是“藏富于民”，人民物质充裕自然追求精神崇高，向善自然天性就得以表达。慈善活动过度依赖减税激励容易诱发道德风险，让慈善事业背离“初心”，因此需要找到现实的平衡点。真正激发全社会仁爱乐善之心，以中国式现代化慈善事业路径的探索与建设实现物质富裕和精神富裕的“双丰盈”。

共同富裕视域下企业参与抗疫慈善捐赠研究

曹云鹤

（南京大学社会学院）

摘　要：共同富裕既是一种状态，又是一个不断实现的动态过程，它是我国全面脱贫和进入全面小康社会后所确立的新时代的发展目标。自改革开放以来，我国的物质水平和精神文明水平都得到极大发展，但社会矛盾、贫富差距也越来越明显，引起社会各界广泛重视。公益慈善是从道德角度来进行资源调节，可以在一定程度上缩小贫富差距、缓解社会矛盾。企业作为公益慈善事业的重要主体之一，探索其从事公益慈善的领域、价值等，有助于我国进行有效的社会救助和解决部分社会问题，为促进社会和谐稳定发展提供内在动力。作为企业慈善的重要领域，疫情期间企业主动承担社会责任的慈善捐赠行为，一方面有效缓解了突然暴涨的社会需求和政府应急处理中的巨大压力，另一方面借此对外展现了企业的良好形象，提升了社会价值和经济价值。而针对疫情期间企业慈善捐赠反映出的问题，应引起高度重视，并主要从制度性层面给予鼓励。

关键词：共同富裕；企业慈善；慈善捐赠

一、引言

共同富裕是物质富裕和精神富裕的统一，是社会主义的本质目标，是中国特色社会主义的最高理想，也是我国人民从古至今追求的理想社会。其实质是在中国特色社会主义制度保障下，全体人民共创日益发达、领先世界的生产力水平，共享日益幸福而美好的生活。[①] 党的十九届四中全会首次提出“重视发挥第三次分配作用，发展慈善等社会公益事业”。[②] 在此基础上，党的十九届五中全会强调“发挥第三次分配作用，发展慈善事业，改善收入和财富分配格局”。党中央明确将第三次分配作为收入分配制度体系的组成部分，为新时代加快发展中国特色的公益慈善事业提供了方向性引领。[③]

共同富裕是一种状态，更是一个需要不断实现的动态过程。自改革开放以来，我国的精神文明和物质文明都得到极大满足，经济社会也得到极大发展。但我国的贫富差距也越来越明显，引起了社会各界的广泛重视。共同富裕的具体目标就是要辅助缓解城乡发展不平衡、区域收入差距大、经济发展不平衡不充分等社会问题。而公益慈善则是从道德角度来进行资源调节，可以在一定程度上缩小贫富差距、缓解社会矛盾。

企业作为市场主体，不仅应该充分利用资源和能力追求利润最大化，而且更应该主动承担社会责任，在经营发展的同时，当好“企业公民”，积极参与公益慈善事业。在自由市场经济条件下，曾经一直被处理为企业发展的外部性问题。[④] 直到 20 世纪 70 年代，企业社会责任思想才被普遍接受。进入 21 世纪后，企业社会责任进入全球性推进时期，联合国、世界银行以及欧盟等国际组织大力推进了这一理念。在刚刚过去的疫情期间，越来越多的企业主动承担社会责任，积极进行捐赠与救助行为，为我国实现共同富裕的目标贡献重要力量。

---

① 刘培林，钱滔，黄先海，董雪兵：《共同富裕的内涵、实现路径与测度方法》，《管理世界》2021 年第 8 期，第 117—129 页。

② 习近平：《中国共产党第十九届中央委员会第四次全体会议公报》，人民日报，2019 - 11 - 01(01)。

③ 习近平：《中国共产党第十九届中央委员会第五次全体会议公报》，人民日报，2020 - 10 - 30(02)。

④ 曹亚娟，徐志军：《灾害背景下的企业社会责任：新冠肺炎疫情中江苏民营企业捐赠研究》，《江苏商论》2021 年第 11 期，第 98—103 页。

二、共同富裕与公益慈善的关系

（一）共同富裕是公益慈善事业发展的价值取向

共同富裕指全体社会成员最终都会走向富裕，是涵盖所有社会成员的，是全体劳动者共同的价值观。共同富裕的内涵包含多个方面：一方面需要提高生产技术和生产力，让人们不再为生计而劳动，丰富人们多样的生活，为共同富裕的实现奠定物质基础；另一方面是对于先发展地区和落后地区之间要均衡发展，实现资源的流动而非垄断与固化。实现共同富裕，是坚持中国特色社会主义道路的内生动力，是推动社会发展、建设和谐稳定社会的指导原则。共同富裕强调整体性的发展，如提高教育质量、缩小收入差距、实现社会公平正义等，推进各方面协调发展，而不只是单纯追求物质财富，是物质与精神的共同富裕。共同富裕要求坚持过程与结果的一致性，实现共同富裕的任务是艰巨的，不是简单地由全体社会成员共同完成的，是需要让占据优势资源的地区和人民先富裕起来，再通过分配手段让先富带后富，最终实现共同富裕。

实现共同富裕最重要的是解决发展问题，有学者提到利用新发展理念来解决发展问题，提高创新发展能力、推动发达地区和欠发达地区的平衡发展、坚持绿色生产等保护环境的生态措施，以解决社会发展中的问题。① 新时代的共同富裕必须提高生产力发展的质量，要求财富合理分配，实现人口的脱贫问题。因此，在实现共同富裕的过程中，有一个重要前提就是在前期过程中会存在收入差距，所有人同步同等富裕是不可能的，这种财富的绝对公平化会降低人们的生产积极性，不利于生产力的提高。我国各个地区由于地理位置、自然资源等不同，在进行社会主义现代化建设时，优先在条件优越的东部地区先发展，这一部分地区、一部分人先富裕起来之后，国家先后提出实施精准扶贫战略、乡村振兴战略、完善收入分配等政策，试图提高落后地区的发展水平和居民收入，促进共同发展。

---

① 张春敏，吴欢：《新时代共同富裕思想的理论贡献》，《中国社会科学院研究生院学报》2020 年第 1 期，第 14—24 页。

以上共同富裕的内涵和要求使得公益慈善事业有了明确的指导方向，它为发展公益慈善事业指明了最终目的，并推动了公益慈善的进一步发展。社会主义坚持实现共同富裕这一目标，坚定维护人民群众的利益，这些都需要合理的收入分配制度为保障，而公益慈善作为第三次分配的重要内容，是对我国初次分配和再分配的有益补充，有利于缩小社会差距。公益慈善涉及的领域也较为广泛，包含突发灾害、医疗救助、扶贫开发、绿色环保等等，为消除贫富差距、推进绿色发展、促进共同富裕等作贡献，慈善事业在促进共同富裕中的价值与功能越来越突出，体现了共同富裕为公益慈善事业发展提供价值取向。

（二）发展公益慈善是实现共同富裕的辅助手段

在中华人民共和国成立之初，由于中国社会极度贫穷，距离富裕社会还很远，因而较少谈及共同富裕。但经过 70 年的努力，我国在经济发展上取得很大的成就，并于 2020 年消除了绝对贫困，建成了全面小康社会，老百姓的生活大为改善，甚至一部分人已经过上了富裕的生活，在此情况下，共同富裕自然成为中国在新时代的发展目标。

然而，新时代下我国迈向共同富裕的过程中仍存在众多现实难题。首先，中国目前虽然摆脱了绝对贫困，但不仅还没有跨入富裕社会的门槛，而且还有一定比例的人刚刚摆脱贫困，随时可能返贫。与全面脱贫一样，共同富裕的主战场依旧是在农村和偏远落后地区，乡村振兴战略也正是在此背景下被提出与实施的。事实上，在共产主义社会实现之前，相对贫困难以根除，只能限定在较低的发生率上，而富裕社会本身也是一个可逆型的社会形态，不管是微观个体还是宏观国家，都有可能迈入与退出富裕的门槛。其次，自 2010 年以来，受到新旧宏观因素的制约，中国经济增速下行压力有增无减。一方面，中国原有的经济增长的比较优势逐渐丧失，人口红利逐渐消失，劳动力数量快速减少的同时，劳动力成本大幅上升，环境整治、城市化减速、创新创业举步维艰，产业结构调整与产业大量转移，各级政府发展经济动力减退，等等，而新的经济增长动能仍在形成过程之中；另一方面，随着全球产业链裂痕越来越大，国际环境急剧恶化。最后，中国目前正处在社会问题与社会矛盾凸显期，主要表现为区域之间、城乡之间与群体之间差距悬殊，以及教育、住房、医疗成为民间

"新三座大山"，与就业、养老等主要民生议题一同暴露出严峻的社会矛盾，而利益失衡与贫富分化则是社会矛盾激化的根源所在。

那么富裕靠什么来实现？一是做大"蛋糕"。最重要的是要解决财富创造的激励机制问题，增强市场活力，然后是促进就业。二是分好"蛋糕"。初次分配遵循效率原则，降低税赋与提高劳动者薪酬占 GDP 比重；再次分配遵循公平原则，完善基本社会保障制度，增加基础设施、教育、医疗等公共产品与公共服务供给。三是分享"蛋糕"。第三次分配就是财富共享，这就要求企业与个人履行更多的社会责任。对此，习近平总书记高度重视，提出"要重视发挥第三次分配作用，发展慈善事业，改善收入和财富分配格局"[①]。第三次分配是以友善道德为支撑的志愿性的捐助分配，由社会主体自主自愿参与，其反映的是企业和公民的价值取向与社会责任，也体现出一个国家和社会的思想境界与文明程度。我国财富的第三次分配机制可以有效弥补初次分配和再分配在推动共同富裕进程中的不足，但要明晰第三次分配在共同富裕进程中的作用，公益慈善与社会责任应当主要是自愿行为，警惕以共同富裕之名强制富人、企业或个人承担更多的责任。与此同时，公益慈善还是推进中国社会治理的有效方式，在全社会营造一种良好的公益慈善氛围，人人向善，能够有效维护社会稳定、提高社会责任意识。随着我国进入发展新时代，推进社会主义现代化建设离不开每一个社会成员的努力，公益慈善事业既为社会成员贡献力量提供了更多渠道，也可以借此提高政府、企业、社会等协同治理的水平和能力，最终促进社会管理格局的形成、推动实现共同富裕。

三、企业慈善：企业社会责任的体现

在自由市场经济条件下，人们大多认为企业的天职就是充分利用资源和能力，以利润最大化为主要目的。企业社会责任作为一种与企业根本目的相悖的利他行为，被处理为企业发展的外部性问题。直到 20 世纪 70 年代，企业社会责任思想才被普遍接受。进入 21 世纪后，企业社会责任进入全球性推进

① 《习近平谈治国理政》第 2 卷，北京：外文出版社，2015 年，第 30 页。

时期，联合国、世界银行以及欧盟等国际组织大力推进这一理念。而慈善责任作为企业社会责任的重要组成部分，发展水平和模式直接反映了企业社会责任的履行状况。

（一）企业慈善的类型

根据企业慈善的目的性与特征，波特[①]将企业慈善分为“战略性慈善”和“反应性慈善”。

1. 战略性慈善

“战略性慈善”是指“一种蓄意将企业捐赠与企业经济目标联系起来的努力”，它是一种“被导向既有利于企业商业利益又服务于受益组织或个人的慈善行为”。[②] 战略性慈善在特征上必须满足以下三点：一是关注社会效益和经济效益；二是经过深思熟虑；三是能够改善企业竞争环境（包括企业形象在内），提升企业竞争力。[③] 战略性慈善对于企业的意义不单纯地体现在财务指标衡量出来的企业业绩上，事实上，它更经常地体现为间接的获益，如声誉的提高、品牌的强化以及员工凝聚力的提升等。战略性慈善作用机制主要是通过培植企业与社区、地方政府的关系，增加获取重要资源的可能性，战略性慈善在行为模式上的“双赢”特征使之逐步发展成为欧美国家的主导型企业的慈善之选。必须澄清，战略性慈善虽然在动机上以“企业与社会的双赢”而不是纯利他性为目标，但与伪善不同的是，战略性慈善并不是一种“实际行为违背原先承诺”、行动结果同时有利于社会福利与市场经济的发展。因而，这种慈善模式的驱动力虽然不是纯粹和无条件的，但它并不以损害他人来获益。战略性慈善不是“伪善”，更不是作恶。所以，为避免被冠以“伪善”之名，企业在进行慈善捐赠时通常格外注意。

2. 反应性慈善

对应“战略性慈善”，波特提出“反应性慈善”的概念。反应性慈善表现出

---

① Michael E. Porter and Mark R. Kramer. The Competitive Advantage of Corporate Philanthropy. *Harvard Business Review*，2002，80(12)：56－68.

② 郑文山：《战略性慈善捐赠对企业绩效影响研究》，《社会科学战线》2010 年第 5 期。

③ 许文文，康晓光：《企业战略性慈善理论研究——对波特战略性慈善理论的拓展》，《云南师范大学学报（哲学社会科学版）》2014 年第 5 期。

较强的应急性和波动性，在重大事件和特殊领域中捐赠数目呈井喷状态，但很难保持稳定性和持续性。同时，作为一种纯利他性行为，反应性慈善没有明确的社会预期。重大灾害背景下企业所进行的慈善捐赠就是典型的反应性慈善，但其中也不乏战略性的考虑。从理论上来说，在灾害背景下，企业自身的处境同样非常艰难，以战略管理的角度出发，企业应当减少慈善捐赠而不是增加慈善捐赠，以保证企业自身的利益。然而现实情况恰恰相反，大多数企业在社会遭遇灾害事件之后，都选择慷慨解囊。国外学者们研究了“9·11”事件(2001年)、东南亚海啸(2004年)、克什米尔地震(2005年)、卡特丽娜飓风(2005年)以及英国石油墨西哥湾漏油事件(2010年)等灾害事件中的企业慈善捐赠；中国学者主要以汶川地震(2008年)和玉树地震(2010年)作为灾害背景。结果显示，总体而言，尽管灾害性质各不相同，企业反应不尽一致，但是在灾害中提高捐赠的可能性和捐赠额度是诸多企业的一致选择。① 究其原因，主要有两点：其一，这与企业的制度压力和社会责任相关；其二，这也是企业考虑到更长远的利益而做出的选择。②

（二）企业慈善的主要内容与形式

与传统慈善不同的是，现代企业公益慈善领域不断拓展，既包含扶贫救助，也包含灾难事件中的慈善捐赠等内容，目前而言，主要集中在以下内容当中：

1. 乡村振兴与帮扶

在新时代乡村振兴的大背景下，民营企业和企业家履行社会责任的重要方式就是开展扶贫事业。而现代企业公益慈善针对扶贫的要求与传统企业不同，讲究从输血式扶贫到造血式扶贫，标本兼治。企业积极从事国家扶贫事业，为贫困地区的发展贡献力量，十分有利于促进社会公平正义。公益慈善行为也逐步成为微观企业层面推动国家改善民生与提高社会质量的一种重要战

---

① Brent McKnight and Martina K. Linnenluecke. Patterns of Firm Responses to Different Types of Natural Disasters. *Business & Society*, 2019, 58(4): 813-840.

② Chun-Keung Hoi, Jun Xiong, Hong Zou. Ownership Identity and Corporate Donations: Evidence from a Natural Experiment in China. *China Finance Review International*, 2020, 10(2): 113-142.

略理念。某东部沿海省份推广的“万企兴万村”行动不仅能让农民看到农业强、农村美、农民富的希望，也能让企业拥有新的前行方向、新的活水源头。与此同时，近年来迅猛发展的快递企业，也努力肩负起乡村振兴的重任。如中通快递始终将坚持“扶贫”与“扶智”相结合，推动提高贫困地区的教育水平，发挥知识改变命运的作用，实现由“输血”式扶贫向“造血”式扶贫转变。不仅通过“圆梦 1+1”公益活动捐赠书籍超十万本，捐赠种类丰富多样，惠及全国各个地区，如云南、西藏、新疆等多个省份，还通过和资助地区的基金会合作，投资上百万元建立多所希望学校。坚持通过公益方式让贫困地区的孩子也能享受到教育的权利，追求公平与正义。

2. 灾难救助与捐赠

近些年来，由于各类灾害事件频繁发生，灾害事件中企业的慈善捐赠也日益活跃，成为企业独特的市场和经济行为。影响企业慈善捐赠的因素既包括政治制度、经济政策、文化环境等，也包括企业规模、绩效水平、行业特征以及管理人员的性别、价值观等因素，而在灾害事件面前，政府、公众和媒体的关注还将起到非常显著的作用。① 灾害为媒体提供了一个特殊的环境，在这种特殊情况下媒体对企业的关注会被企业的慈善行为所吸引，而企业慈善行为的全过程也将进一步通过媒体的报道变得公开、可见。对 2008 年汶川地震中企业慈善捐赠的调查研究显示，媒体的报道和宣传会增加企业捐赠的意愿以及捐赠的额度。尤其是那些有污名的企业，更加愿意在灾害事件中进行更多的捐赠，以期通过媒体的作用让消费者看到善举，改变形象。

具有捐赠历史的企业在灾害发生后的反应会更加及时，大型企业和财务绩效良好的企业往往是救灾捐赠的先行者，对于中小企业而言，它们的捐赠数额则会因为捐赠时间的不同而有所变化。大型企业在灾害事件后的慈善捐赠存在“家乡”和“当地”的偏好，对于企业业务发生地也具有更强烈的社会责任感。当灾害事件发生后，直接与之相关的企业会首先受到关注，承受着捐赠的制度性和舆论性压力。而直接与消费者接触的行业的捐款总数量和所占收入

① Ming Jia and Zhe Zhang. News Visibility and Corporate Philanthropic Response: Evidence from Privately Owned Chinese Firms Following the Wenchuan Earthquake. *Journal of Business Ethics*, 2015, 129: 93-114.

比例均显著高于其他行业，并且，这些行业更倾向于现金捐赠，现金捐赠的数量和占收入比例都显著高于其他行业。与此同时，在社会重大事件发生后，通过慈善组织进行捐赠是大多企业认同的捐赠途径。①

3. 日常慈善行为

随着时代的发展，企业的日常慈善行为已经从传统的狭隘义利观转向现代公益意识。在捐赠方面，更多企业不再局限于直接捐赠、利益相关捐赠等，开始战略性思考企业作为社会参与主体的价值和企业战略成长、家族传承的问题，大额战略捐赠不断涌现。在公益参与方面，除直接捐赠、冠名基金等方式外，越来越多企业通过建立基金会、慈善信托等方式，以专业化、项目化思维推动公益价值的实现，同时关注"入口和出口"。企业从事公益不仅局限于单方面的救助，而是涉及社会各个方面，且主动性增强。如国内大型化妆品公司——珀莱雅，不仅设立"珀莱雅慈善救助基金"，在全国各地区建立图书馆、学校，而且成为联合国妇女署(联合国促进两性平等和妇女赋权实体)战略合作伙伴，捐赠千万公益资金用于关爱女性的各种公益项目，致力于促进男女平等和实现妇女权利。此外，企业日常慈善行为还扩展到环境保护领域、生态脱贫、教育脱贫等领域，并逐步实现富人慈善向全民慈善的转变，各类志愿者平台的诞生增加了民众参与志愿的便捷性，推动公益慈善总人数稳步上升。此外，企业家在慈善事业方面进一步运用互联网＋技术创新各类新型的公益组织，商业与经济活动的社会价值正在全国范围内日益展现。由此，企业通过民间捐赠、慈善事业、志愿服务等形式进行的第三次分配，对于促进社会和谐、形成良好的社会风尚和提升社会文明程度起着越来越重要的作用。

（三）企业慈善推动实现共同富裕

企业开展公益慈善事业、主动承担社会责任，有助于我国进行更有效的社会救助和解决部分社会问题，为促进社会和谐稳定发展提供内在动力，最终推动实现共同富裕。企业慈善的重要作用主要体现在以下四个方面：

---

① Luis Ballesteros and Aline Gatignon. The Relative Value of Firm and Nonprofit Experience: Tackling Large-scale Social Issues across Institutional Contexts. *Strategic Management Journal*, 2019, 40(4): 631－657.

1. 提供公共产品和公共服务

社会主义市场经济发展的实质是优胜劣汰，但由于社会总体资源的不足，以及人们内卷化竞争的激烈，贫富差距、两极分化愈加强化。而企业的慈善活动将成为除市场与政府力量之外的第三动力，对于调整居民收入差距，以及面对突发事件等方面提供资金、物资救助，在政府、社会提供福利不足的领域进行弥补，以改善社会贫困群体的基本生活状况。在社会主义共同富裕的总框架下积极参与基本公共服务工作，有助于减轻政府各部门与社会的压力，从而协助推动城市基本公共服务工作从“增量”到“质优”的转变，为社会的和谐与安定发展提供保障。

社会治理不仅仅需要保障安全和社会秩序，更需要保障人民福利的公共服务和公共产品。企业作为社会创造财富和进行财富再分配的重要主体，在我国医疗救助、突发灾害、生态环保等领域提供资金、技术、产品等多方面的支持，为我国疫情防控、脱贫攻坚等做出巨大贡献。企业成立的各类基金和慈善组织不仅是助力社会治理的重要力量，也是全社会善良、大爱、人性的重要体现。社会慈善组织越发达，做慈善的企业家越多，社会整体环境就会越友善，共同富裕的目标就越容易实现。

2. 保障和改善民生

改善民生问题、消灭贫穷、逐步实现共同富裕，是社会主义的本质要求，更是我党的重要使命。[①] 而民生问题是我国经济建设发展过程中的重要问题，不仅需要政府为之努力，更需要社会多方力量的共同协助。企业参与公益慈善事业可以更有力地整合各方资源和力量，完善社会保障体系。一方面能为社会保障增加动力，促进社会保障的持续、有力、健康发展；另一方面，通过慈善捐赠活动，筑起群体之间的沟通桥梁，建立信任机制。

当前，中国社会处于矛盾频发期，贫富差距拉大是主要原因之一。因此，要建立合理的收入分配制度，提高低收入群体的生活水平，保障和改善人民生活。企业参与公益慈善，是企业家和企业通过自觉和自愿的方式来辅助财富再分配，是能够推动全体人民共同实现富裕的重要方式，是企业家心系人民的

---

① 《习近平谈治国理政》第 2 卷，北京：外文出版社，2017 年，第 83 页。

情怀让更多社会成员享有基本权利，最终提高整个社会的文明程度和思想道德素质。

3. 推动构建新型政商关系，营造更有力的营商环境

构建好合理亲密的政商关系，除了政府部门要廉洁施政、主动同企业家沟通联系外，民营企业也要改变企业发展理念，既以打造核心竞争力为首要目标，也不能忽视社会其他方面对企业发展产生的影响。具体而言，企业的发展离不开宏观经济政策和地方政策，企业不能坐等政策扶持，而应带着市场经济的理性嗅觉主动出击，通过与地方政府建立起良性互动关系，实现双方或多方的利益。而企业慈善正是为更加和谐的政商关系提供了平台和契机。一方面，企业将社会责任活动与企业经营战略紧密结合起来，有利于实现企业社会责任与经济目标统一，在获取利润的同时更好地实现社会价值；另一方面，企业将自己的产品与慈善相结合，既在一定程度上降低了捐赠成本，也提升了企业形象和产品宣传。更重要的是，在进行慈善捐赠的活动过程中，企业可以由此加强与政府之间的亲密联系，为争取政策支持奠定基础。当然，企业与政府之间的联系应当以实现经济效益与服务社会民生为目的，双方谨防以权谋私、钱权交易等违法行为，才能实现企业与社会的可持续发展。

4. 企业从“生财有道”到“爱智修德”的道德境界提升

冯友兰将人生分为自然境界、功利境界、道德境界、天地境界。自改革开放以来，中国企业由少到多、由小到大、变弱为强，在曲折中不断创造物质财富的同时，也在主动承担社会责任的过程中积累了众多道德财富。从“生财有道”到“爱智修德”，是价值理性对工具理性的扬弃，是对“生什么样的财”“怎样生财”等哲学问题的反思与追问。如一位企业家所言，实现人生价值并不是挥霍财富，而是在于不断积累财富，并且通过各种方式将这笔财富回报于社会，才能实现人生的真正意义。企业积极参与慈善活动，有助于将资本价值进一步转化为社会价值。2020 年习近平总书记在企业家座谈会上的讲话就弘扬企业家精神提出了五点希望：“希望大家增强爱国情怀”“希望大家勇于创新”“希望大家诚信守法”“希望大家承担社会责任”“希望大家拓展国际视野”，其中蕴含着对新时代企业家提升社会责任感与道德境界的期冀。

四、疫情中的企业慈善捐赠——以X市民营企业为例

慈善活动是企业社会责任行为的一种途径和方式，在企业自身发展、经济市场完善以及社会成长进步等方面扮演重要角色。企业慈善活动一般以资金、实物或参与的方式支持社会公益事业。据《中国慈善发展报告》统计，2013年中国社会捐赠总量约为953.87亿元，其中七成来自企业捐赠的款物。企业捐赠，尤其是来自民营企业的慈善捐赠是目前我国社会捐赠的主要来源。善款的使用主要集中在减灾救灾、扶贫、教育以及医疗健康等领域。有关灾害事件中民营企业与其他性质企业捐赠的对比研究也显示，民营企业更愿意捐赠，捐赠水平更高。疫情发生后，X市内民营企业通过捐款、捐物、参与疫区建设等多种方式积极履行社会责任。本节将以2022年3月12日—3月16日参与捐赠（含捐款和捐物）的民营企业为研究对象，考察本轮疫情中X市民营企业在事件中的社会责任履行情况。

（一）捐赠数额与形式

根据X市工商业联合会的统计，本轮疫情中，排除以各地、各行业商会等组织形式进行的捐赠，X市参与捐赠的民营企业共有65家，捐款捐物折合人民币总额超过224万元。本轮疫情期间，X市民营企业捐赠的形式主要是捐款和捐物，并主要为定向捐赠。捐赠物资既包括口罩、手套、护目镜、消毒液、药品、医疗器械等防疫工作开展的必需品，也包括蔬菜、牛奶、营养餐、面包、火腿、矿泉水、洗发水等生活物资。

（二）捐赠的行业差异

疫情发生后，江苏省第一批参与捐赠的民营企业遍布15个行业领域、三大产业。制造业总体表现突出，尤其是医药行业，这也验证了以往研究所得出的“捐赠的可能性和捐赠水平与企业同灾害事件之间的关联性显著相关”这一结论。除医药外，食品、服装、信息科技、交通运输、建造、教育、银行等民营企业也进行了捐赠，并主要是以物资形式开展，少数企业直接捐赠善款。

（三）捐赠的流向

本轮疫情中，X 市民营企业的捐款、物资主要流向捐赠企业自身所在的市、县和街道的一线，主要是这些地区的医院和社区。绝大多数民营企业以物资的形式向本地区防疫一线进行捐赠，直接捐款的民营企业虽然数量不占优势，但捐赠金额与物资捐赠的价值相当。此外，少部分捐赠物资流向学校、养老院、福利院、社会服务中心等。还有少数民营企业没有指定捐赠的善款和物资的流向，捐入慈善总会等组织被统一分配。

2022 年 3 月中旬，X 市第一批参与捐赠的民营企业表现出了极大的社会责任感，并呈现出捐赠行动及时、捐赠物资丰富、捐赠行业众多、捐赠流向兼顾各方的显著特点。在疫情面前，民营企业通过提供财政支持、货物、服务和后勤协调，在抗疫援助中发挥了越来越大的作用，既能充分实现企业的社会价值，实际上也潜在地给捐赠企业带来丰厚的经济价值。疫情之后，企业停工停产，遭受了巨大经济损失，同时慈善捐赠还需要付出一定的成本，短期来看对于企业造成了更大的损失。然而，长远来看，慈善捐赠能够为企业发展引来无尽的软资本。首先，疫情举国关注，企业积极参与抗疫，捐赠行动在媒体的报道下变得公开透明，社会声誉得到提高。通过慈善捐赠，企业可以实现货币资本向符号资本的转换，用现金或物资的形式换取道德声誉和地位。其次，企业慈善作为一种道德行为可以赢得员工对组织的认同，具体表现为“工作满意”“团体感”和“与组织价值观一致”，对员工的士气、凝聚力、忠诚度和工作热情都有积极影响，企业软实力提升。最终，疫情之后，参与慈善捐赠的企业与社会实现了双赢。

五、结语与启示

共同富裕是社会主义的本质目标，是中国特色社会主义的最高理想，而实现共同富裕是一个长期而又艰巨的过程。尽管共同富裕社会尚未在人类历史上出现过，但人们没有放弃过对共同富裕理想目标的孜孜追求。从中华文化中“以天下物利天下人”“损有余而补不足”的共同富裕思想的萌芽，到空想社会主义者对共同富裕的理论假想与局部试验，再至马克思主义者对共同富裕的科学化以及道路方向的明晰，到如今中国特色社会主义对共同富裕的理论开拓与实践探索。[①] 目前，共同富裕的实现主要面临着“蛋糕”很难迅速做大与“蛋糕”分配不合理两方面的挑战，前者表现为经济增速下行压力有增无减，后者体现为利益失衡与贫富悬殊导致诸多社会问题与矛盾相互交织。

因此，共同富裕的实现路径本质上还是要以“做大蛋糕”、实现经济高质量发展为根本目标。在此基础上，发展公益慈善事业作为初次分配和再分配的有益补充，是实现共同富裕的重要辅助手段。企业作为慈善捐赠的中坚力量，其将成为除市场与政府力量之外的第三动力，推动调整居民收入差距，尤其在面对突发事件等方面提供资金、物资救助，在政府、社会提供福利不足的领域进行弥补，以改善社会贫困群体的基本生活状况。当前我国企业慈善的领域主要集中在乡村振兴和灾难救助方面，并逐渐扩展到环境保护、生态脱贫、教育脱贫等多个领域。企业慈善在推动实现共同富裕方面的重要价值主要表现为：提供公共产品和公共服务、保障和改善民生、推动构建新型政商关系，以及推动企业从“生财有道”向“爱智修德”的道德境界方向获得提升。

企业慈善一个极其重要的领域便是困难救助，面对突如其来的疫情，中国大大小小众多企业通过捐款、捐物、参与疫区建设等多种方式积极履行起社会责任。本研究以 2022 年 3 月的疫情之后 X 市民营企业的慈善捐赠为研究对象，从捐赠数额与形式、捐赠的行业差异、捐赠的流向三个方面进行梳理，发现 X 市民营企业在疫情防控面前呈现出捐赠行动及时、捐赠物资丰富、捐赠行业众多、捐赠流向兼顾各方的显著特点。一方面有效缓解了突然暴涨的社会需求和政府应急处理中的巨大压力，真正履行了企业公民的社会责任；另一方面也借此向社会展现了企业的良好形象，赢得了企业员工和消费者的认同。但也借此呈现出一系列问题，如相关法律法规并没有得到完善，缺乏详细的企业慈善制度保障；中国大多数企业并没有建立自己的基金会，捐赠高度依赖特定慈善机构，紧急情况下捐赠效率大大降低等。

---

① 刘长明，周明珠：《共同富裕思想探源》，《当代经济研究》2020 年第 5 期，第 37—47 页，第 113 页。

面对大型公共医疗卫生危机下反映出的企业慈善捐赠可能面临的制度性障碍,应从以下几点改善:一要提供政策支持、促进企业经济发展,使其有能力捐。企业绩效同企业社会责任直接相关,赚得多才可能捐得多。二要提供税收等费用减免政策,使其有动力捐。企业同样作为灾害的受害者,在艰难处境中依然履行社会责任的良心企业应当受到鼓励,以对全社会起正面示范作用。三要开通多方渠道,使其有地方捐,因而开放捐赠多方渠道是灾害背景下提高企业慈善捐赠效率的重要手段。四要建立健全企业社会责任考评披露制度,促进慈善活动规范透明化。对企业慈善捐赠活动进行规范管理和积极引导将有助于慈善活动健康开展,有利于善款和物资的保障和使用。此外,不仅在本次疫情中,长久以来的各项研究均显示,在中国,制度压力大的企业比制度压力小的企业更有可能进行捐赠,具体而言就是民营企业的捐赠意愿和捐赠水平更高。[①] 同时,尽管跨国公司捐赠比本地企业捐赠更能博得消费者好感,但是外资企业在灾害事件中的表现不尽人意。因而,鼓励和动员其他企业和外资企业有为担当是日后应对灾害事件时促进企业社会责任、参与公共事件和社会救助的重要工作。最后我们倡议充分发挥媒体和公众的作用,提高对灾害事件的关注度,以促进企业慈善捐赠的热情。灾害背景中的捐赠一旦被媒体报道,将会为企业赢得极大的认可和美好的声誉。因而,灾害事件发生后,要充分发动媒体的报道力量、舆论的传播力量以及公众的关注力量,使之成为企业社会担当的推动力。

---

① Yongqiang Gao and Taïeb Hafsi. Competition in Corporate Philanthropic Disaster Giving: Balancing Between Giving Timing and Amount. *Chinese Management Studies*, 2015, 9(3): 311－332.

商业银行助力第三次分配的路径思考

汪卓渊[①] 陈小天[②]

（中国建设银行江苏省分行 江苏银行）

摘　要：党的二十大报告阐明分配制度是促进共同富裕的基础性制度，并强调要构建初次分配、再分配和第三次分配协调配套的制度体系。随着我国经济总量的不断发展，社会文明程度越发提高，初次分配、再分配机制不断完善，公益慈善意识日渐增强，第三次分配已具备良好的发展基础。在新发展阶段，商业银行作为金融行业的主力军，应充分运用自身优势，投身于第三次分配的发展实践中，助力解决发展中不平衡不充分的问题，从而实现自身商业价值与社会责任的统一。本文从新发展阶段下商业银行的主要功能与社会责任出发，分析了商业银行推动第三次分配、促进公益金融的具体路径与措施，并就当前商业银行参与公益慈善存在的困难与局限提出了对策建议。

关键词：共同富裕；第三次分配；商业银行；公益金融

治国之道，必先富民。在党的二十大会议上，习近平总书记在报告中强调要"扎实推进共同富裕"，并进一步阐述了分配制度是促进共同富裕的基础性制度，要求坚持按劳分配为主体、多种分配方式并存，构建初次分配、再分配、第三次分配协调配套的制度体系。在此之前，在党的十九届四中全会、十九届五中全会、国家"十四五"规划和2035年远景目标纲要中，都已提出要"重视发挥第三次分配作用，发展慈善等社会公益事业"。在这样的时代背景下，第三

① 汪卓渊，中国建设银行股份有限公司江苏省分行托管业务部合规与风险管理科科长，中级经济师。

② 陈小天，江苏银行股份有限公司零售业务部个人电子银行平台建设团队负责人。

次分配被作为基础性分配制度安排，被提升到一个新的高度。那么，第三次分配如何发挥在收入分配中的作用？商业银行又如何参与其中，发挥自身优势，推动共同富裕目标实现呢？本篇文章尝试对以上问题给出思考。

一、共同富裕与收入分配制度

共同富裕既是经济问题，也是道德问题，既要解决做大蛋糕的问题，也要解决分好蛋糕的问题，需要全体人民通过共同奋斗、共同劳动推动高质量发展的进程，逐步实现社会财富与个人财富的不断积累，从而实现共同富裕的物质文明与精神文明基础。在做大蛋糕的同时，还要分好蛋糕，让全体人民能够共享到全社会物质财富与精神财富的成果，从而更好地激励大家进一步做大蛋糕。

目前我国在收入方面仍然存在结构化的差异，党的二十大报告中指出，党的十八大以来，新时代的十年中我国居民人均可支配收入从 16500 元增加到 35100 元，人均收入水平再上新台阶，但我们也看到，2021 年我国的基尼系数是 0.47，仍然高于国际公认的警戒线 0.4。外在突出的表现就是东西部收入、城乡收入、行业间收入的差距较大。因此，只有构建初次分配、再分配和第三次分配协调配套的基础性制度安排，扩大中等收入群体比重，增加低收入群体收入，合理调节高收入，处理好效率与公平的关系，严厉打击非法收入，形成中间大、两头小的橄榄型分配结构，才能为实现高质量发展提供机制保障，让全体人民携手迈向共同富裕的道路。

分配制度是助力实现共同富裕的有效制度保障，党的十九届四中全会通过的《中共中央关于坚持和完善中国特色社会主义制度、推进国家治理体系和治理能力现代化若干重大问题的决定》把“按劳分配为主体，多种分配方式并存”纳入社会主义基本经济制度，且具体的制度设计以共同富裕目标为导向，其中完善分配方式、调节分配政策、注重分配结果是完善实现共同富裕的制度保障。目前我国主要运用三次分配的模式。初次分配由市场主导，主要手段是通过工资、利润等形式，讲求效率优先原则，根本目的是激励。再分配由政府主导，主要手段是基本社会保障、财政税收，注重公平、强制的原则，根本目的是保障。一般认为第三次分配是由我国经济学家厉以宁率先提出的，他在《股份制与现代市场经济》中提出，“在两次收入分配之外，还存在着第三次分配——基于道德信念而进行的收入分配”。第三次分配由社会主导，主要手段是慈善捐赠、志愿服务、公益救助等，强调自愿原则，根本目的是互助。我们可以理解为，初次分配是基础，再分配是关键，第三次分配是补充。

要构建、完善以共同富裕为导向的分配制度，主要包含以下几方面的举措。一是持续完善初次分配制度。初次分配在全部分配制度中是占比最大的，其覆盖面最广，影响范围也最深。在实践中既要重点保护劳动所得，增加劳动者特别是一线劳动者的劳动报酬，体现分配制度的底线思维，又要与时俱进地丰富完善多种分配方式，建立健全资本、土地、知识、技术、管理、数据等新型生产要素的评价机制，按市场按贡献决定其报酬价值。二是不断改进再分配制度。再分配在本质上是对初次分配进行补充和纠偏，不断健全完善以税收、社保、转移支付为主要手段的再分配调节机制，强化并完善直接税制度，提高其比重。三是积极发展第三次分配制度。随着我国经济总量的不断发展，社会文明程度已越发提高，初次分配、再分配机制不断完善，公益慈善意识日渐增强，第三次分配发展的基础已基本具备。在实践中，我们需要坚持以共同富裕为导向，既要通过推动企业社会责任提升、加强公益慈善理念宣传等举措，不断涵养第三次分配的“蓄水池”，把第三次分配事业做优做强；又要保证第三次分配在技术操作上全流程、全链路公开化、透明化，不断推进第三次分配制度向规范化、专业化发展，促进其良性循环。

二、新发展阶段下商业银行的主要功能与社会责任

金融业作为国家重要的核心竞争力和国之重器，是国家的经济命脉。商业银行又是金融业中最重要的组成部分，其资产规模占金融业总规模的70%以上，可谓是金融领域的主力军。

商业银行既具有典型的商业性，又具有鲜明的社会性。商业银行以信用制度为基础吸收存款、发放贷款，为居民和企业提供融资与融智服务，广泛地服务于社会经济的各个领域。当前，在我国迈入新发展阶段的背景下，商业银

行以新金融实践探索中国特色金融发展之路，努力将金融资源配置到社会经济发展的重点领域和薄弱环节，通过金融的手段和力量去解决发展中不平衡不充分的问题，在这个过程中不断发现新的商机与需求，通过优化金融产品与服务实现商业价值与社会责任的有机统一，助力全社会高质量发展，最终实现共同富裕的奋斗目标。在新发展阶段，商业银行主要具有以下六个基本特点。

一是具有政治性。党的领导是中国特色社会主义制度的最大优势，也是中国特色金融发展之路的本质特征，只有坚持党中央对金融工作的集中统一领导，才能把好政治方向，为商业银行投身新金融实践掌舵护航，确保政策执行不偏向、不变通、不走样，将党领导金融工作的制度优势转化为推动经济金融高质量发展的胜势。

二是具有人民性。坚持人民至上的理念，永葆为人民服务的初心，是推动中国特色金融发展道路的根本宗旨。在新发展阶段，满足人民群众对美好生活的新期待、新需求，解决群众急难愁盼的问题，是商业银行走好赶考之路的根本立场。只有明白谋事创业是为了谁、依靠谁，才能把业务发展聚焦于人民群众的痛点和难点上，提升服务的精神境界。

三是具有专业性。近年来，传统产业不断转型升级，战略性新兴产业日益壮大，产业“建链、强链、补链、稳链”需求旺盛，新业态、新模式应运而生，加上数字化与金融科技快速发展，催生金融服务创新提质。为更好地服务实体经济与社会民生，商业银行的服务模式也由单一化、标准化向综合化、专业化不断精进，业务模式也由单纯的存贷款模式向综合投融资与搭建场景、打造生态圈拓维升级。

四是具有创新性。改革创新是中国特色金融发展之路的内生动力。纵观金融业发展史，其实也是一段不断创新的历史，商业银行作为金融行业的主力军，立足新发展阶段，通过引入新的金融要素或要素组合，构建新的金融生产函数，或是受益于技术更新迭代等有利因素，不断拓展新产品、新业务、新范式，为实现中国式现代化发展要求提供创新实践。

五是具有服务性。习近平总书记指出：“金融是实体经济的血脉，为实体经济服务是金融的天职，是金融的宗旨。”因此，商业银行天然具有服务实体经济的职责与本分。在新发展阶段，商业银行进一步回归服务本源，通过优化资源配置、丰富产品体系、拓展服务渠道、提升服务体验等方式，不断提升金融服务的可得性、适配性与便捷性，全面提升服务效率和水平。

六是具有责任性。践行社会责任是商业银行的重要使命，商业银行在执行国家战略、赋能绿色发展、助力科技创新、保护消费者权益、推动社会公益等各个领域，积极承担应有的社会责任，促进社会经济发展的均衡性，助力构建共享型的生态环境，从而实现自身社会价值的最大化。

三、商业银行助力第三次分配的实现路径和推动措施

（一）商业银行在初次分配、再分配及第三次分配中的主要作用

商业银行在创造财富、分配财富方面均是重要主体，因此，其在初次分配、再分配及第三次分配中承担着不可替代的作用。初次分配领域是由市场主导，商业银行自身创造的利润，以及相关从业者产生的经济收入都是初次分配的收入构成，同时，商业银行通过对社会经济重点领域的金融资源配置，以及为居民、企业提供有效金融投资产品，可促进社会融资成本的下降，提升社会效能与财富总量。再分配领域由政府主导，商业银行以及其从业者按章缴纳税收，通过财政转移支付为中低收入人群提供必要的保障，从而实现收入的二次分配。第三次分配领域由社会主导，商业银行可通过自愿参与、整合资源、搭建平台等多形式参与其中。下面，将着重就商业银行助力第三次分配的路径选择展开分析。

（二）商业银行助力第三次分配的具体路径与措施

第三次分配的本质是通过道德与文化的引导实现社会财富的转移，是全社会精神文明进阶的体现，使得共同富裕更加有质量、有温度。当前，第三次分配的主要表现形式包括公益慈善捐赠、社会志愿服务、社会帮扶以及人文关怀等多个维度。商业银行在第三次分配中既是公益慈善的参与主体，又是连接政府、企业、个人、社会组织四方的枢纽，承担着链接资金流、信息流、服务流的重要职责使命。商业银行既有能力也有动力为第三次分配中的各方参与者积极赋能，构建高质量发展下金融服务慈善公益事业的生态圈，将“公益＋金

融”的效用发挥到极致，具体实现路径可概括为以下七个方面。

1. 提高政治站位，发挥“金融向善”作用

我们党和国家的性质，决定了商业银行必须坚持人民至上、坚守人民立场。商业银行应充分发挥自身的政治性、人民性与专业性，在推动实现共同富裕的奋斗目标中践行初心使命，发挥责任担当，形成对整个金融业的引领与示范效应，重点要做到“三个必须”：一是必须积极为全社会提供高质量金融服务，让社会大众均可平等地享有并获得各项金融服务；二是必须积极加大金融科技投入，不断发展数字化、智慧化的金融服务新模式，让金融服务更智能、群众使用更便捷；三是必须积极传导健康向上的金融文化和金融知识，让更多老百姓享受到精神的富足，实现物质与精神的共同富裕。

具体应从以下三个方面做好组织机制安排：一是积极搭建“公益＋金融”的生态模式，以“公益”作为出发点和落脚点，将公益服务“制度化”“品牌化”“链条化”，当好生态圈中的组织者与撮合者，积极发挥“金融向善”的功能性，在金融高质量发展过程中推动共同富裕目标的实现；二是要尽其所能让所有的金融活动参与者，无论是大中型企业还是小微企业，无论是财富客户还是长尾客户，无论身处城市还是乡村，都享有获得金融服务的权力，能够均衡地获得金融资源的配置；三是积极运用金融科技、大数据等手段，大力支持乡村振兴、绿色金融等公益项目，支持中低收入者开展的创新创业项目，进一步缩小城乡与区域差距。

2. 完善顶层设计，优化经营策略

商业银行作为市场经济的主体具有营利性的特征，金融资源的组织者与配置者在资金实力、支付结算、产品结构、客户资源、渠道布局、风控机制、技术创新等方面均具有独特的优势。但在新发展阶段，商业银行既要考虑经营效益，又要兼顾服务实体经济的职责使命，还要主动参与到共同富裕的大战略中，如何平衡摆布，需要进一步转变经营理念来适应。所以，这就要求商业银行在顶层制度与经营策略层面进行优化和改革，将促进共同富裕、发展公益金融列入商业银行的顶层设计和战略目标中。结合这一战略目标，商业银行要重新定位自身风险与收益的平衡点，从单纯寻找自身发展机会、单一追逐利益的目标中跳出来，要同时兼顾市场发展要求和社会责任使命。

一是明确商业银行发展的中长期发展战略，将促进共同富裕、发展公益金融加入其中，在经营策略中赋予具体的量化目标和质量指标，明确资源配置，形成体系化的推动机制。二是为推动这一战略目标，从需求端的痛点与难点出发，积极运用金融科技平台与数字化手段，搭建丰富的实践场景，形成有效的路径图。三是将发展公益金融的目标与具体工作措施贯穿到日常的经营活动中，并建立定期重检机制。通过重检来验证工作措施是否有效，对于效果不明显的措施要分析其原因并及时做出调整。只有这样，才能将发展公益金融的目标融入商业银行的具体经营活动中，通过有效的金融行为最终实现战略定位。

3. 加快产品创新，提升服务能力

公益金融是“公益”与“金融”的跨界融合，是将金融手段、金融方法引入公益事业的创新尝试。商业银行需要通过这种产品与服务模式的创新，进一步丰富金融工具与服务手段，加快在慈善信托、专项基金、公益资管增值服务等领域的创新，提升第三次分配的体量与质量，助力实现先富带动后富。

一是建立可持续、常态化的慈善信托机制。慈善信托是实现公益慈善的重要金融工具，其兼具风险隔离和项目执行的双重特点，既能保证捐赠财产的安全稳定，又能按预设目标执行慈善项目，达成公益目的。商业银行应充分发挥与集团内外部信托机构、慈善组织之间的协同与合作，设计灵活多样的慈善信托产品，提高捐赠人的捐赠积极性，为中高收入人群和企业回报社会提供金融支持。例如，在信托财产捐赠安排方面，既要有存量思维，也要有增量思维，既可以将信托财产的本金或本金与收益部分用于捐赠，也可以仅将收益部分进行捐赠，助推社会中间阶层以财富增量作为信托财产的意愿，提升其公益慈善参与度；在信托财产标的方面，除了可以将资金、不动产作为信托财产，也可设计以企业股权作为信托财产的金融产品，推动企业经营与公益慈善的均衡发展，使得“永续慈善”成为可能，更好地实现第三次分配的目标。

二是加快发展专项基金。商业银行应加快试点推广乡村振兴、绿色金融等共同富裕主题的专项基金，为地方产业经济转型升级、农村金融可持续发展、低收入群体创新创业等增强“造血”功能，通过金融资源的渗透进一步缩小区域间、城乡间的差距。专项基金的设立形式既可以是独家设立，也可以通过与金融机构联盟的形式共同设立，扩大参与者范围。在基金的投资运作、保值增值方面要加强管理，对于资金的使用及流向等信息披露要做到及时公开，并做好监督工作，确保专项基金稳健、规范、可持续地运营。

三是积极探索公益资产增值服务路径。根据资料显示，由于缺乏专业化的投资管理经验与人才、投资工具较为单一等，目前我国公益资产增值管理方面还存在较大局限，投资回报转化为公益资产无法实现规模效应，基金会等社会公益组织对于公益资产的增值需求日益凸显。据《中国慈善发展报告(2020)》统计：2017 年我国基金会行业平均投资收益率 1.09%，TOP 50 基金会平均投资收益率 2.44%，同年全国社保基金投资收益率 9.68%。商业银行可进一步发挥集团内部的协同优势，以理财子公司为主导开展有益的尝试，设计符合慈善资产投资规律和特征的创新产品，在保值的基础上进一步做好资产的多元化配置，提升增值服务的专业化水平，不断扩大公益资产的来源，让公益善款发挥的效用越来越大。

4. 创新私人银行服务，积极引导财富向善

"让一部分人先富起来"一直是改革开放中被广泛认同的口号，高净值人群就是我国先富起来的代表。根据招商银行发布的《2021 中国私人财富报告》预测，2021 年我国可投资资产在 1000 万元以上的高净值人群总数将达到 296 万人，可投资资产规模将达到 96 万亿元。这部分高净值人群能否自愿自觉主动参与公益慈善行动，践行"先富带后富"的改革初衷，将在很大程度上决定我国推行第三次分配制度的实际效果。对商业银行而言，其私人银行部门的主要服务对象就是高净值人群，是距离高净值人群最近、对高净值人群最为了解的金融机构之一，天生具有协助高净值客户践行第三次分配的责任和优势。

自 2016 年《慈善法》颁布以来，我国慈善领域的相关政策和法律法规不断完善，慈善行业体系建设不断推进，慈善事业的专业化规范化水平不断提升，公益慈善业务也逐渐成为私人银行服务中不可或缺的一部分。私人银行为高净值客户提供的服务既有财富管理、资产配置、财富传承等基本金融业务，也包含了子女教育、公益慈善等在内的非金融服务内容。一般而言，私人银行对高净值客户的家庭家风、财富理念、传承目标、发展要求等均有较为全面深入的了解。私人银行的工作人员也普遍具备专业的金融、法律、财务和社会工作

等全方位的能力和经验,能够助力启发客户的慈善意识、树立慈善理念、规划慈善目标、落实慈善计划。“予人玫瑰,手有余香”,私人银行积极主动地引导财富向善,既能使客户享受慈善政策、推动慈善事业发展,又能让客户切身收获公益慈善事业的参与感、价值感和成就感,还体现了私人银行的专业能力和社会责任担当,是一举多得的共赢之举。

具体措施上,私人银行业务:一是要主动引导启发高净值客户理解公益慈善活动的社会意义,帮助客户发掘个人志趣、构建慈善理念、筛选合作伙伴;二是要充分发挥金融专业优势,为客户设计发行慈善信托,帮助客户建立长期的慈善事业经营机制;三是充分利用自身资源平台优势,为客户遴选更适合的金融、慈善、法律、税务等合作伙伴,整合金融资源和慈善资源,落实慈善项目,树立主动、专业、负责任的社会形象,展现社会责任。

5. 加大科技赋能,助力数字化公益发展

商业银行近几年在金融科技方面的探索和投入不断增强,在大数据、云计算、人工智能、区块链和移动支付等技术领域的基数基础进一步牢固、场景应用不断丰富,为数字化公益事业提供了有利的基础条件。

一是由商业银行提供科技赋能,相当于给第三次分配注入了创新驱动力,既保证了技术应用的先进性和可行性,也兼顾了信息安全和业务风险,有助于激发政府、公益组织、企业单位和社会大众等多层面积极主动地参与第三次分配的事业。二是数字化技术的应用增加了公益组织、公益善款流向的透明度,这种技术应用的底层架构、支付方式、清算模式由商业银行进行搭建,本身就有安全、可靠和诚信的背书,有助于为公益事业的组织者与参与者培养良好的信任基础。三是商业银行的介入提供了成熟的数字化能力和平台,志愿者服务、慈善捐助、公益互助等第三次分配相关的实践可以运用商业银行已建立的、客户资源丰富的网上银行、手机银行、微信银行等线上平台来开展工作,借助金融平台力量实现公益场景的快速发展壮大。

6. 强化志愿服务,支持乡村振兴

第三次分配要着力关注人的全面发展和高质量发展,有时不仅仅在于收入和财产的分配,更需要的是社会服务、社会环境、信息资源和老百姓的获得感和幸福感等多维度的均等发展机会和公平分配。据《2021 年度中国志愿服务发展指数报告》统计，2021 年我国志愿者总量 2.7 亿人，志愿服务组织 123 万家，有超过 1 亿名活跃志愿者贡献服务时间 42.07 亿小时，折合人工成本价值约 1954 亿元，疫情防控、应急救援、社区服务、大型赛会活动是志愿者参与的主战场。

从商业银行的视角而言，依托其深入乡村的经营网点和工作人员，通过志愿服务这一形式，在金融服务下沉、金融知识普及这一领域完全能够起到应有的作用。一是充分运用物理网点、营销服务人员、手机银行等线下、线上渠道，为城乡客户群体提供存款理财、消费信贷等金融产品服务，着力解决其在教育、医疗、就业创业、养老等方面的资金需求，使金融服务真正下沉到田间地头，解决乡村振兴服务“最后一公里”的痛点。二是通过非金融服务手段为城乡客户群体特别是农民创业者普及金融知识及专业储备，运用自身培训平台与培训资源，为其无偿提供农村金融、产业经济、供应链服务、财富管理、金融科技等领域的培训教育，帮助城乡客户群体找准乡村创业切入点，逐步培育理财思维，帮助中低收入者通过自己的努力实现收入的逐步增长，形成财富积累。三是积极运用数字化经营模式为农民创业者提供“直播带货”、助农平台等服务，借助目标客户画像等数字化工具进行商机推送，在降低创业者成本的同时实现更加精准化的营销服务。

7. 发挥平台作用，助力构建公益慈善生态圈

商业银行作为信用创造和信用中介的主体，本身具有深受社会各界信赖的天然优势，通过发挥商业银行的平台优势和资源整合能力，可以有效提升公益慈善项目的影响力和覆盖面，构建公益慈善事业生态圈。一是针对个人、企业、公益社会组织等公益慈善参与主体多层次的服务需求，以“产品定制化、服务创新化”为核心，从可持续筹资、捐赠人服务、慈善资金保值增值、税收筹划、公益监督等方面设计一揽子金融服务方案。二是充分发挥在支付结算、账户管理、资金托管与监督等方面的专业力量，促进慈善善款、捐赠项目资金流向的规范化与透明化，加强公益社会组织的公信力建设，有效促进公益慈善事业的规范运营。三是发挥理论研究方面的优势，主动参与区域内公益慈善类的重要课题研究与实践项目，在研究中不断积累经验，总结问题，提出对策，形成有效的方法论，为公益金融创新试点提供可供复制推广的“样板间”。四是组

建专业化公益金融服务人才队伍。商业银行要重视对公益金融人才的培养，可以通过与公益社会组织、专业机构及高校建立联合培养机制的模式，逐步建立起一支专业化的服务团队，打通“资源—市场—政策”之间的链接，为实现“公益＋金融”的生态模式提供必要的人才保障。

四、对策与建议

（一）存在的困难与局限

当前，尽管商业银行在参与公益金融、助力第三次分配等方面已有了初步的实践，但是在现实中仍然存在较多的困难与局限性，主要体现在以下三个方面。

一是社会层面对公益慈善理念的普及宣传还不够广泛，群众的参与度还远远不够。当前我国慈善捐赠的参与主体主要是企业，个人捐赠者偏少，而美国刚好相反，其公益慈善资源主要来源于个人捐资，占比约70％。商业银行引导、培育私行客户等中高收入群体建立慈善公益理念需要投入较大的精力与成本。

二是当前公益金融领域的政策空白点还较多。一方面，对于公益金融的支持政策有待加快出台，例如慈善信托税收优惠政策力度、股权慈善信托落地政策等等。另一方面，由于近年来金融监管日益趋严，公益金融领域监管政策尚不明朗，一定程度上将抑制商业银行在该领域创新的内生动力。

三是公益金融复合型人才极为匮乏。由于公益金融涉及社会公共服务、金融、财政、税务、法律等多个领域，专业化、复合化、体系化程度高，如仅靠商业银行自身培养，在人才数量和质量方面都存在较大的局限性。

（二）相关对策建议

1. 加快普及慈善公益理念，建立全民向善的社会氛围

建议政府部门进一步加强社会主义核心价值观建设，加大公益慈善宣传力度，慈善组织多形式开展教育活动，树立典型案例弘扬慈善理念，充分肯定公益慈善参与者的社会价值。鼓励“日行一善”，推广以“99公益日”为代表的

全民性慈善活动，引导群众特别是中高收入群体多形式地参与公益慈善事业，培育全民向善的良好氛围，为发展公益金融提供良好的社会氛围与基础环境。

2. 进一步完善政策法规，为金融向善提供良好的发展环境

建议尽快出台慈善信托专项支持政策，细化慈善信托税收优惠落地政策，完善股权慈善信托试点实施细则，加快推广慈善理财等新赛道，为商业银行创新公益金融发展模式提供良好的政策环境。同时，建议监管机构针对金融机构创新公益金融服务建立违规行为负面清单及容错机制，鼓励商业银行创新研究符合慈善资产投资规律和特征的服务产品，提升金融支持公益实践的积极性。

3. 加强复合型人才培养，为公益金融提供坚实的队伍保障

建议集合金融机构、会计师事务所、律师事务所、股权投资机构、高校、社会公益组织等多方力量，整合金融、慈善、财税、法律等领域的人才资源，探索建立"公益金融顾问"专业化队伍，为慈善参与主体提供一揽子服务，通过专业化、一体化的服务质量不断增强慈善参与主体"公益向善"的意愿。在人才队伍建设上，积极运用税收优惠、专项补贴、荣誉表彰等机制增强统筹与激励效果，激发复合型人才活力。同时，通过数字化、在线公益的服务模式打造标准化服务案例，进一步提升服务质效。

4. 加强志愿服务成果运用，党团共促公益金融推广

建议搭建一体化的志愿服务平台系统，完善信息登记与查询功能，实现社会志愿服务信息可量化、可评估、可运用，便于商业银行将内部机构和员工的志愿服务成果纳入自身考核激励体系。同时，商业银行可积极发挥党建、团建带动作用，弘扬"公益先锋我先行"的正能量，促进公益金融活动推广，进一步提升内部机构与员工参与公益金融的热情，让商业银行的志愿服务更加广泛、深入地参与社会治理。

5. 搭建慈善组织与商业银行交流机制，深化合作成果

建议与区域龙头慈善组织建立常态化、长效化交流合作机制，就公益金融领域的理论与实践问题定期开展有效的探讨，消除合作盲点与制约因素，定期为银行中高财富群体及企业客户提供公益慈善沙龙讲座，择机开展专项产品路演，加快积累实践经验，提升公益金融服务水平。

参考文献

[1] 本书编写组. 党的二十大报告学习辅导百问[M]. 北京:学习出版社,党建读物出版社,2022:146-147.

[2] 崔勇. 共同富裕的公益金融农行实践[J]. 中国金融,2021(17):21-23.

[3] 邓国胜. 第三次分配的价值与政策选择[J]. 人民论坛,2021(24):42-45.

[4] 高皓,许嫘. 私人银行在第三次分配中的优势[J]. 中国金融,2022(14):94-95.

[5] 韩喜平. 怎样把握新时代分配制度? [J]. 红旗文稿,2020(02):22-24.

[6] 江亚洲,郁建兴. 第三次分配推动共同富裕的作用与机制[J]. 浙江社会科学,2021(09):76-83.

[7] 陆建强. 共同富裕的价值内核与金融创新支持路径[J]. 中国银行业,2022(09):22-25.

[8] 陆建强. 共同富裕、公益金融与企业家财富升维[J]. 浙江金融,2022(04):3-6.

[9] 陆岷峰. 共同富裕的内涵与商业银行的支持路径[J]. 现代金融导刊,2022(02):18-23.

[10] 陆岷峰. 金融赋能共同富裕之路[J]. 企业研究,2022(01):16-19.

[11] 吴磊. 数字化赋能第三次分配:应用逻辑、议题界定与优化机制[J]. 社会科学,2022(08):146-155.

[12] 习近平. 扎实推进共同富裕[J]. 求是,2021(20):4-7.

[13] 翟雁,朱晓红,张杨. 2021 年度中国志愿者服务发展指数报告[C]. 杨团,朱健刚. 中国慈善发展报告. 北京:社会科学文献出版社,2022:42-86.

[14] 朱健刚,严国威. 慈善第三波:2021 年中国慈善事业发展报告[C]. 杨团,朱健刚. 中国慈善发展报告. 北京:社会科学文献出版社,2022:1-7.

共同富裕背景下的慈善信托发展思考

薛　云[①]　邹范卿[②]

（南京大学河仁社会慈善学院　中国建设银行江苏省分行）

摘　要：党的二十大报告中指出：中国式现代化是全体人民共同富裕的现代化。实现共同富裕的前提是高质量发展，需要企业做大蛋糕，发展好经济，做大经济、做强产业，推动国强民富。与此同时，需要发挥慈善等第三次分配作用，需要有社会担当的企业家和企业主动捐献出更多的财富回报社会，促进共同富裕取得更为明显的实质性进展。慈善信托作为公益信托，是我国开展慈善活动的法定形式，并以其优势和特征，成为推动共同富裕的新型慈善工具和重要抓手、重要途径。本文从慈善信托的起源及发展历程出发，归纳总结了慈善信托的操作模式、特点及优势，分析了我国现阶段慈善信托发展状况，并针对存在的不足提出相关建议。

关键词：共同富裕；慈善信托；发展模式

2022年10月16日，习近平总书记在二十大报告中指出：中国式现代化是全体人民共同富裕的现代化。“富裕”的前提是发展，要求把“蛋糕”做大做好；“共同”体现公平，要求把“蛋糕”切好分好。做大做好“蛋糕”和切好分好“蛋糕”，体现的是增长和分配、效率和公平的辩证关系。

推动经济社会发展，归根结底是要实现全体人民共同富裕，不断实现人民对美好生活的向往。近年来，党中央、国务院多次强调要发挥慈善等第三次分

① 薛云，南京大学河仁社会慈善学院工作人员。

② 邹范卿，中国建设银行股份有限公司江苏省分行托管业务部业务科代理科长，中级经济师。

配作用，促进共同富裕取得更为明显的实质性进展。2019 年 10 月，党中央十九届四中全会首次提出要“重视发挥第三次分配作用，发展慈善等社会公益事业”；2020 年 10 月出台的《中华人民共和国国民经济和社会发展第十四个五年规划和 2035 年远景目标纲要》中，明确提到“加大税收、社会保障、转移支付等调节力度和精准性，发挥慈善等第三次分配作用，改善收入和财富分配格局”；2021 年 8 月 17 日，中央财经委员会第十次会议强调“要加强对高收入的规范和调节，依法保护合法收入，合理调节过高收入，鼓励高收入人群和企业更多回报社会”。

然而共同富裕不是一蹴而就的，需要久久为功、扎实推进，既“慢不得”又“急不得”。一方面，高质量发展是实现共同富裕的前提，需要企业做大蛋糕，发展好经济，做大经济、做强产业，推动国强民富。一方面，需要有社会担当的企业家和企业主动捐献出更多的财富回报社会、促进人民共同富裕。在此背景下，本文通过慈善信托这个新型慈善工具的起源、发展历程、发展现状等方面内容探讨慈善信托对共同富裕的作用并提出相关意见、建议。

一、慈善信托的起源及发展历程

信托制度诞生于英国，最早的用途就是慈善信托。在 13 世纪，英国颁布了《没收法》，虔诚的教徒采取信托方式取代捐赠，委托他人经营管理土地，将取得的收益全部交给教会用于宗教事业，从而形成了公益信托的早期雏形。关于英美慈善信托的定义，自慈善信托制度在英国产生以来，无论是立法上还是实务中，从来没有停止对其的争论。美国在《信托法重述》中定义慈善信托是关于财产的一种信赖关系，该财产是因当事人意思表示而设立，同时委托他人管理该财产，并使该人负有为慈善的目的而处理该财产的权利。在慈善信托的发源地英国，慈善信托实际上指的是一种与私益信托相对应、为了公益目的或者慈善目的而设立的一种信托类型，是为将来不特定的多数受益人而设立的特殊形式之信托。

信托制度引进中国，最早是 2001 年《中华人民共和国信托法》中明确规定了公益信托制度。当时提出的“公益信托”的定义是：为救济贫困、救助灾民、扶助残疾人，发展教育、科技、文化、艺术、体育事业，发展医疗卫生事业、环境保护事业和其他社会公益事业而设立的信托。2016 年 3 月，我国颁布《中华人民共和国慈善法》，为“慈善信托”单独设立一章，并规定慈善信托属于公益信托。2017 年 7 月，原银监会颁布了《慈善信托管理办法》，规定以开展下列慈善活动为目的而设立的信托属于慈善信托：(1) 扶贫、济困；(2) 扶老、救孤、恤病、助残、优抚；(3) 救助自然灾害、事故灾难和公共卫生事件等突发事件造成的损害；(4) 促进教育、科学、文化、卫生、体育等事业的发展；(5) 防治污染和其他公害，保护和改善生态环境；(6) 符合《中华人民共和国慈善法》规定的其他公益活动。从《中华人民共和国信托法》到《中华人民共和国慈善法》经历了 15 年，《中华人民共和国慈善法》的公布，明确了慈善信托的主管部门为民政部门，同时解决了慈善信托运行的法律要件。目前，我国的慈善信托已基本形成以《中华人民共和国信托法》为一般法、《中华人民共和国慈善法》为特别法、《慈善信托管理办法》为具体操作规范的法律规则体系，使公益信托的落地成为可能。

二、慈善信托的定义、模式及优势

(一) 慈善信托的定义

通常来讲，慈善信托是仅以实现社会慈善事业为目的，并以全社会或部分社会公众为受益人的信托。根据英美信托法理论的概括，慈善事业是指对社会有价值或有重要社会意义的事业，包括发展济贫、教育、宗教、医疗、体育、科学研究、文化艺术、市政建设等各方面的事业。2016 年，我国出台《中华人民共和国慈善法》，首次从法律上对慈善信托进行了定义，并对慈善信托作了专章规定。《中华人民共和国慈善法》第四十四条明确：慈善信托属于公益信托，是指委托人基于慈善目的，依法将其财产委托给受托人，由受托人按照委托人意愿以受托人名义进行管理和处分，开展慈善活动的行为。此后，2017 年，原银监会、民政部联合印发的《慈善信托管理办法》对慈善信托的管理作了具体规定。

由此可见，慈善信托具有双重性：以慈善为目的，以信托为手段。根据民政部网站2021年5月17日引用的《中国社会报》《慈善信托的定义及备案管理要求》(作者：张晶晶)一文，慈善信托有三个方面的特征。一是必须基于慈善目的，必须符合《中华人民共和国慈善法》第三条规定的慈善活动范围：(1) 扶贫、济困；(2) 扶老、救孤、恤病、助残、优抚；(3) 救助自然灾害、事故灾难和公共卫生事件等突发事件造成的损害；(4) 促进教育、科学、文化、卫生、体育等事业的发展；(5) 防治污染和其他公害，保护和改善生态环境；(6) 符合慈善法规定的其他公益活动。二是慈善信托的受益人是非特定的，这是慈善信托区别于其他商事信托的一个重要特征。为了防止利益输送，慈善信托的受益人是不特定的，信托文件仅载明受益人范围及选定的程序和方法，具体的由受托人根据条件选择确定。但是，委托人可以规定或者限定受益人的人数，甚至受益人享受的信托利益的数量。三是信托财产与委托人、受托人的固有财产相互独立，即慈善信托设立后，信托财产就与委托人的自有财产相分离，成为独立运作的财产，仅服务于信托目的。对委托人来说，丧失了对信托财产的所有权；对受托人来说，可以按照信托合同的规定对信托财产进行管理、处分，但不享有收益；对受益人来说，取得了信托收益的请求权。

（二）慈善信托的参与主体

根据《中华人民共和国慈善法》《慈善信托管理办法》，慈善信托一般涉及委托人、受托人、受益人三大主体，为核心参与方。同时，根据实际情况可自由增加“信托监察人”“保管人”和“事务执行人”三个主体，为其他参与方。

1. 慈善信托的核心参与方

慈善信托既指慈善理念的信托实现方式，又指信托制度中以慈善为目的的形式，构成信托需要有委托人、受托人和受益人，是慈善参与的铁三角。

委托人：是慈善信托的设立人。《中华人民共和国慈善法》对委托人没有专门的规定。《慈善信托管理办法》规定，委托人可以是具有完全民事行为能力的自然人、法人或者依法成立的其他组织。委托人的职责主要是：一是明确发起慈善信托项目的目的。在整个慈善项目的发起、运行过程中，委托人基于慈善目的，依法将其财产委托给受托人，由受托人按照委托人意愿以受托人名义进行管理和处分,因此,委托人的意愿应当得到其他参与各方的充分尊重。二是明确设立慈善信托的财产及形式。设立慈善信托,必须有确定的信托财产,并且该信托财产必须是委托人合法所有的财产(现金、股权、房产、金融产品等)。三是明确受益人。委托人不得指定或者变相指定与委托人或受托人具有利害关系的人作为受益人。四是监督信托项目运行。委托人具有修改信托合同的权利。而且同一慈善信托有两个或两个以上的受托人时,委托人应当确定其中一个承担主要受托管理责任的受托人按照本章规定进行备案。

受托人:承担着依据信托目的管理、处分信托财产的责任,在信托关系中处于核心地位。《中华人民共和国慈善法》规定:受托人可以由委托人确定其信赖的慈善组织或者信托公司担任。受托人的职责主要是:一是诚信、谨慎地管理和处分信托财产。慈善信托的受托人管理和处分信托财产,应当按照信托目的,恪尽职守,履行诚信、谨慎管理的义务。二是报告和公开信托事务的义务。慈善信托的受托人应当根据信托文件和委托人的要求,及时向委托人报告信托事务处理情况、信托财产管理使用情况。慈善信托的受托人应当每年至少一次将信托事务的处理情况及财务状况向其备案的民政部门报告,并向社会公开。《慈善信托管理办法》规定,"受托人应当妥善保存管理慈善信托事务的全部资料,保存期自信托终止之日起不少于十五年"。三是备案义务。根据委托人意愿及项目实施进展情况,按照《慈善信托管理办法》相关规定,及时向有关部门办理备案手续,并在慈善信托终止时,向民政部门及其他相关部门报告、公告信托财产使用情况等。

受益人:是信托财产的最终归属方,是获得慈善救助的人。《中华人民共和国慈善法》对受益人没有专门的规定,但明确了慈善信托受益人不能与委托人、受托人具有利害关系。《慈善信托管理办法》规定,受益人是在信托中享有信托受益权的人,可以是自然人、法人或者依法成立的其他组织。受益人按照慈善信托文件的规定享有利益,对慈善信托财产不负有管理、处分的责任,受托人因处理慈善信托事务所支出的费用、对第三人所负债务,也不由受益人承担,而是以信托财产承担。因此,在通常情况下,受益人是慈善信托关系中纯享利益之人。

2. 慈善信托的其他参与方

在慈善信托项目实际执行过程中，为保证信托财产实现有效管理、慈善项目实现有效运营，还需要设立监察人、托管人、执行人。

信托监察人：《中华人民共和国慈善法》规定：慈善信托的委托人根据需要，可以确定信托监察人。信托监察人对受托人的行为进行监督，依法维护委托人和受益人的权益。《慈善信托管理办法》规定，慈善信托的委托人根据需要，可以确定监察人。信托监察人发现受托人违反信托义务或者难以履行职责的，应当向委托人报告，并有权以自己的名义向人民法院提起诉讼；如果委托人发生意外，监察人可代替委托人行使相应职能。慈善信托监察人大多由律师事务所来承担。

托管人：通常是商业银行，是指慈善信托专用资金账户所在的商业银行或负责保管非资金信托财产的自然人、法人或依法成立的其他组织。一般情况下，信托产品需要在商业银行托管，并开立专门的账户，以实现信托财产的独立性，避免账户操作风险。托管银行严格按照受托人的指令进行相关款项的划拨，进行信托资产的投资、分配并进行监管。

项目执行人：通常是专门的慈善组织、基金会等，是指受托人应当自己处理慈善信托事务，但信托文件另有规定或有不得已事由，依法委托第三方代理的慈善组织、信托公司或依法成立的其他组织。执行人需要负责慈善项目的规划和执行，跟受益人直接进行联系沟通，保证项目的最终落地。

（三）慈善信托的业务模式

《金融界》2022 年 9 月 10 日《全面解读慈善信托的三种模式》（作者：用益研究）一文，立足于当前已在民政部门备案的慈善信托，根据受托人的不同，将慈善信托划分为常见的三种模式：

1. 慈善组织作为单受托人：慈善组织独立承担受托人的责任和义务，直接接受委托人的委托设立慈善信托，慈善组织在银行开立慈善信托专户，既负责信托账户的管理，也负责信托资金的使用和运作，并完成公益项目的执行。该模式优势：一是可以解决税收优惠问题，慈善组织具有比较明确的税收优惠政策；二是可以保证慈善项目有效运作，慈善组织具有极强的项目执行运作能力，能够深入基层，扎根于财产运用的最前线，对项目的掌控能力是不可比拟的。因此，慈善组织作为受托人可以更好地促进公益项目的持续发展。

2. 信托公司作为单受托人：信托公司根据委托人的意愿设立慈善信托，并对信托财产进行管理和运作，包括资金拨付、资金使用监管以及项目实施效果评估等事宜。同时，信托公司将根据慈善目的的需要选择合适的慈善组织来负责公益项目的运作执行工作，具体包括项目策划、项目筛选、项目实施和后续持续维护等事宜。或者信托公司自行负责公益项目的执行，另外邀请具有合作关系的慈善组织担任公益执行顾问，双方各自发挥所长。采取这种模式开展慈善信托业务能够有效弥补信托公司在项目资源、项目执行方面的不足。该模式优势：信托公司在慈善信托财产保值增值方面具有金融机构的专业优势，可充分利用其资产管理能力将闲置的慈善财产加以管理，优化资产配置策略，提高信托财产保值增值能力。该模式劣势：主要是税收问题，针对信托公司作为受托人的情形，没有明确的税收优惠政策以及配套的民政、税务部门的实施细则，信托公司无法开具公益性捐赠票据，委托人难以享受到税收优惠。

3. 慈善组织＋信托公司共同作为受托人：信托公司和慈善组织同时接受委托人的委托，担任慈善信托的共同受托人，并发挥各自的优势，实现委托人的需求和慈善目的。其中，信托公司主要负责信托财产的账户管理、资产保值增值、信息披露等相关事宜，慈善组织则主要负责公益项目的策划和执行等事宜。这种模式的优势：由信托公司来进行专业的投资管理，由慈善组织来负责资金的运用和项目的执行，双方各司其职，充分发挥各自所长。

相关案例：以J银行J分行为例介绍银行参与慈善信托的业务模式。

项目概述：J银行J分行与省慈善总会、Z信托有限责任公司合作，设立J银行J分行专属的慈善基金及慈善信托，开展长期的捐赠和慈善活动合作，主要捐赠方向为乡村振兴、弱势群体捐赠、突发事件应对等。

合作模式：该慈善项目设立慈善基金和慈善信托两层结构，采用省慈善总会作为委托人、Z信托作为受托人的合作模式。首先，由J银行J分行组织捐赠者将资金捐赠给省慈善总会设立的慈善基金，省慈善总会对资金进行归集后，委托 Z 信托设立慈善信托，并由 J 银行 J 分行作为托管机构负责信托资金的托管，确保资金使用的安全。具体合作模式如下图所示：

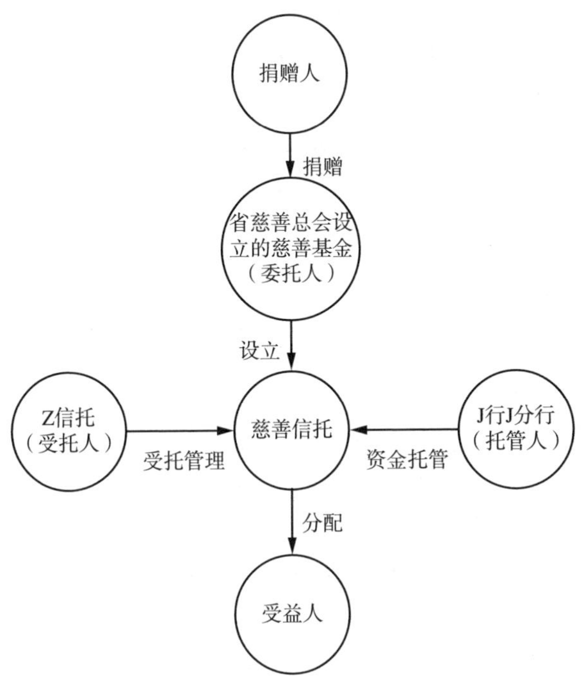

在该合作模式下，捐赠人可以立即享受税收优惠，同时慈善组织的财产运作更加高效，通过设立慈善信托的方式，可以有效增加资金运用的监督环节，提高慈善事业的透明度。

捐赠资金来源：一是代理信托、理财产品捐赠。由 J 银行 J 分行代销的信托、理财产品从本金或收益中提取一定比例进行捐赠，该捐赠以信托或理财产品份额认购人名义进行捐赠。二是员工捐赠。J 银行 J 分行一直在企业社会责任落实上走在行业前列，后续将常态化组织行内员工开展系列慈善活动，助力慈善事业发展。三是银行客户捐赠。J 银行 J 分行拥有大量高净值私行客户以及企业客户，该类型客户拥有多元化慈善需求，J 银行 J 分行将为其提供系列慈善活动平台，满足客户的慈善需求。

（四）慈善信托的优势

根据《中华人民共和国慈善法》规定，慈善信托属于公益信托，其信托目的必须完全出于公益目的，这是慈善信托的基本特征，也是对设立慈善信托项目的基本要求。因此，相比较慈善捐赠而言，慈善信托具有以下几方面的优势：

一是规范性。《中华人民共和国慈善法》《慈善信托管理办法》规定，在慈善信托成立之前，需要向中国信托登记有限公司进行登记，并报当地监管部门备案，然后报受托管理人所在地的民政部门。信托项目运行过程中，信托公司需要在每年3月底发布慈善信托年度管理报告，并在慈善中国平台上公布，接受公众监督；慈善资金的使用和项目实施情况应及时反馈给委托人，确保慈善信托的运作规范、透明；慈善信托需引入专业机构，如监管机构、外部审计机构等，对信托的运作进行独立监督，并每年提交监督报告；此外，慈善信托还可以设立监察人，监督慈善信托的实施。确保慈善信托运作和支出符合慈善目的及委托人的意愿。

二是安全性。《慈善信托管理办法》规定，设立慈善信托，由委托人与受托人签署信托文件，并对信托目的、资金运用等进行约定，可确保信托财产能依照委托人之意愿使用，任何人均不得主张使用该财产。每单慈善信托应设立单独的信托专户，专户内信托财产与受托人固有财产相互独立，分别管理、分别记账；对于不同的慈善信托财产应予以分别管理、分别记账；对于资金信托，需要委托商业银行担任托管人，依法开立慈善信托资金专户；对于非资金信托，委托人可以委托第三方进行保管。受托人依法解散、被依法撤销、被宣告破产而终止，信托财产不属于其清算财产，移交给新受托人继续管理，保障受益人不因委托人破产或发生债务而失去享有其对该信托财产的权利。因此，慈善信托财产更具安全性，更容易受到委托人或慈善家的信赖。

三是专业性。慈善信托涉及范围广泛，相关社会问题更加复杂。开展慈善信托往往需要投入大量的人力，并且对人员专业性要求较高。慈善信托项目中，通过基金会等慈善组织与专业信托公司的合作，实现优势互补。由于金融机构在资产管理方面的专业性，一方面，信托机构具有更多样化的资产管理能力，它可以根据慈善信托合同约定的投资范围，最大限度地保证慈善信托财产的安全和保值增值，更能实现委托人的公益意愿。另一方面，可以让每一笔支出更加合规透明，而且，比起基金会，慈善信托不受每年的支出比例限制，可以更自由、更灵活地对慈善项目进行规划。同时，慈善组织在慈善项目的规划、分配等方面更具有专业优势。慈善信托项目实施过程中，基金会、慈善信托、专项基金，甚至DAF(捐赠人指定基金)的共同合作，将更有利于达成慈善使命和战略。

四是灵活性。慈善信托设立简便，不需申请法人注册，委托人只要有确定财产、明确公益目的，就可以找受托人商议设立慈善信托。在慈善信托设立初始的财产规模上也没有最低规模和最高规模的限制。慈善信托财产运用在遵循合法、安全、有效的原则的基础上，可以运用于银行存款、政府债券、中央银行票据、金融债券和货币市场基金等低风险资产，但委托人和信托公司另有约定的除外。也就是说，慈善信托可以有更多、更灵活的投资选择，有利于更好地对信托资产进行管理和增值。慈善信托可以通过经营企业形式实现公益，可以给予受益对象以贷款担保、保险、接受教育等公益方式。慈善信托项目也可以量身定制，根据委托人自己的意愿设立，并可以由委托人冠名。慈善信托设立以后，还可以作为委托人专属的公益品牌，提升个人和社会的声誉和评价。

五是永续性。慈善信托使“永续慈善”成为可能，更利于慈善公益事业的持续、健康发展。慈善信托运营成本低，它不属于法人，自身不用设立常设机构，没有也不需要专门的办公场所和独立的工作团队。慈善信托期限相对灵活，既可以约定一定年限，也可以永久存续。慈善信托没有强制支出要求，支出可以由慈善信托合同约定，既可以运用本金，也可以不运用本金，只用收益做慈善，这一制度安排，使永续型慈善信托成为可能。在信托财产方面，除可以资金设立慈善信托外，股权、不动产也可以作为信托财产交付至慈善信托中，扩大捐赠人的捐赠积极性。慈善信托还可以根据捐赠人意愿进行款项的定期拨付，“永续慈善”可用于短期项目，也可用于中长期项目，具备“永续性”。慈善信托由专业机构进行投资管理，使公益资金增值保值更长久，让公益善款发挥的效用越来越大。

（五）慈善信托对共同富裕的促进作用

慈善信托的上述优势和特征，决定了它是我国开展慈善活动的法定形式，是推动共同富裕的新型慈善工具和重要抓手、重要途径。

第一，慈善信托的规范性要求，参与各方严格按照合同约定事项依法合规开展各项业务，将有助于推动依法兴善、以法治善的良好社会风尚的形成，增强慈善事业的社会公信力，吸引社会各界和广大群众更加关心、支持、参与慈善事业，开创慈善业务新局面。

第二，慈善信托的安全性要求为慈善信托提供了财产隔离功能，使推动共同富裕之慈善信托财产免受市场风险带来的大波动，可以保证信托财产及其收益来源处于稳定状况，有助于慈善信托项目的存续以及慈善目的的最终实现。

第三，慈善信托的专业性要求信托公司和慈善组织加强合作，通过双方的合作配合，优化合作架构、增加合作效益的路径和方案，促进双方专业优势可以得到最大体现，推动以共同富裕为目的的慈善信托项目更好地提升效率和效益。

第四，慈善信托的灵活性赋予了慈善信托模式多样、操作灵活的特点，这让信托公司可以更灵活地进行资产运用，充分发挥信托公司专业资产管理能力，助力以共同富裕为目的的慈善信托财产更好地实现保值增值。

第五，慈善信托的永续性使慈善信托的运行状态平稳、可持续，契合了推动共同富裕在时间上的持续性要求。在我国还处于并将长期处于社会主义的初级阶段、发展的任务与共同富裕的任务都较为艰巨的情况下，慈善信托的永续性可以使慈善信托能够常态化地有效缩小贫富差距、促进共同富裕。

三、我国慈善信托发展现状及相关建议

（一）发展现状

2016 年 9 月 1 日《中华人民共和国慈善法》实施至今，慈善信托已走过了整整六年。根据中国慈善联合会、中国信托业协会、慈善中国、中诚信托发布的相关信息，六年来，慈善信托保持了持续发展的良好态势，年度备案数量创新高，受托人队伍显著扩大，慈善信托创新能力进一步加强，在助力乡村振兴、推进共同富裕中发挥了更加积极的作用。可以归纳为以下几方面的特征：

1. 业务规模不断扩大

根据 2022 年 1 月中国慈善联合会首次与中国信托业协会联合发布的

《2021年中国慈善信托发展报告》，截至2021年12月31日，全国累计慈善信托备案达773单，财产规模39.35亿元，实际受益人员逾54万人次。其中2021年新设立慈善信托共计227单，财产规模达5.71亿元，较上年增加32.48%。根据中诚信托慈善信托工作室发布的《2022年度慈善信托研究报告》，截至2022年8月末，全国累计备案慈善信托934单，规模42.51亿元。2021年9月1日至2022年8月31日，全国备案慈善信托291单，为历年最高。根据慈善中国的数据，截至2022年10月26日，我国已登记备案的慈善信托为1000单，2022年已备案单数为227单；初始慈善信托财产总规模为44.28亿元人民币，2022年新增财产规模为4.93亿元。

2. 受托人队伍显著扩大

根据《2021年中国慈善信托发展报告》，自2016年至2021年，全国共有62家信托公司设立了慈善信托，占全国68家信托公司总数的91%；有66家基金会成为慈善信托的受托人或共同受托人，其中2021年有46家慈善组织第一次参与设立慈善信托。根据《2022年度慈善信托研究报告》，2021年9月1日至2022年8月31日，54家慈善组织在信托公司的带动下，首次作为受托人开展慈善信托。

3. 相关政策进一步完善

继《中华人民共和国慈善法》《慈善信托管理办法》后，近期监管部门下发《关于调整信托业务分类有关事项的通知》(以下简称《通知》)，将信托业务划分为资产管理信托、资产服务信托、公益/慈善信托三大类。《通知》设置五年过渡整改期，按照要求，各信托公司应对各项存续业务进行全面梳理，制定存量业务整改计划。鼓励信托公司规范发展资产管理信托业务，积极探索资产服务信托、公益/慈善信托业务。由此可见，在信托业务新分类中，慈善信托成为三大类业务之一，随着信托业务分类落地，慈善信托将迎来广阔的发展空间。

4. 慈善信托助力共同富裕优势进一步显现

《2021年中国慈善信托发展报告》认为，慈善信托在缩小财富鸿沟、发挥第三次分配作用、助力共同富裕方面具有多重独特优势：一是实现慈善财产风险隔离，确保慈善财产安全；二是创新慈善财产来源渠道，更好地撬动社会资本以资金、股权等多种形式参与慈善事业；三是能够提供慈善财产专业化管理与服务，实现保值增值与合规透明运作；四是赋予委托人更多参与权和决策权，更好地监督慈善财产的管理使用。《2022年度慈善信托研究报告》认为：企业在共同富裕目标的指引下，开展大额慈善、推进第三次分配的意愿不断增强，而慈善信托是企业开展大额慈善活动的理想方式。《2022年度慈善信托研究报告》从设立条件、财产管理、税收待遇等角度对企业设立慈善信托和成立基金会这两种慈善方式进行了全面比较，认为慈善信托是企业以更低成本、更灵活的方式开展慈善活动的理想选择。

（二）存在的不足

慈善信托所能彰显的社会价值已被社会所广泛关注，慈善信托迎来了快速发展的新阶段，已成为促进共同富裕、实现财富向善、推动慈善事业发展的重要途径之一。但与此同时，我国慈善信托规模还相对较小，根据中国信托业协会发布的《中国信托业社会责任报告（2021—2022）》，截至2021年末，信托业受托管理信托资产20.55万亿元，我国慈善信托财产规模为39.35亿元，慈善信托资产占全部信托资产规模的比重较低。截至2022年11月下旬，我国慈善信托总共备案900单，总金额约为42亿元，与最初慈善信托设计的5—6年破千亿的发展目标相比还有差距。分析我国慈善信托发展面临的障碍，主要是：

1. 对慈善信托的宣传普及还不够

近年来，由于其本身固有的优势，慈善信托逐渐为世人所接受并大量采用，越来越多的公益事业采取了慈善信托的方式。慈善信托作为一种新型公益途径和方式，应当与慈善捐赠一起，互为补充，相互促进。但是在具体实践中，由于对慈善信托的宣传普及不够，容易产生一些误解和偏见，如：混淆慈善信托与慈善捐赠，将两者等同起来，或者错误地认为有了慈善捐赠，就没必要通过慈善信托进行慈善活动，导致慈善信托发展未能达到预期，慈善组织对慈善信托的积极性未能得到有效激发。根据“慈善中国”数据，截至2022年5月8日，我国有慈善组织10422个。根据《2021年中国慈善信托发展报告》，我国共有信托公司68个，其中有62家信托公司设立了慈善信托。据统计，2016年

9月1日至2022年4月30日，全部854单慈善信托中，单一受托人为信托公司的有734单，单一受托人为慈善组织的仅18单。其主要原因：一是慈善信托作为一项新型的慈善产品，社会大众接触较少，甚至一些企业家对慈善信托的功能、功效了解也不足；二是慈善信托的专业性较强，相对于慈善捐赠而言，操作比较复杂，因而即使一些对慈善信托有所了解的人或者愿意开展公益慈善活动的人士也认为，慈善捐赠与慈善信托均能达到公益慈善的效果，何必选择繁琐的慈善信托，不如直接进行慈善捐赠，更加简便和直接。

2. 缺乏明确的慈善信托专门税收配套政策

《中华人民共和国慈善法》和《慈善信托管理办法》都提到了慈善信托税收优惠，但都是概括性的条款，并未对税收优惠的具体内容如慈善信托的当事人享有何种税收优惠、优惠程度、如何申请等进行阐述，例如，信托公司还不具备开具公益性捐赠票据的资格。《中华人民共和国慈善法》规定，慈善组织接受捐赠人的捐赠时，应当开具由财政部门统一印制的票据给捐赠人，虽然信托公司与慈善组织都是公益信托的法定受托人，但并没有法律规定该条款是否适用于信托公司，因此慈善信托的委托人无法享受税收优惠政策。同时，对于信托公司的税收优惠不明确。《中华人民共和国慈善法》第七十九条规定，“慈善组织及其取得的收入依法享受税收优惠”，但并未规定信托公司是否依法享有税收优惠，对激励慈善信托的发展功能发挥不足。《中华人民共和国慈善法》规定了“受托人应当在慈善信托文件签订之日起七日内，将相关文件向受托人所在地县级以上人民政府民政部门备案。未按照前款规定将相关文件报民政部门备案的，不享受税收优惠”。在《中华人民共和国慈善法》的“促进措施”中规定了“自然人、法人和其他组织捐赠财产用于慈善活动的，依法享受税收优惠”。但是，现阶段并没有明确的法律条文指出具体如何享受税收优惠政策。

3. 慈善信托“事多钱少”，专业性与效益性不匹配

随着近几年慈善需求的多样化，所涉及业务范围与社会问题愈加复杂，对慈善信托专业人士的财产投资能力、项目设计能力以及资源整合能力都提出了很高的要求。同时，从我国目前信托公司运行情况看，慈善信托项目较其他业务涉及的合作方更多，不仅有委托人、受益人、监察人，甚至还有专门的慈善组织；涉及的项目更多，不仅有投资项目，还有公益慈善项目，操作流程长、规

模小，收费低，带来的收益更多体现在声誉上，对其业绩考核激励不足，降低了信托公司的经办慈善信托的动力。据中国信托业协所调研的55家机构数据显示，其中33家机构的慈善信托不收费，10家费率不高于0.5%，3家费率在0.5%至1%之间，5家为2000元/单等定额式收费模式。“慈善信托业务不赚钱”已是行业的普遍现象，信托公司经营慈善信托的能力和积极性都有待进一步增强。

（三）相关建议

目前，我国慈善信托市场已初具形成，为满足企业、政府以及高净值人群对慈善信托的多元化需求，充分挖掘慈善信托价值，进一步发挥慈善信托在共同富裕以及三次分配中的影响力，建议相关部门加强对慈善信托的宣传、引导和培训，提高高净值人群、信托机构从事慈善信托的自觉性和积极性；进一步完善慈善信托资产税收减免等优惠政策；加快专业人才培养，打造“金融＋慈善”复合型人才队伍，协同建立完整的生态圈，促进慈善信托长期可持续发展。

1. 加大宣传力度

针对慈善信托安全性、灵活性强的特点，应加大对社会公众的宣传力度，一是加强对高净值人群的宣传力度，提升信托公司、慈善组织对高净值人群的服务能力，优化慈善信托、家族信托产品及服务方案，以较高品质服务高净值人群，增强对他们公益向善理念的引导，更多地将捐赠人的爱心和价值传承，树立“金融向善”“财富向善”的品牌；二是以“慈善＋”的方式倡导大众参与，向基层慈善机构积极宣传推广，大力推进慈善信托知识的普及，以提升社会认知程度，让慈善信托人人皆可参与的理念和认知根植于社会公众，鼓励更多的社会人士参与慈善信托；三是推动信托机构和慈善组织进一步完善技术手段，提升科技服务能力和水平，使社会公众参与、普及慈善信托业务更为便捷；四是鼓励银行等金融机构积极参与，银行等金融机构的高端客户较多，具有天然的慈善受众群体（作为委托人参与），因此，应发挥其连接作用，构建慈善平台，助力共同富裕的推进；五是打造信托机构慈善信托品牌，形成影响力，起到示范作用，吸引更多的机构和社会公众参与慈善信托业务。

2. 完善税收优惠制度

税收优惠的落实是当前制约慈善信托发展的主要因素之一。建议相关主管部门会同财政、税务等部门积极借鉴有关公益性捐赠税收优惠的管理经验，尽快制定慈善信托税收优惠的可操作性政策。修改《慈善信托管理办法》，扩大慈善受托人范围，改变慈善信托产品单一的局面，以调动更多社会力量和资源参与慈善信托；出台并完善相关制度安排，建立并完善慈善信托双受托机制，进一步健全慈善信托的相关运作机制，使慈善信托成为促进第三次分配、实现共同富裕的重要窗口。

3. 加快专业人才培养

设立慈善信托有利于满足委托人多样化的需求，有助于推动公益事业发展，也能更好地赋予企业社会责任感。但由于慈善信托涉及金融、法律、慈善等多个领域的专业知识，目前存在专业人才缺失的问题。建议各地整合财税、法律、慈善公益等领域人才资源，加强对金融慈善服务专业人才的统筹及激励措施，利用税收优惠、人员补贴、评奖评优等制度提高专业人员慈善参与的积极性，激发跨界复合型人才活力，加强赋能和孵化专业的金融＋慈善人才，打造一批“金融＋慈善”专业队伍。

4. 加大监管监督力度

《中华人民共和国慈善法》和《慈善信托管理办法》都对信托行业自律提出了具体的管理要求，但随着慈善信托业务的不断发展，慈善信托产品及服务创新正加快推进，为保障慈善信托业务持续健康发展，建议民政部门以及银保监会等主管部门强化慈善信托信息公开，鼓励公众、媒体对慈善信托活动进行监督，对慈善信托违法违规行为予以曝光；加强监督监管，严禁借慈善信托名义从事非法活动。

参考文献

[1] 蔡概还. 有了慈善捐赠，还需要慈善信托吗？[J]. 中国慈善家，2022.

[2] 李双维. 我国慈善信托的模式、发展难点及策略[J]. 投资与合作，2022(08)：148－150.

[3] 南京惠济慈善基金会. 一文读懂：什么是慈善信托.2022－11－04.

共同富裕背景下苏州慈善事业高质量发展的实践研究

马德峰[①]　伍　韩[②]

（苏州大学社会学院）

党的二十大报告明确提出“中国式现代化是全体人民共同富裕的现代化”，把共同富裕列为中国式现代化的本质要求和重要特征之一，提出“扎实推进共同富裕”。要“坚持按劳分配为主体、多种分配方式并存，构建初次分配、再分配、第三次分配协调配套的制度体系”，要求“引导、支持有意愿有能力的企业、社会组织和个人积极参与公益慈善事业”，将发展慈善事业作为我国完善分配制度的重要举措并做出明确安排。“第三次分配”作为调节收入分配、实现共同富裕的有效路径，已引起广泛关注。未来，初次分配、再分配以及“第三次分配”协调配套将成为我国新的分配基础性制度。慈善事业作为第三次分配的主要方式，是对初次分配和再分配的重要补充，对促进共同富裕具有十分重要的作用。

苏州作为长三角地区一座极具爱心的城市，素有乐善好施、扶危济困的传统。近些年来，苏州慈善事业处于发展的“快车道”，慈善工作覆盖面与社会影响力不断扩大，公众满意度持续攀升，公益慈善整体水平走在全国前列，多次获评“全国七星级慈善城市”，“江苏慈善奖”奖项数量位列全省榜首。党的二十大以来，市委、市政府多次强调要进一步推动党的二十大精神在苏州落地生根；要扎实推进共同富裕，让现代化成果更多更公平地惠及人民群众。随着慈善事业在第三次分配中的地位和角色越发重要，苏州慈善事业发展必将迎来

---

① 马德峰，苏州大学社会学院教授，苏州大学慈善研究所研究员。

② 伍韩，苏州大学社会学系硕士研究生。

新的契机，为社会保障体系的不断完善、社会财富分配更加合理以及社会治理现代化作出独特的贡献。当前，实现苏州慈善事业高质量发展成为重要议题，我们研究总结了“文明苏州 德善之城”多策并举探索现代慈善发展之路的一些做法与经验，以期为推动全省慈善事业高质量发展、促进共同富裕提供参考。

一、苏州慈善事业高质量发展的基础

当慈善事业建设进入一定阶段，高质量发展会成为时代进步和服务对象的必然要求。近年来，苏州积极培植慈善文化，让“人人慈善、全民公益”理念深入人心；探索运用“慈善＋”，创新载体形式，构建现代慈善发展新业态；推动慈善事业与社会救助有效衔接，关心关爱弱势群体，让困难群众体验实实在在的获得感、安安稳稳的幸福感。苏州慈善事业高质量发展已具有一定的基础性，形成了自身的发展特色，具体来讲，有以下几点：

一是民生慈善。民生慈善指出慈善事业高质量发展阶段的基础业务领域和为民发展方向，它聚焦民生改善的诸多痛点和难点问题。在苏州建设“强富美高”的社会主义现代化强市过程中，努力发挥慈善作为第三次分配在推进共同富裕过程中的价值与作用，以实现广大民众对美好生活的向往为目标，围绕城乡一体化、关注边缘弱势群体、回应社会关切，广泛动员社会组织、企业、个人积极参与，汇聚社会资源，努力解决民众在民生保障、社会治理、公共服务等方面的强烈需求。苏州已将慈善事业作为调动社会资源解决困难群众生产生活问题的一条重要途径。资料表明，2022 年苏州市县两级慈善总会共计募集捐赠款物 8.77 亿元(其中物资折价 2.22 亿元)，救助支出 7.4 亿元(其中物资折价 2.19 亿元)。围绕需求、资源和项目“三张清单”，苏州精准实施助力抗疫、药品援助、助学圆梦、困境儿童医疗保障、关爱困难退役军人、幸福亮居工程、就业帮扶等 86 个慈善项目，将温暖爱意传递到城乡民众手中。

二是专业慈善。专业慈善是苏州慈善事业高质量发展的关键，决定着慈善事业发展的标准档次。现行简单、低层次的发放式救助，以及凭借口头说教为主的走访式慰问，已经无法适应新时代服务对象的诉求，需要以科学系统的专业慈善来加以满足。专业慈善要求进行慈善组织治理机构改革，健全规章管理制度；需要设立募捐（物资接收）、价格评估、（救助）项目设计、财务管理等业务流程，重视物品变现处理和财务信息披露；需要建立慈善专业人员的配置与培训制度，提高从业人员的业务与道德水准。通过打造专业的团队、流程化的管控举措和治理手段，重视慈善组织运作绩效，来打破制约慈善事业发展的瓶颈，推动慈善组织量质齐升、资源募捐稳步增长、救助帮扶水平提升、社会形象持续向好。苏州目前正在进行慈善实体的认定，提出建立以“慈善实体为载体、特殊群体需求为导向、专业慈善服务为支撑、志愿社工力量参与为补充”的现代慈善服务体系。大力推动慈善实体建设，每个县（市、区）建有1个慈善展示馆，培育1—2个优质实体项目。召开全市基层组织建设会议，推广品牌组织经验，培育更多枢纽型组织，规范镇（街）慈善组织建设，提高村（社区）慈善工作站覆盖率，助力基层社会治理，充分发挥高校、医院系统慈善工作组作用，推动慈善志愿服务深入开展。截至2022年11月，苏州已首批认定22家“慈善实体”、授牌45家“慈善空间”。

三是文化慈善。文化慈善是苏州慈善事业高质量发展的灵魂，它能够厚植慈善事业发展的心理基础。文化慈善要求深入挖掘苏州慈善历史文化，继承发扬慈善理念，打造一批具有地方特色、惠及大众的慈善文化品牌，营造互助友爱、崇德向善的社会风尚。回溯文化传统，苏州慈善事业的发展有其根基。在传统苏南地区，慈善事业是地方公共事务不可缺少的组成部分。它以积德行善为宗旨，将财富用于赈灾扶贫、救助孤寡残疾、修路造桥、兴学助学等公益事业之上。中华人民共和国成立之后，以计划经济为核心的福利国家主义压缩了慈善事业发展空间，直到2005年慈善事业被定位为社会主义精神文明建设的组成部分、社会救助体系的有益补充，慈善也重获发展空间。激活地方社群慈善传统，促使传统慈善文化因子融入市场经济，形成社会力量对公益事业的共同投入成为苏州城乡治理的自然选择。近些年，苏州不断深耕文化、弘扬慈善精神，如持续推动校园慈善文化建设，在示范基地实施布置慈善文化画廊，推动学好慈善读本、举办慈善文化讲堂、开展慈善实践、组织慈善征文竞赛等活动。2022年苏州发布“乐善苏州”慈善品牌，该品牌作为一项系列工程，包括“人本慈善”“质量慈善”“绿色慈善”“文化慈善”“智慧慈善”“协同慈善”等六大内涵，实施“乐善苏州”品牌战略，解决人民群众急难愁盼问题，有效畅通慈善供需对接渠道，创新慈善事业发展方式，营造全社会支持慈善事业良好氛围，不断推动慈善事业实现高质量发展。

四是智慧慈善。智慧慈善是苏州慈善事业高质量发展的支撑，它能够确保慈善业务开展的精准高效。智慧慈善的提出，能够改变旧有慈善刻板的宣讲模式、保守的资源聚合束缚以及小众化的参与壁垒等局限。智慧慈善将慈善与互联网络、大数据计算等深度融合起来，发挥互联网在行业生态圈功能配置中的作用，它能有效整合慈善组织、爱心企业、公益人士等拥有的资源，使慈善公益生态圈形成良性、合理、满足多方需求的利益链，便于各项工作的运作推进；能在捐赠者、受助对象、政府部门之间搭建起信息化桥梁，降低慈善活动的门槛，打造触手可及的人人公益平台。苏州目前正在尝试借助互联网络推进慈善智慧转型，应用区块链技术，建立慈善数据统计、捐赠救助行为记录、社会信用披露、信息共享机制。通过推进慈善领域技术革新，加强大数据应用，提升分析研判和智能响应速度，提高慈善资源合理配置、高效服务。目前，苏州正根据形势变化，锚定新目标，积极探索“慈善＋”，呈现出了慈善事业新景象。

二、苏州慈善事业高质量发展的机制

完善的机制是促进慈善事业高质量发展的关键，如前所述，民生慈善、专业慈善、文化慈善和智慧慈善构成苏州慈善事业高质量发展的基础，促进苏州慈善事业高质量发展，使之真正成为地方社会保障制度、基层治理实践的重要组成部分，苏州市在培育慈善主体、创新融合机制、健全对接机制和宣传机制等保障落实方面取得了经验。

一是培育发展主体机制。慈善组织是慈善事业发展的主体，培育发展主体机制就是通过培育慈善组织、发展各类慈善组织、推动社区慈善发展来提升慈善组织主体能动性。(1) 继续鼓励民间力量兴办慈善实体。培育慈善组织开办公益性的养老、医疗、教育、助残、应急救助等方面的服务机构，为身边有需要的边缘弱势群体提供服务。民间力量可以依托社区、企业、学校、商业综合体、福彩(体彩)销售点、社区工作站等设置慈善宣传与社会参与型慈善载体。目前苏州从市、区(县)到乡镇(街道)、村(社区),每一个层级都建有相应的慈善组织。其中,区(县)慈善总会 10 个、乡镇(街道)慈善组织 105 个、村(社区)慈善工作站 1356 个。(2) 发展壮大不同类型、不同领域的慈善组织,特别是大力发展助学助医、扶弱济困、应急救援、社区治理类慈善组织。完善慈善组织初始登记和认定制度,促进慈善组织数量有序增长、结构逐步优化、质量稳步提升。到 2025 年,苏州通过登记认定的慈善组织将突破 300 家,标识的志愿服务组织 400 家,慈善实体 100 个,慈善空间 1000 个。在发展壮大慈善组织过程中,苏州正在重点培育"枢纽型慈善组织",发挥桥梁纽带、统筹协调、整合资源、示范引领作用;推动建立慈善行业组织,发展区域性的服务类、评估类慈善行业组织,发挥行业协同、联动与自律功能。(3) 推动慈善组织与基层社区融合。慈善组织的根基在于基层社区,身处"一线"的慈善组织可以综合募集慈善物资、收集求助信息、实施帮扶救助、宣传慈善理念、开展经常性慈善活动等于一体,便于取得救助实效。苏州鼓励基层社区设立社区慈善基金会、慈善超市等实体,发挥慈善组织在基层治理中的作用;做好慈善资源下沉基层之后的承接工作,鼓励慈善组织联动社会工作者、社区社会组织、志愿者在城乡社区开展慈善项目,探索慈善组织参与基层治理的路径方式,提升基层共建共治共享水平。截至 2022 年 7 月,苏州 97 个乡镇(街道)建立"社区慈善基金",成功实施 118 个慈善项目;565 个村(社区)建立"社区慈善基金",引导 5200 万元慈善资金下沉基层一线。

二是创新融合发展机制。慈善事业高质量发展要求慈善组织创新发展机制,主要体现在大力发展"慈善+",以及丰富社会募捐形式。"慈善+"拓展出慈善事业跨界融合的新景象:(1) "慈善+互联网"。苏州扩大"慈善+互联网"的辐射力度,联合腾讯公益、公益宝等平台开发网络慈善救助项目与慈善产品,不断增强网络募捐能力。2022 年苏州互联网络线上筹款总额超 8300 余万元,上线项目 46 个,参与人次 159.8 万。(2) "慈善+(银行)金融机构"。苏州加强慈善组织与(银行)金融机构合作,创新慈善金融产品与服务方式,如苏州市慈善总会 2021 年联合建设银行推出"至善行"慈善理财产品,吸引 4000 余人次参与,募集善款 130 万元;2022 年苏州市慈善总会与建设银行、交通银行等金融机构合作，推动数字人民币在慈善场景中的应用，全年累计接收数字人民币慈善捐款 444.4 万元。(3)“慈善＋信托”。苏州加强慈善与地方信托公司合作，在大力发展以扶弱济困为目的的慈善信托的同时，推动设立以促进教科文卫体、环境保护、灾害救助和卫生健康等为主题的慈善信托。截至 2022 年，苏州“慈善＋信托”累计备案 18 单，总规模超 3.2 亿元，撬动起更多社会资源参与慈善事业，使慈善资产实现“自我造血”。(4)“慈善＋社会工作”。苏州正在加强慈善与社会工作两者之间的融合，发挥社会工作为慈善事业提供人才与实务支持，而慈善事业为社会工作提供资源，目前苏州基层社区正在推进“五社联动”(社区、社会组织、社会工作者、社区志愿者、社会慈善资源)，以期形成基层治理强大合力。

慈善事业的创新发展还体现在社会募捐上。社会募捐堪称慈善事业发展的源头活水，推动慈善事业高质量发展需要丰富社会捐赠形式，吸引更多企业、组织和个人加入募捐队伍。基于苏州企业数目庞大、实体经济发达的特点，苏州市慈善总会引导企业与个人通过设立冠名基金、冠名项目等方式参与慈善；探索捐赠知识产权、股权、有价证券、不动产等新型捐赠方式，完善慈善捐赠的价值评估与配套机制；落实慈善捐赠税收优惠政策，强化信息公开，提升慈善组织公信力，推动慈善从单一的物质救助向物质救助与精神支持、能力提升并重转变。

三是健全精准对接机制。精准对接机制主要是适应新形势的要求，通过推行慈善信息共享、增强慈善应急能力、做好品牌慈善活动来落实。苏州慈善事业高质量发展需要借助信息化手段，创新慈善供需精准对接机制，为社会公众参与慈善事业、慈善组织募集资源、困难民众开展求助搭建更加便捷的平台，提高慈善项目与服务对象需求之间的衔接。目前，苏州利用全国慈善信息统一管理平台，探索建立慈善信息统计发布制度，健全民政部门和其他部门机构之间的慈善信息披露与共享机制；利用互联网和数字信息技术，探索建立慈善行为记录与激励机制，优化慈善组织活动管理和服务效能，开展常态化、精准化帮扶。

城市应急能力建设事关广大民众的生命财产安全，关系到社会的发展和稳定。应急能力建设的关键在于各级慈善会、红十字会及慈善组织的应急能力培育，要引导其成为慈善力量参与重大突发事件应对的枢纽型组织，带动社会力量有序参与突发事件应对。目前，苏州正认真总结慈善力量参与新冠疫情防控、重大自然灾害救灾等工作的经验，完善慈善力量参与重大突发事件的应急协调机制。2022 年，面对疫情多点频发的态势，苏州各级慈善总会发挥枢纽型慈善组织的作用，广泛发动社会各界捐赠款物，市县两级慈善总会支援地方疫情防控共募集款物 1.38 亿元，支出款物 1.42 亿元。市慈善总会线上线下共接收款物 2559.07 万元，向六个城区捐赠 600 万元和 12 个核酸采样屋，向部分辖区街道、41 所外来务工子弟学校、7 家医院等捐赠防护用品，第一时间把筹集的物资送到医院、社区等抗疫一线。

从慈善现有实践来看，“同在蓝天下——慈善一日捐”“新年慈善晚会”等已经成为苏州具有影响力的慈善活动品牌。2022 年苏州慈善一日捐活动共计接收捐赠款物 2715.75 万元；同年的苏州市新年慈善晚会在新华网、光明网、看苏州等 6 个平台直播，全市 17 家爱心企业共举牌捐赠款物 5475 万元，当天在线观看人数达 340 万人次，远远超出预期效果。此外，苏州还在深化“慈善同心·志愿同行”活动品牌建设，建立老人、儿童、残障人士项目库，整合志愿服务力量，加强社会宣传推广，推动慈善项目精准发力，满足公众多元化、个性化的服务需求。

四是健全宣传激励机制。健全宣传激励机制主要是通过大力弘扬慈善文化、优化慈善褒奖机制、广泛动员社会力量来实现。苏州慈善事业高质量发展需要挖掘传承苏州吴文化优良慈善传统，丰富新时代苏州慈善文化内涵，打造一批具有地方特色和知名度的慈善文化品牌。苏州尝试在“中华慈善日”前后，打造包含慈善研讨论坛、慈善项目成果展、城市慈善指数分布等板块的主题活动，促进慈善文化传播交流，提升城市形象。

苏州慈善事业高质量发展需要充分发挥融媒体作用，如利用各类媒体、城市地标、公共交通（公交、地铁）等载体以及户外显示大屏、社区宣传栏，讲好地方慈善故事，开展城市“慈善街区”“慈善空间”认定命名活动，弘扬人人向善的社会风尚。苏州积极推动慈善文化进校园活动，对中小学生推广慈善通识教育，培育慈善意识、营造氛围。苏州慈善事业高质量发展需树立慈善先进典型，完善苏州慈善奖评选表彰制度，如以政府名义召开全市慈善大会，对爱心企业、个人、慈善组织及慈善工作者进行表彰，对于为慈善事业做出突出贡献的个人，将之作为苏州好人、道德模范等表彰评比的重要依据，优先享受政府政策、资金支持或服务。苏州慈善事业高质量发展还需要加快完善志愿服务体系，广泛设立志愿服务站点，大力发展社区志愿服务队伍，在乡村振兴、社区治理、应急救援等重点领域开展志愿服务。鼓励教育、科技、文化、卫生、体育、法律、金融等方面的专业人士积极参与志愿服务，鼓励高收入群体和企业家参与兴办慈善事业、回报社会，形成对苏州慈善事业发展的助推。

三、结语

慈善事业的起步对应的是要素驱动，是基于城乡困难群众按需捐助、政府民生工程经常性救助或是文明城市考评指标等要素驱使。而慈善事业高质量发展要求的是效率驱动，是伴随慈善事业的持续推进，讲求慈善内涵建设，如组织治理结构清晰、项目运作规范有效、社会公信力强……围绕慈善事业高质量发展，苏州力图打造“乐善苏城”品牌，塑造“向上向善”慈善城市形象，形成便捷高效、治理规范、共建共享的慈善生态，推动慈善事业制度体系更趋成熟完善、第三次分配作用更加明显的慈善事业发展新格局。正如苏州市慈善总会会长徐国强所说，“苏州慈善将以习近平新时代中国特色社会主义思想为指导，全面贯彻落实党的二十大精神，肩负起新时代慈善事业的责任和使命。坚持依法行善，创新品牌项目，加强慈善宣传，完善运行机制，着力解决好群众急难愁盼问题，用心用情书写新时代苏州慈善的答卷，推动苏州慈善高质量发展，为助力共同富裕作出慈善应有的贡献”。

第三部分

人物篇

张謇慈善思想与实践在促进共同富裕中的意义与局限

孙永健①

（南京大学社会学院）

摘　要：在中国推进共同富裕的时代背景下，清代民营企业家和慈善家张謇的功德事迹被党和政府多次提及和宣扬。基于此，本文从张謇其人其事入手，探讨了张謇慈善思想与实践存在的意义与局限，进而从中反思现代民营企业的责任与定位，并进一步对企业社会责任与公益慈善的关系展开讨论，由此得出结论：企业社会责任的践行应当遵循权责对等的原则，呈现"差序格局"的模式。最后，结合张謇实业与慈善事业的经验与教训，本文提出民营企业助力共同富裕的可为路径：首先，在财富创造中，企业有赖于政府对产权的保护，进而提供尽可能多的高质量就业岗位，创造更多的财富；其次，在财富初次分配中，企业和国家都应该尽可能地"让利于民"，提升劳动者报酬在初次分配中的比重；再次，在财富再分配过程中，企业通过合法经营与按章纳税，尽可能地增加政府的财政收入，为完善社会保障和增加公共产品夯实经济基础；最后，在财富又分配中，企业在力所能及的范围内，通过慈善捐赠等第三次分配的方式助力共同富裕。政府、市场和社会多方主体都应该认识到民营企业促进共同富裕不同途径之间的主次轻重。

关键词：共同富裕；公益慈善；张謇；企业社会责任

① 作者简介：孙永健（1995—　），男，南京大学社会学院博士研究生，主要研究方向是经济社会学。

一、引言

脱贫攻坚与全面小康社会建设在中国已经取得决定性胜利，中国的社会经济发展由此也迈进一个新时代和新征程。党和国家把在高质量发展中促进全体人民共同富裕作为社会主义的本质要求、中国式现代化的重要特征，“共同富裕”作为新一轮党和政府的工作重心与战略方针再一次被提上重要议事日程，成为实现第二个百年奋斗目标、全面建设社会主义现代化国家的重要组成部分。张謇作为近代中国慈善公益的先行者和探索者，在他主导下的一系列慈善公益活动取得了巨大的成就，铸就了中国慈善史上的一座丰碑。张謇在100多年前为国为民、兼济天下的思想与实践，与新时代背景下党和国家所强调的促进共同富裕、调节第三次分配的要求高度契合，并曾屡次获得习近平总书记的高度评价。2020年7月，在企业家座谈会上，习近平总书记将张謇、卢作孚等一批近代以来的企业家定义为“爱国企业家的典范”，强调要弘扬企业家精神，希望当代企业家包括民营企业家主动为国担当、为国分忧。同年11月，习近平总书记在江苏考察时，专程前往南通博物苑，进一步明确指出，张謇不仅兴办实业，而且还积极兴办教育和社会公益事业，造福乡梓，帮助群众，影响深远，称赞张謇是“中国民营企业家的先贤和楷模”。至此，企业界和学界掀起了关于“民营企业如何弘扬张謇精神并助力共同富裕”的讨论与研究。

长期以来，有关张謇的学术研究历史悠久，迄今已有百年，涉及历史学、经济学、社会学、政治学等诸多学科领域，研究内容也涵盖张謇的人物生平、事业兴废、历史评价、遗留文献等方方面面。张謇最为人所熟知的是其状元郎和大企业家的身份，但人们对于其公益慈善家的功绩讨论得则较少。本文希望通过历史来启迪当下与未来，主要以张謇的公益慈善思想实践史为研究的切入点，结合我国目前推动共同富裕的时代背景，尝试剖析张謇慈善思想在当代社会中的意义与局限，从而为当下与未来中国民营企业及企业家们开展公益慈善、履行社会责任和助力共同富裕提供某种裨益与警示。

二、张謇慈善思想与实践的意义与局限

（一）张謇其人其事

张謇(1853—1926)，号啬翁，江苏南通人，是中国近代史上的一位传奇人物，被史学家誉为“中国近代化的开拓者之一”。[①] 早年张謇为一介儒生，以读书为业，于1894年得中恩科状元，但不久即弃官从商，创立大生纱厂，经营实业、教育、慈善事业。自谓“謇自乙未以后，经始实业，辛丑以后，经始教育，丁未以后，乃措意于慈善”。[②] 除了读书科举和经营实业尤为人称赞之外，张謇的公益慈善思想与实践也取得了不容小觑的成就。

民国元年(1912)是张謇慈善事业进入鼎盛阶段之开端，之后直至1920年，其慈善事业得到了规模空前的发展。[③] 张謇的慈善活动及实体大致可以分为两类：一是改良了旧有的传统公益慈善组织。张謇在继承前制的基础上，借助加强管理、更换选址、增设场地等手段，对育婴堂、义园、栖流所等家乡南通固有的慈善机构加以改造，造福了地方百姓。二是创办了从无到有的近代公益慈善组织。在当时西方慈善机构的刺激和鼓舞下，张謇怀抱着借鉴国际经验、弥补国内不足的抱负，在南通先后设立了养老院、贫民工场、济良所、残废院、盲哑学校等国内前所未有的慈善机构，为我国慈善事业的近现代转型做出了不可磨灭的贡献。然而，到了1920年代中后期，受到国内外战乱与经济危机的影响，张謇一手筹备的企业、教育和慈善事业日薄西山，但晚年的张謇仍不遗余力地建设家乡南通的慈善事业。就地方慈善公益而言，张謇早已超出一位实业家应该为国家社会所尽的责任，他对南通一域之事几近全盘包揽，甚至代行部分政府职权，成为实际意义上的地方领袖。[④] 1926年，73岁的张謇在

---

① 章开沅：《开拓者的足迹——张謇传稿》，北京：中华书局，1986年，第1页。

② 曹从坡，杨桐：《张謇全集》(第4卷)，南京：江苏古籍出版社，1994年，第406页。

③ 刘泓泉：《张謇南通慈善事业的鼎盛期及其对南通的影响》，《兰台世界》2015年第7期，第72—73页。

④ 周秋光，李华文：《达则兼济天下：试论张謇慈善公益事业》，《史学月刊》2016年第11期，第79—88页。

故乡南通病故，与他一同轰然倒下的还有他一手打造的商业帝国与慈善工程。张謇所追求的美好理想与残酷现实之间始终差距过大，一腔热情给了他砥砺前行的勇气，却也埋下了悲剧收场的伏笔。故而，胡适评价张謇为“近代中国史上一个很伟大的失败的英雄”。[①] 不过，不以一时论英雄，张謇留给世人的精神价值与社会效应却是宝贵而成功的，时至今日仍为来者所称颂与学习。

（二）张謇慈善思想实践的意义与价值

张謇筹备的公益慈善活动规模巨大、项目繁多、盛极一时，其中贯彻着张謇本人对于公益慈善的理解与认识，也由此构成了张謇慈善思想与实践的重要内容。张謇的慈善思想深刻且新颖，不仅在当时很好地帮助其发展与壮大南通慈善事业，时过境迁，其中很多思想精华现如今在中国推动共同富裕进程中依然具有重要的意义与价值。

第一，张謇十分重视积极的慈善救助方式，重视慈善教育，主张以工代赈。在张謇之先，虽说中国已有慈善事业兴起之势，但总体而言，公益慈善活动多局限在救济鳏寡、拯救婴儿、施粥布粮等“养”的范畴之内，属于消极的慈善救助方式。这类传统慈善机构的救济模式既不能为受助者谋生计，又不能减轻国家和社会之负累，自然就遭到时人指责：“养而不教而无异制造莠民”“惟多失慈善本意”。[②] 张謇的贡献与创新之处便在于，在继续践行传统救济善举的同时，在“教”的范畴内更加重视，倡导“标本兼顾”、教养兼施、以工代赈，所谓“授人以鱼不如授人以渔”。首先，张謇将国民教育作为立国自强的根本大计，曾认为：“世变亟矣，不民胡国？不智胡民？不学胡智？不师胡学？”因此，张謇将发展教育视为慈善事业中的重中之重。关于慈善与教育的关系，张謇曾有一番经典论述，“属于积极之充实者，最要为教育；属于消极之救济者，最要为慈善。教育发展，则能率于以增进；慈善周遍，则缺憾于以弥补”，[③]“自治之本，在实业教育，而弥缝其不及者，惟赖慈善”。[④] 换言之，张謇认为想要弥补慈善的缺陷与不足，必须重视教育的功效。故而，1895 年，张謇在为张之洞起草《代

① 张孝若：《南通张季直先生传记》，上海：中华书局，1930 年，第 3 页。

② 高劳：《慈善事业》，《东方杂志》1915 年第 10 期，第 12 页。

③ 曹从坡，杨桐：《张謇全集》（第 4 卷），南京：江苏古籍出版社，1994 年，第 355 页。

④ 曹从坡，杨桐：《张謇全集》（第 4 卷），南京：江苏古籍出版社，1994 年，第 406 页。

鄂督条陈立国自强疏》时就提倡“广开学堂”，戊戌维新期间又主张废除科举、兴办学校，并为之付出了艰辛的努力，南通慈善教育事业因而渐次得到发展。张謇在南通创办的学校及文化事业主要有通州师范（1902年）、翰墨林印书局（1902年）、通州博物院（1905年）、通州女师（1906年）、通州师范附小（1906年）、通州女师附小（1907年）、通州农校（1911年）、南通图书馆、南通纺织专科学校、南通医学专门学校（1912年）等等。[①] 除了常规教育和文化机构外，张謇还致力于对残疾人等弱势群体的教育和培训。例如，张謇于民国初年慨然创办南通狼山盲哑学校、盲哑师范传习所等，“期以心思手足之有用，弥补目与口之无用，其始待人而教，其归能不待人而自养，故斯校始在教育之效，而终在收慈善之效”。[②] 张謇筹设的慈善教育组织不仅让社会中的弱势群体有了栖身之所，还能使其学习到基本的文化知识，最为重要的是训练他们获取一技之长，至少日后不会沦为社会之负担。张謇对南通国民素质的提升和社会文明的进步，乃至中国教育模式的现代化转变，均起到了巨大的促进功用。其次，张謇看重以工代赈来促使人们自力更生的改造效应。他曾言，“为工程增一役夫，即为草野去一盗贼，是一切救急之谋”。[③] 在灾害频发的社会，急散赈只是消极的救济之举，并不能根治灾患，而注重以工代赈，对灾民贫民进行教养兼施，才是积极的、彻底的慈善救济之法。无论是面对淮北大灾（1912年），还是南通洪涝之灾（1915年），抑或是北方五省干旱之灾（1920年），张謇均积极筹措借款，选灾民中吃苦耐劳之辈施行以工代赈、自产自救，并且极力规避灾害所次生的人心涣散和好吃懒做之风。非灾害期间，张謇也建造各种贫民工场和组织多项基础建设工程，为社会中下层的百姓提供一份谋生的场所与工作。

第二，张謇充分意识到物质经济基础对于开展公益慈善的重要性，因而倡导实业救国，以实业盈余为主、个人捐资为辅渐次开展公益慈善事业。一切危机的来源都是经济危机，张謇始终坚持认为，强国首先必须振兴国家经济，真金白银是开展任何事业的前提，光有善心没有善力也是无法做好公益慈善的。然而，软弱无能又自私自利的晚清政府根本没有实力建立社会保障体系和公

① 刘光永：《大清的挽歌：清末改革管窥》，西安：三秦出版社，1999年，第198—199页。

② 曹从坡，杨桐：《张謇全集》（第4卷），南京：江苏古籍出版社，1994年，第108页。

③ 曹从坡，杨桐：《张謇全集》（第4卷），南京：江苏古籍出版社，1994年，第9页。

益慈善制度，因此，张謇的慈善事业必须依靠其作为企业家的个人力量。“在前清固未尝得政府分文之助，在今日仍不敢望政府格外之施”“其经费亦出自张謇关系之各公司，及张公个人之担负，故与政府无直接之关系”。[①] 换言之，张謇兴办慈善事业的经费，既不来源于政府拨款，也不源自他人捐赠，最主要依靠的是张謇及其所经营企业的经济支持，而这其中张謇的大生集团为南通慈善事业的创办及维系无疑提供了殷实的物质基础。在“棉铁主义”的指导下，张謇优先发展家乡的棉业，于1895年开始筹办近代机器纱厂，1899年纱厂经营获得巨大成功，其产品供不应求，大受欢迎。此后，大生纱厂一跃成为中国规模最大的纱厂之一，与纱厂相关之各项实业也逐次拓展开来，张謇的企业帝国不断扩张。然而，张謇掌握雄厚的经济实力并不是用以个人享乐，而是将企业盈余大量用于支持地方的福利救济事业，甚至要求将企业资产用作慈善机构的基本产业，一度还招致了时人褒贬不一的评价。例如，在张謇1899年开办大生纱厂之初，即在《厂约》中规定：“每年余利，除提保险公积外，分十三股，以十股归股东，三股作在事人花红。三股中两股归绅董，一股归各执事。绅董之两股，作十成分派，绅得一成半，杂务帮董得一成半，行厂银钱董各得二成，余一成提充善举（若杂务帮董中省去一人，则杂务得一成，其半并充善举）。”[②]又例如，《大生系统企业史》所列数据显示，1910—1922年，大生一厂对育婴堂部分资助累计达规银元13901.53元。[③] 再如，《大生纱厂股东会建议书》载：“今（1925年）结至本月计二十余年，除謇自用于地方，及他处教育慈善公益可记者，一百五十余万外，合叔兄所用已二百余万；謇单独负债，又八九十余万元，另有表可按。”[④]由此可见，实业经营及其盈余构成了张謇公益慈善事业所筹经费的重中之重。另外，张謇本人也通过义卖字画、节省生活开销的方式，以纯粹个人的名义来支持公益慈善发展。从1906年起，张謇开始“乞灵缣素”，鬻字补助经费。1922年，张謇的《为慈善公益鬻字启》刊于《申报》并表明：“自登报日起，鬻字一月。任何人能助吾慈善公益事者，皆可以金钱使用吾之

---

① （日）驹井德三：《张謇关系事业调查报告书》，南京：江苏人民出版社，1982年，第160页。

② 曹从坡，杨桐：《张謇全集》（第3卷），南京：江苏古籍出版社，1994年，第19页。

③ 《大生系统企业史》，南京：江苏古籍出版社，1990年，第155—158页。

④ 曹从坡，杨桐：《张謇全集》（第3卷），南京：江苏古籍出版社，1994年，第112页。

精力。”[①]而1912年，正值张謇六十寿辰，他把生日宴费及亲友馈金一并移作建成南通第一养老院的经费来源，节靡费以救灾黎。“念乡里老人固有失所而无告者，愿以觞客之钱，建养老院。”[②]

第三，张謇以无私奉献和不计得失的精神开展慈善等事业，践行着儒家的仁爱理念，彰显着作为士大夫的社会责任感，弘扬慈善精神的同时改良了社会风气。近代慈善家的慈善理念与行为的多样化折射出其背后行善动机的差异性，而张謇所兴办的公益慈善等各项事业“全凭自己良心做去”，[③]是纯粹的而非功利的。并且，他以孜孜不倦的意志，倾尽毕生财富与精力，全部投于其中，令世人敬仰。这根本上与张謇饱读儒家诗书、服膺儒学经典有关。《大学》有言：“仁者以财发身，不仁者以身发财。”《大学纂疏》进一步对“仁者以财发身”作出解释：“仁者不私其有，故财散民聚而身尊……仁人财与民共，所以得民而身自尊矣。”这些经典学说体现着儒家重要的义利观，也成为张謇创业与行善的指导原则。他早年说过：“士大夫有口当述苦人之苦，有手当救穷人之穷。”[④]此后又说：“人单单寻钱聚财不算本事，要会用钱散财。”[⑤]传统儒家的民本思想和仁爱精神在张謇慈善思想实践中得到充分体现与弘扬。正因如此，张謇的南通慈善事业取得了祛除不良风气、提升文明程度的社会效应，在晚清乱世中开辟出一方净土。时人称赞：“近来工业发达，佣于工厂者亦有数万之众。又因有养老院、残废院、贫民工厂及育婴堂等，故余来通两年余，窃盗之事少闻，乞食之事鲜见。虽不敢说夜不闭户，道不拾遗之语，然索诸千七百余县中，亦独一无二仅有绝无之桃源地也。”[⑥]张謇的事迹表明，不仅教育可以教化民众和荡涤人心，而且慈善事业本身也有着重要的价值引领和精神垂范的功能，尤其是企业家个人身先士卒、带头垂范，对改良社会风气、保障人心不死有着重要意义。

第四，张謇采用系统论的视角来审视慈善事业在社会改良工程中的地位

---

① 张怡祖：《张季子(謇)九录・慈善录》，台北：文海出版社，1983年，第2000页。

② 朱思群：《节迷信费以助赈》，申报，1920-10-30(03)。

③ 曹从坡，杨桐：《张謇全集》(第4卷)，南京：江苏古籍出版社，1994年，第426页。

④ 曹从坡，杨桐：《张謇全集》(第5卷)，南京：江苏古籍出版社，1994年，第238页。

⑤ 张孝若：《南通张季直先生传记》，上海：中华书局，1930年，第360页。

⑥ 陈翰珍：《二十年来之南通：上编》，南通：伪南通自治会，1938年。

与作用，使得公益慈善与经济、政治、教育等其他事业相辅相成、浑然一体。张謇关于实业、教育、慈善这三者之间的关系曾作出经典阐述，“以为举事必先智，启民智必由教育；而教育非空言所能达，乃先实业；实业、教育既相资有成，乃及慈善，乃及公益”。[①] 这反映出张謇将实业、教育、慈善三大项作为地方自治的主要内容，并剖析了三大部分的相关关系及先后顺序。首先，实业所带来的经济发展才是根本之道。其次，教育对实业的振兴又起到了举足轻重的作用。最后，公益慈善的功能同样不可缺失。虽然张謇将慈善的次序放在了最后一位，但他给予了其前所未有的全新理解和践行，并将其有机地嵌入社会整体性和系统性改造过程之中。在写给其子张孝若的家信中，张謇特别阐明慈善公益事业的重要作用：“父十余年前谓中国恐须死后复活，未必能死中求活；求活之法，惟有实业、教育。儿须志之。慈善虽与实业、教育有别，然人道之存在此，人格之存在此，亦不可不加意。儿须志之。”[②]事实上，张謇也成功践行了他的慈善思想与理念，对南通经济、社会、文化与教育事业的进步产生了显著的促进作用。其子张孝若如此追忆：“我父在南通完全以人民的地位，用私人的财力，创办各种事业……他抱定主意，立定脚跟，要创造一个新局和新事业，所以办的师范、纺织、盲哑学校、气象台、博物苑、图书馆等教育事业；纱厂、垦殖等的实业事业；开辟全县的道路，整治全县的水利，在中国都是第一件事。”[③]张謇对地方公益慈善事业如此宽泛而深入的拓展已初具现代社会保障体系的雏形，使得中国近代慈善事业和福利事业的发展更上一个台阶。

（三）张謇慈善思想实践的局限与警示

以往历史传记或学术研究大多只关注到张謇慈善思想与实践的积极意义，对其存在的不足与缺陷探讨得较少。张謇作为身处封建时期的士大夫，他在那个时代所打造的公益慈善事业势必无法统统适应新时代下中国社会的发展需要，因此，张謇慈善思想实践放之当下社会中是存在诸多局限性的。

第一，张謇仅凭一己之力建设公益慈善事业，却忽视了社会救助制度建设

① 曹从坡，杨桐：《张謇全集》（第 4 卷），南京：江苏古籍出版社，1994 年，第 428 页。
② 曹从坡，杨桐：《张謇全集》（第 4 卷），南京：江苏古籍出版社，1994 年，第 150 页。
③ 张孝若：《南通张季直先生传记》，上海：中华书局，1930 年，第 375 页。

的重要性，因此其慈善事业越是成功，越是掩盖了政府的失职与无能。1894年前后，中国社会内忧外患，对内高压统治，对外委曲求存，战争、灾害、贫穷成为勒在国人脖颈上的三根绳索，而张謇的公益慈善事业正是诞生于这样一个政局动荡、兵燹绵延的时代。然而，张謇个人及其企业的慈善行为根本无法弥合兵荒马乱年代下巨大的民生痛苦。纵使张謇慈善事业达至顶峰时期，也仅能部分程度上保障家乡南通一方安隅。张謇倾其一生用于慈善的专款也不过300万元，但据记载，单是当时一场北方大灾便至少要“二万万元”才能救活灾民。[①] 任何个人或企业的慈善救济在天灾人祸面前无异于杯水车薪。即使这样，张謇的慈善公益体系也早已超出其所能承受的范围，而代行了部分政府应尽的责任。事实上，在传统农耕社会里，慈善事业的繁荣兴盛并非值得大书特书的庆幸之事，甚至突出的个人丰功伟绩会因为喧宾夺主而被刻意打压，因为这恰恰间接反证出当朝政府的失责与无用。因此，世人对张謇慈善伟业的称颂，却揭露出本该肩负起社会救助重担的清政府对民生疾苦抱有无能为力和漠然视之的态度。张謇对民生福祉的贡献掩盖了一个“坏政府”并维护着一个“坏制度”，其结果从长短期而言可能大有不同。从短期来说，张謇的慈善事业减轻了民众的痛苦，增加了社会的福祉，维护了政权的稳定，但从长期来说，减轻了制度变革乃至政权更替的压力，阻碍了新制度建立和社会发展的进程。当然，游幕政治舞台多年的张謇也深知，依靠晚清政府推行覆盖全国的社会救济体系是绝无可能的。但无论怎么说，张謇这种寻求个人努力而忽视制度变革的做法，会使得慈善活动因为他的存在和努力而兴盛，也必将因为他的失意和离开而衰落。故而，这种自下而上的、自发式的公益慈善事业一定是不可持续和难以模仿的。历史事实也证明，晚年的张謇不仅被迫离开企业掌舵人的位置，一手创建的大生集团也被上海金融财团所吞并，[②]而且他一生为之奉献的公益慈善大厦也迅速随着他实业和生命的结束而轰然倒塌，终究难逃“人存政举、人亡政息”的历史悲剧。

第二，张謇在建设慈善事业的过程中经常罔顾作为企业家的本分，忽视企

① 周秋光，李华文：《达则兼济天下：试论张謇慈善公益事业》，《史学月刊》2016年第11期，第79—88页。

② 《大生系统企业史》，南京：江苏古籍出版社，1990年，第226—231页。

业的利润创造以及企业员工的利益分享。尽管张謇一度建立了成功的商业帝国，坐拥超出常人的财富与声望，但他用于公益慈善的经济支持未能做到量力而行，常常拓展过多慈善项目、耗费巨大企业盈利，结果反而影响了张謇正常的商业运转。尤其是在张謇晚年企业经营开始走下坡路之时，他依然不愿削减慈善资金，这愈发加速了他的实业亏损与破产。在张謇弥留之际，他的大生纱厂已长期陷入困境，张謇自己也负债累累，[①]最终和张謇及其企业一并倒下的还有曾经如火如荼的慈善事业。同样，大生企业在对待工人方面，亦非外界宣扬的那样使之处于"中国的乐土"之上，相反，工人所承受的剥削相当严重。[②]张謇给予大生纱厂工人的薪资待遇并不高，仅够其延续生存，而在工作时长方面，张謇对工人也异常严苛。不仅如此，工人还要承受诸如扣薪、革除、搜身、欠薪等多种不正当对待。此外，张謇还常常固执己见、独断专行，未与董事商议，即自行提取公司余利甚至公积金投资于其他各种企业和慈善项目，[③]罔顾了董事们的意见与利益。从现代企业发展理念来看，企业社会责任强调"利益相关者"原则，即企业不能仅仅考虑企业主或股东的利益，还要考虑员工、客户、供应商、社区等利益相关者的利益，要共享经济发展成果。但这里尤其需要注意的是，这种利益的分享应当遵循"差序格局"的模式，像涟漪一样扩散开来，这就意味着利益相关者是有主次轻重的价值排序的。由此可见，造福社会、惠泽百姓固然有意义，但这必须建立在不损害股东、员工等企业内部人的利益的基础之上，否则就是本末倒置、顾此失彼。显然，张謇在此方面存在诸多问题。不过，企业家如何在创造利润与回馈社会之间取得良好的"度"始终是个需要不断探索和思考的现实难题。

第三，张謇的慈善思想与实践带有强烈的乌托邦色彩，并试图以极高的道德水准去审视、要求乃至苛责他人，存在某种道德绑架的嫌疑。信奉儒学的张謇难以剔除书生意气，过于强调道德自律的作用。张謇时常要求众人均像自己一样，笃信"孔子富而教之之义""先励富，使人富而后仁义附焉"，[④]甚至在他

① 张孝若：《南通张季直先生传记》，上海：中华书局，1930 年，第 361 页。

② 张孝若：《南通张季直先生传记》，上海：中华书局，1930 年，第 405 页。

③ 章开沅：《开拓者的足迹——张謇传稿》，北京：中华书局，1986 年，第 310 页。

④ 曹从坡，杨桐：《张謇全集》(第 4 卷)，南京：江苏古籍出版社，1994 年，第 341 页。

离任掌舵人之际，以自己“从此逝，不负厂责，亦不负地方之责”的语气“道德绑架”大生继任者继续支持南通公益慈善事业。[①] 对此，驹井德三曾评说道：“张謇的短处则体现在所信过坚、不肯妥协、有智者通病，总是以对自己的要求来试诸他人等。”[②]张謇本人“生平最不爱财”，[③]因此他创业的本意并不是为了追求利润最大化，但绝大多数其他商人和企业不是这样的，人们创办企业、经营商业就是为了盈利创收。商业之所以成为最大的慈善，原因就在于市场交易这种行为“主观为自己”而“客观为他人”。姑且不论当时中国民众普遍贫穷的状况，即使放在物质经济发达的今天，苛责与迫使富人多捐多予也是一厢情愿的做法，在共同富裕的背景下更是如此。张謇作为一介儒士，渴望自己能够成为尧舜禹式的圣人，他所打造的公益慈善事业带有明显的理想主义情结和政治施恩的色彩，这也注定了他的慈善理念与实践被禁锢在自己的认知偏差之中。

第四，张謇怀抱着“村落主义”的理念，并携有些畛域的观念，因此其公益慈善模式难以推广，影响力也仅能局限在家乡一带。张謇倡导的“村落主义”模式的可复制性极差，与张謇本人的“强人因素”密切相关，是在近代社会环境逼迫下一种退而求其次的封闭排外生存方式。一方面，在面对中华其他地区的社会救济难题时，张謇多视而不见，无力顾及家乡以外地区人民的生存状况。例如，对于 1923 年上海惠爱施诊医院两度募捐，张謇则以“年来屡丁灾歉，支拄尤难，愧无余力，可济遵需”为辞而奉还捐册。[④] 另一方面，张謇怀有明显的家乡情结，时常抢夺甚至打压其他地区的经济发展资源。例如，1904 年和 1914 年，张謇分别阻止与打压上海崇明工厂的增设和无锡新冶厂的创立，使自己的生产经营处于全国垄断地位。故而，从当时来看，张謇的实业与慈善仅保一方安隅，是一种治标不治本且难以推广的社会改良实践。

---

① 曹从坡，杨桐：《张謇全集》(第 3 卷)，南京：江苏古籍出版社，1994 年，第 112 页。

② 张孝若：《南通张季直先生传记》，上海：中华书局，1930 年，第 407—408 页。

③ 张孝若：《南通张季直先生传记》，上海：中华书局，1930 年，第 360 页。

④ 曾桂林：《殊途同归善与人同：张謇与熊希龄慈善事业之比较》，《科学 · 经济 · 社会》2011 年第 3 期，第 58—63 页，第 67 页。

三、现代民营企业在公益慈善中的责任

（一）慈善相关者的定位与责任

公益慈善虽然属于社会或民间领域，其产生与发展却与政府和市场息息相关，因此，如何更好地厘清不同主体或相关者在慈善中的定位与责任也就显得十分重要。一般而言，政府不直接参与公益慈善的运作，却提供基础性的框定与支持，如制定慈善相关的法律、出台鼓励捐赠的激励政策、监督评估公益组织的运营、营造乐善好施的社会氛围等等。公益慈善组织作为公益慈善运作的直接参与者，旨在扶贫济困，通过搭建奉献爱心的平台，打通资助人和受助人之间的资源流动渠道，以及借助文化宣传的手段，创造更大的公共价值，坚守人类社会的精神家园。社会公众作为慈善捐赠的重要组成部分，虽然个体力量微弱，但胜在数量众多，能够发挥“聚沙成塔”的规模力量，通过爱心表达、理性参与、外部监督等方式有效地参与慈善事业。企业是慈善事业发展的另一个重要力量来源，代表了市场体系对公益慈善的支持。企业参与公益慈善的形式多元、内容丰富，不仅表现为企业捐赠，更体现在企业对于劳工、消费者、环境、社区等方面的综合公益贡献，反映在定期发布的企业社会责任报告上。近年来，我国各类企业公开发布的社会责任报告从无到有、成倍增长。企业尤其是民营企业参与慈善事业持续升温，大额捐款增多。其中，贡献最为卓越突出的当属福耀集团及其董事长曹德旺先生。市场参与公益慈善的优势在于能将企业管理的理念引入公益项目管理与运作中，在项目效率提升和推广宣传方面上有很多长处，但劣势往往在于缺乏理念，企业行为的社会动机与效益存疑，部分企业慈善演变成企业谋权获利的行为。事实上，绝大多数企业为非自觉参与公益慈善，其目的多元，为争取政府资源倾斜[①]、加强政治关联[②③]、

① 高勇强，陈亚静，张云均：《“红领巾”还是“绿领巾”：民营企业慈善捐赠动机研究》，《管理世界》2012 年第 8 期，第 106—114 页，第 146 页。

② 薛爽，肖星：《捐赠：民营企业强化政治关联的手段？》，《财经研究》2011 年第 11 期，第 102—112 页。

③ 黄伟，陈钊：《民营企业参与慈善捐赠的政治激励——兼论第三次分配的机制设计》，《经济社会体制比较》2022 年第 4 期，第 40—52 页。

提高避税幅度[①]、树立品牌形象等为数众多，夹杂着许多企业利益的考虑。像福耀集团与其董事长曹德旺先生这般理解公益精神、自觉参与慈善事业的，确实难能可贵，属极少部分企业之所为。这里需要进一步阐释的是，我们时常将企业和企业家混为一谈，实际上准确来说，企业家虽然拥有和管理一家企业或公司，但仍具有法律上的自然人身份，尤其当其动用个人财富和声望开展慈善活动时，企业家应该归属于社会公众而非市场范畴。而企业作为法人存在，以企业集团名义进行慈善活动时，其属于市场范畴。领域不同，定位与责任也就不同，最重要的区别便在于，我们可以利用各种方式鼓励和引导公众积极参与慈善捐赠，却不能如法炮制，要求甚至苛责市场或企业大力支持公益慈善，原因就在于企业本身是要对其员工和整个市场负责任的。

故而，我们可以看到第一部门（政府）与第二部门（市场）在促进第三部门发展中的责任定位：政府提供政策支持、合法性与资源，企业提供资金、人才及项目管理和运作的经验，社会组织开展实际运作，并进行部分社会资源的筹措。因此，1（第一部门）＋2（第二部门）＝3（第三部门）。

事实上，在现代社会，普遍性的社会问题都应该依靠基本的政策与制度去解决，而现代政府就是制度性地去解决一般性问题的专门机构。不同于张謇所处的封建社会时期，由于现代国家建立与完善了成熟的税收与社会保障体系，因此，政府有法律上的必然性义务去承担最基本的社会“兜底”职能，而暂时处于困境中的人们也不必指望个别乡绅世贤或商人富豪提供非制度性的帮扶与救援。政府在设计制度时常常需要在完善性与成本性之间做出取舍与抉择，因而，出于对制度成本的考量，任何政府在设计政策与提供公共产品时均不能做到“至善至美”，正因如此，制度总有漏洞与不足，也不可能覆盖和解决所有的社会问题。此时，公益慈善作为制度缺陷与不足时的有效补充便显得尤为重要。不过，需要注意的是，公益慈善解决的一定是特殊问题，或者是政府无暇顾及的问题，原因就在于：一是公益慈善事业所能募集或攫取到的资源是相对有限的，尤其是在“大政府—小社会”的环境下，公益慈善组织在解决社

① 李增福，汤旭东，连玉君：《中国民营企业社会责任背离之谜》，《管理世界》2016年第9期，第136—148页，第160页，第188页。

会问题时一定是有限责任；二是公益慈善事业过于发达，本身会代替政府履行其本该承担的责任，某种程度上会助长政府的不作为或少作为，没有起到压力群体的作用，对责任型政府的构建相当不利。例如，张謇在南通公益慈善中的伟绩与美名恰恰说明了晚清政府的软弱无能，也为中国封建政治制度存续提供了某种"喘息"的机会，延缓了现代化进程的来临。

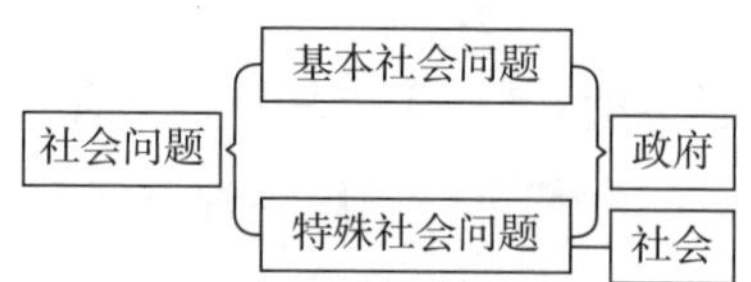

图 1　政府和社会在解决社会问题时的角色定位

当前我们对于公益慈善的功能和地位还存在认知偏差或理想化情结。在主流观念中，公益慈善作为第三次分配最基本的形式，在财富再分配以及缩小贫富差距中被人们给予厚望。第三次分配的概念最早是由厉以宁在 1994 年提出来的，他认为市场经济条件下的收入分配包括三次分配，而第三次是在道德力量的作用下，通过个人收入转移和个人自愿缴纳和捐献等非强制方式再一次进行分配。① 甚而，有学者还认为第三次分配是较初次分配和第二次分配更为久远和根本性的资源分配方式。② 然而，将公益慈善比作与市场和政府相互鼎立的第三次分配的说法是有待商榷的，存在夸大之嫌。在我国目前的国情下，以公益慈善为代表的第三次分配处于且将长期处于初级阶段。从国际比较来看，我国公益慈善的规模相对不大，2017 年中国慈善捐赠总量为 1499.86 亿元，占 GDP 总量的 0.18%，而同年美国这一数据达 26818.51 亿元人民币，占 GDP 总量的 2.10%。③ 相比之下，中美捐赠总额相差近 17 倍，占 GDP 的百分比相差近 11 倍。其实，我国的公益慈善发展不仅远远低于欧美等发达国家，而且还低于"金砖"国家，因此，未来存在巨大的进步空间。但无论如何，即

① 厉以宁：《股份制与现代市场经济》，南京：江苏人民出版社，1994 年，第 23 页。

② 江亚洲，郁建兴：《第三次分配推动共同富裕的作用与机制》，《浙江社会科学》2021 年第 9 期，第 76—83 页，第 157—158 页。

③ 数据来源：中国慈善联合会发布的《2017 年度中国慈善捐助报告》和美国捐赠基金会（Giving USA Foundation）发布的 2017 年美国慈善捐赠数据。

便是公益慈善高度发达的美国，其慈善捐赠总量也仅占 GDP 的 2.0%左右，与第一次分配（市场）和第二次分配（制度性社会福利）根本不在一个数量级上。

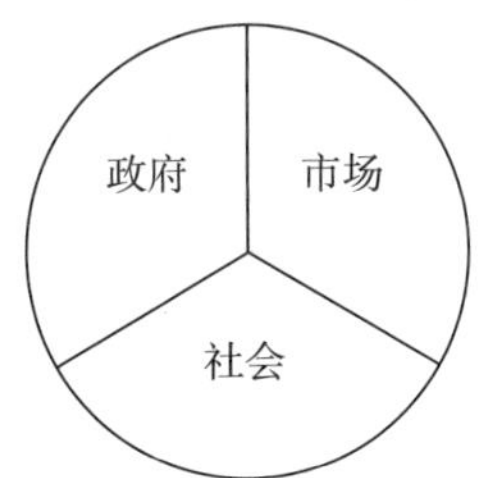

图 2　理想化的政府、市场与社会对财富分配的作用大小（三足鼎立式）

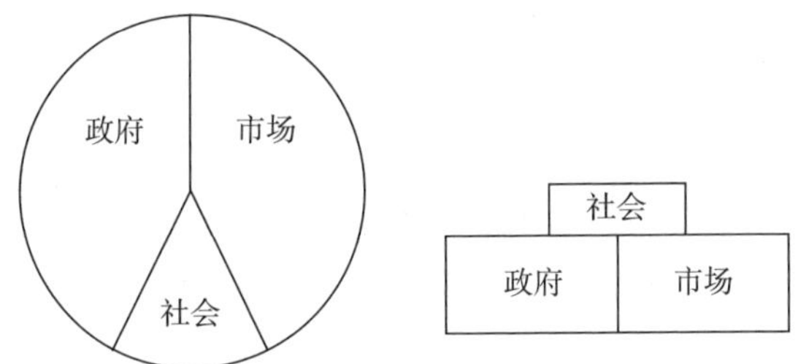

图 3　实际上政府、市场与社会对财富分配的作用大小

与公益慈善组织的最大不同之处在于，普惠制、制度性、均等化是政府提供公共产品与公共服务特别是基本公共产品与公共服务时应遵循的基本原则，以避免出现以一种不公代替另一种不公的现象。公益慈善在此方面所受到的限制相对较少，因此，公益一般以项目为先导，在部分人群中开展，但政府则不应这样做。需要注意的是，政府与社会之间的边界不是固定的，而是可变动的。政府责任的大小取决于政府从社会上攫取资源的多少。如果税赋较高，政府承担的责任应该也多，留待公益组织解决的问题就少，例如北欧等福利国家。如果税赋低，政府承担的责任也少，留待公益组织解决的问题就多，例如美国等自由主义国家。此外，公益慈善资源很多时候是由政府让渡出来的，政府对捐赠的态度与税费的减免幅度等体现出政府的职能定位，如果政府致力于通过自身努力多解决问题，多承担责任，则必须从市场与社会多攫取资源。在一个常态发展时期，总体性资源是固定不变或变动很小的，因而，社会与政府所掌握的资源存在着明显的竞争关系，社会捐赠越多，税收减免越多，政府收入也就越少，但社会的力量也就越大。而一个社会绝不是公益慈善越多越好，这样很容易挤压政府和市场的收入空间，甚至帮助政府推卸掉其本应尽的责任。

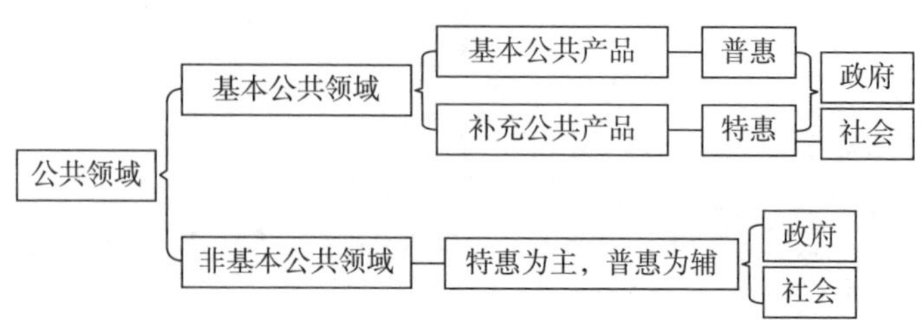

图 4　政府和社会在公共领域中提供福利产品时的角色定位

（二）企业社会责任与公益慈善的关系

1924 年，奥利弗·谢尔顿（Oliver Sheldon）首次提出“企业社会责任”（Corporate Social Responsibility）的概念，自此，政府、学界和社会公众便对企业社会责任展开了广泛而持久的讨论与研究，其中“何为企业社会责任”或“企业具体应当承担起哪些社会责任”成为饱受争议的话题。自由主义经济学家米尔顿·弗里德曼（Milton Friedman）坚持认为，企业有且仅有的社会责任就是在遵守基本社会规则的前提下创造尽可能多的财富、最大化股东的利益。[①] 与之相对的是，约瑟夫·麦克奎尔（Joseph McGuire）指出，由于企业的逐利行为具有外部性效应，很可能会给利益相关者造成伤害，因此，企业有责任和义务承担超越经济责任以外更多的社会责任。我们认为企业社会责任不是“铁板一块”，其内涵有不同层次和等级之分，而企业社会责任也不是一成不变的，其会随着社会变迁，特别是政府、市场和社会之间的关系演变，而相应发生伸展与收缩。类似于马斯洛需要层次理论，结合已有的利益相关者理论，本文提出企业社会责任的层次理论。

首先，企业初级层面也是最基础和重要的社会责任便是对股东和员工的

---

① Milton Friedman. *The Social Responsibility of Business is to Increase Its Profits*, Corporate Ethics and Corporate Governance, 2007: 173 - 178.

利益负责。企业应当为股东提供利润和非利润的报酬，使股东利益最大化，这也是股东作为出资人理应享有的权利。企业也需要对员工负责，为员工提供合理报酬，使员工收入水平达到一定标准；为员工提供社会保障，在养老、医疗、生育、工伤、保险等方面保障员工权益；为员工提供福利待遇，全面关心员工的身心健康和家庭生活；为员工提供教育培训，不断更新员工知识体系，帮助员工挖掘自身潜能，以适应时代发展需求。企业在员工劳动保护、员工社会保障方面的表现应为企业社会责任最本质的内容。①

其次，企业中级层面的社会责任即对客户、政府、社区等企业经营过程中密切交往的对象予以负责，实现利益的共建共享。企业应该对客户负责，努力提高自身的生产效率和服务品质，按质按量按时提供产品和服务，在市场逻辑的引导下尽可能满足客户要求；企业应该对政府负责，在遵纪守法和诚实守信的前提下，提供就业岗位、稳定企业生产、足额缴纳税费；企业也需要在力所能及的范围内对所在社区负责，通过企业发展去不断波及和改善当地的物质生活水平和基础设施条件，降低市场交易成本，减少对周边环境的污染或破坏，最终尽可能地发挥企业的正外部效应而不是相反。

最后，企业高级层面的社会责任就是对整个国家的社会和自然环境负责。在充分履行好初级和中级责任的前提下，有条件和有担当的大企业应当履行道德、伦理、慈善等社会义务。企业要积极投身公益事业，在扶贫济困、捐资助学、灾害救助等方面加大投入，为改善社会弱势群体的生存环境和生活水平作出努力，在企业发展的过程中，更好地回报社会、服务社会，使财富从社会中来、到社会中去；同时，以更加丰富的形式参与社会公益事业，实现更高层次的"社会利益最大化"，成为国家公益事业发展的重要力量。另外，企业也需要投身更广泛意义上的环境治理，响应国家号召，发展低碳经济、循环经济、绿色经济，减碳降污，使企业在实现碳达峰、碳中和过程中走在前列，推动企业绿色转型、绿色创新。

企业社会责任的践行应当遵循权责对等的原则，呈现"差序格局"的样式，

① 陈钊，王旸，黄伟：《中国的企业在尽怎样的社会责任——来自民营部门调查的证据》，《学术月刊》2016 年第 3 期，第 37—47 页。

由企业内部的股东、员工，次第波及客户、政府和社区，最后再拓展至整个社会。企业的慈善责任一定要被排在企业社会责任中最为次要的位置，属于外层的、自由裁量性质的社会责任，而遵纪守法、创造财富、对股东和员工负责才是企业最内层的、更为根本的社会责任。[①②] 高级社会责任并不说明其重要性最高，而是因为其实现所需的条件更加苛刻，履行起来的难度也最高，因此不能以此来要求所有的民营企业。初级社会责任也不意味着重要性最低，恰恰相反，这是其他一切更上层社会责任的基础和前提。若是一家公司连自身内部人的利益都无法兼顾，连最基本的创造财富都做不好，谈何造福社会？不过，令人遗憾的是，目前已有的关于中国企业社会责任的研究，大多只围绕企业捐赠等公益慈善行为而展开。[③④⑤] 一方面，这与近年来中国企业在公益慈善领域的贡献与日俱增有关。例如，2013 年，中国慈善捐赠总额高达 989 亿元，企业捐赠占七成，民营企业(含外资)占企业捐赠总量的 90%以上。[⑥] 另一方面，也与部分学者的认知偏差有关，他们有偏地理解了企业社会责任与公益慈善的关系。在现实世界中，大量中国企业家囿于政治身份带来更多慈善捐赠的同时，并没有对其员工的劳动保护、福利待遇等方面产生积极的影响，[⑦]甚至还有可能做出更多避税逃税的"不负责"的举动。[⑧] 可见，目前许多民营企业的公益慈善并不只是出于履行道德和伦理责任。这既是对初级且基础企业社

---

① Archie B. Carroll. A Three-dimensional Conceptual Model of Corporate Performance. *Academy of Management Review*, 1979, 4(4): 497 - 505.

② Young-Chul Kang and Donna J. Wood. Before-profit Social Responsibility: Turning the Economic Paradigm Upside Down. *Proceedings of the International Association for Business and Society*, 1995, 6: 809 - 829.

③ 山立威，甘犁，郑涛：《公司捐款与经济动机：汶川地震后中国上市公司捐款的实证研究》，《经济研究》2008 年第 11 期，第 51—61 页。

④ 梁建，陈爽英，盖庆恩：《民营企业的政治参与、治理结构与慈善捐赠》，《管理世界》2010 年第 7 期，第 109—118 页。

⑤ 唐跃军，左晶晶，李汇东：《制度环境变迁对公司慈善行为的影响机制研究》，《经济研究》2014 年第 2 期，第 61—73 页。

⑥ 彭建梅：《2013 年度中国慈善捐助报告》，北京：企业管理出版社，2013 年，第 2—5 页。

⑦ 陈钊，王旸，黄伟：《中国的企业在尽怎样的社会责任——来自民营部门调查的证据》，《学术月刊》2016 年第 3 期，第 37—47 页。

⑧ 李增福，汤旭东，连玉君：《中国民营企业社会责任背离之谜》，《管理世界》2016 年第 9 期，第 136—148 页，第 160 页，第 188 页。

会责任的忽视和失职，也是对高级企业社会责任的误解和践行不当。

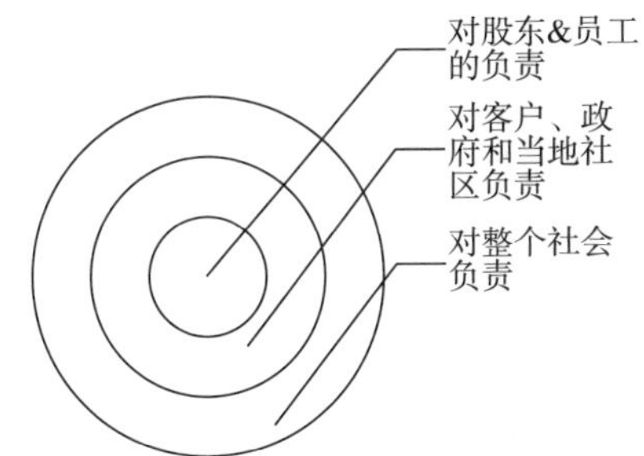

图5　企业社会责任的层次构建（“差序格局”状）

四、民营企业促进共同富裕的路径选择

当我们研究与讨论民营企业促进共同富裕的现实路径时，民营企业当然是其中最为重要的作用主体，但绝不意味着单一主体。实际上，民营企业确实为共同富裕实现路途中关键且重要的力量，但其作用大小的发挥还有赖于市场、国家和社会予以多方面的配合和支持，尤其是国家在制度上需要为企业发挥作用提供基础性的保障。

（一）财富创造：产权保护与高质量就业

共同富裕更需要水涨船高而非削峰填谷。要实现共同富裕，首先必须创造财富与增加财富，而要实现这一点，必须充分发挥市场或民营企业的主体性功能，因为政府和社会一般是不直接参与物质生产与财富创造的。

第一，解决财富创造激励机制问题，推动企业繁荣，激发市场活力。初次分配讲效率，按照生产要素及其贡献分配财富，即按劳分配与按贡献分配，多劳多得、少劳少得、不劳动者不得食。设想一下，若是财富分配变成平均分配，与个人努力关系不大，财富创造激励机制就会丧失殆尽，最后非但不能共同富裕，还会沦落为普遍贫穷。从他国的实践来看，维持一个社会的底线公平是应该的也是恰当的。

第二，明晰产权，并对私有财产实行严格保护。明晰的产权制度与对财产的严格保护是人类文明的根本标志，也是社会道德维系与长治久安的根本保证。共同富裕只有在依法治国基础上才能实现，保护包括企业家或富有阶层在内的全体国民的合法收入与财富等不受侵犯，依法打击各种违法违规的偷逃漏税等行为。换言之，政府应当构建产权保护型社会环境，保障合法致富者权益不得受到任何侵犯。

第三，促进更加充分的高质量就业。就业乃民生之本。经济新常态背景之下，中国人口红利逐渐消失、劳动力成本不断抬升、就业压力日渐加大，应当坚持就业优先战略，将就业与创业有机结合，以此发挥创业的溢出与倍增效应，让“大众创业、万众创新”成为经济增长与民生改善的新引擎。一是要加强对就业容量大、吸纳能力强的产业与行业的扶持，充分发挥劳动密集型产业、小微型企业和新兴科技产业在创造岗位、吸纳就业中的重要功能。二是要夯实促进就业、社保补贴等制度，帮助民营企业多渠道增加就业岗位。三是实施专项帮扶计划，加强对就业困难群体的就业援助，推动市场各类组织大力开发公益性岗位，财政按一定比例予以企业补贴，牢牢兜住就业“底线”。四是建设各类创新创业载体，充分发挥公共服务综合基地和创业孵化基地的作用，促使更多更优秀的企业与企业家的涌现。五是完善相关政策，加大银行对小微企业和个体经营者创业的支持力度。六是顺应“互联网＋”趋势，促进资源要素在信息平台上的共创共享，以创新创业带动更高质量就业。

（二）财富初次分配：向劳动者倾斜

从生产角度考察，GDP由劳动报酬、企业利润与国家税费三部分组成。国际经验表明，劳动者报酬占国内生产总值（GDP）的比重是衡量国民收入初次分配公平与否的关键指标，其份额越高说明初次分配越公平。在市场经济成熟的国家，国民收入的初次分配率都较高，例如美国GDP的70％左右是劳动报酬，其他西方发达国家也普遍在54％—65％之间，而中国的情况恰恰相反[①]。目前，中国的初次分配存在着劳动所得始终不足、财政收入一度飞

① 孙晓娜：《我国初次分配领域的分配不公现象举隅》，《人文杂志》2010年第6期，第190—192页。

速增长、资本所得相对较多的局面[①]。"企业利润与国家税费侵蚀工资"现象日趋严重。在中国的当下,政府常常被指责"与民争利",而企业家声誉也普遍不佳,强政府、中资本、弱劳动力格局伴随着改革开放的步伐而逐渐形成,并趋于固化。因此,深化收入分配制度改革,增加初次分配中劳动报酬的比重,切实增加城乡居民收入,乃实现共同富裕的必由之路。国家必须通过降低税费让渡一部分资源给市场与社会,减少政府低效甚至无效投资,转变政府职能,完成经济推动型政府向社会服务型政府转变。民营企业在这之中也是大有改善的空间。

第一,健全收入分配机制,形成公平合理的企业财富分配格局。一是坚定贯彻社会主义按劳分配为主的基本原则,切实提高劳动者在国民财富创造中的所得。市场按照每个人提供给社会的生产要素的贡献量来分配财富,个人的收入仅取决于自身的能力、努力程度及其资本、技术等,与个人出身、地位、政治权威无关,这既是一种最基础的效率,也完成了最基础的公平。二是进一步规范收入分配秩序,完善现代支付和收入监测体系,建立个人收入和财产信息系统,保护合法收入,取缔非法收入,规范隐性收入。[②]

第二,明确工资性收入的重要地位,指导企业促进员工工资收入的合理增长。一是加强城镇企业职工工资分配指导作用,充分保障工资指导线对企业收入分配的引导和调节作用,及时并适度调整最低工资标准,夯实困难群体的增收基础。二是全面推行工资集体协商制度,稳妥推行行业性、区域性工资集体协商,大力推动企业依法建立工会组织,发挥工会在维护职工合法权益中的重要作用,逐步解决部分产业内员工工资畸低的弊病。三是保障工资按时足额发放,发挥劳动法等相关法律的保护机制,启动工资支付预警办法,严厉打击拖欠农民工工资等违法行为。

第三,拓宽财产性经营性收入渠道,破解财富增长难点。一是增加居民财产性收入,拓宽民间资本投资渠道,完善投资入股、房屋租赁、产权交易等制度

---

① 孙立平:《贫富格局里的纠结》,《决策与信息》2011 年第 4 期,第 22—24 页。

② 胡在铭:《我国中等收入陷阱解构:收入分配与库兹涅茨转折点》,《区域经济评论》2016 年第 2 期,第 64—69 页。

性建设，特别是保障农户宅基地用益物权，稳妥推进农民住房产权抵押、担保、转让等，扩大农民财产性收入。二是增加居民经营性净收入，政府通过实行结构性和普惠性减税措施，鼓励个人创业，发展多种形式规模经营，增加居民就业与增收机会。三是促进居民金融资本增收，普及理财知识，发展普惠金融，丰富各类金融投资方式与金融产品。四是提高居民的转移性收入，加大政府对民生领域的直接投入，特别是加强富农的扶持力度，不断提高农民补贴收入。

（三）财富再分配：夯实社会保障基础与增加公共产品供给

财富初次分配是一种原始的市场直接分配，是没有进行税收、社会扣除之前的分配。在这个分配过程中，政府与社会都没有参与进来。同样，个人的收入也只是根据本人所占有的生产要素在市场经济活动中所产生的贡献来决定。然而，市场分配以贡献作为准则，追求的是效率优先，兼顾到的是基础性的公平，这极易导致收入差距的扩大。任何市场经济都无法单靠市场分配来实现分配正义，首先每个人进入市场竞争时初始资源的分配是否合理这一问题就超出了市场分配的范围。此时，就需要政府在市场分配的基础上实行再分配，通过税收、财政支出等形式参与社会财富的再分配。尤为需要注意的是，政府从来不能无缘无故地创造财富，其所有的财政收入所得均来自对市场和社会的攫取。

第一，国家通过税收手段对国民财富进行再调节。理论而言，民营企业创造的财富越多，在按章纳税的前提下，政府由此获得的财政经费也就越丰厚，能够由此开展促进共同富裕的基础就越扎实、手段就越丰富。但这里必须保障合理的税赋水平，不可忽视对民营企业财富创造积极性的保护。拉弗曲线说明，减税可以鼓励经营活动，创造更多财富，因而可能会增加税收，而加税抑制经营活动，财富创造减少，反而可能减少税收。例如，美国和日本均通过降低税率、提高起征点等方式减免个人所得税，以此来缓解收入分配中的不平等，提高全民实际生活水平。

第二，借助财政税收建立覆盖全体国民的基本社会保障制度。一是进一步完善社会救助、社会保险与社会福利等社会保障制度，切实保障法定参保对象应保尽保。二是适当提升社会保障各项待遇水平。完善养老保险的个人账户，增加城乡居民医疗保险与医疗救助的保障范围与比例，明显提高生育福利的津贴标准，弥补住房公积金制度的缺陷，完善失业保险待遇动态调整机制。三是建立“普惠发展性”的社会保障体系，极力缩小城乡之间、区域之间与不同群体之间的待遇差距。四是高度重视社会保障的筹资机制与可持续发展。保证社会保障资金的收支相抵与精算平衡，一方面不断充实社保基金的蓄水池，防止其空转，另一方面适度降低社保费率，为企业与劳动者适当减负。五是充分挖掘社会资源，进而形成政府、市场、家庭与个人多主体共同担责、协同推进的国民福利体系。

第三，增加公共产品与公共服务供给。一是努力推进各级教育体系的完善与优化。二是继续推进城市住房政策改革。三是加快完善现代医疗卫生体系。四是统筹推进其他民生事业发展。

不过，值得警惕的是，作为现代国家基础设施性制度，包括社会保障和公共产品在内的福利制度的创设和扩张深刻地改造着人与人、人与社会之间的关系。[①] 如果说税收是调节个体与社会、个体与国家最直接最重要的政策工具，那么福利保障的重要性紧随其后，在现代国家体系中，福利制度及国家实施的再分配项目在整个国民报酬体系中的比重呈上升趋势，愈发强化了市场与政府之间的联系。具体来说，福利制度或政府本身并不直接创造财富，每位公民所享受到的社会保障待遇或基础公共产品是需要真金白银为此“买单”的，但政府不是真正的“买单人”，不过是以税收等政策工具对国民财富进行了重新配置而已，充其量为“分配者”。一切社会保障归根结底大部分是企业或纳税人所承担的责任，而其福利享有越多，给市场与社会添加的负担也就越重。因此，福利常常具有很大的遮蔽性，常常误以为是“天上掉馅饼”，实则“羊毛出在羊身上”。故而，我们对于福利的理解更多停留在对福利享受者甚至福利懒汉的优待之上，却看不到对福利提供者（特别是民营企业）的汲取。

---

① 孟天广：《福利制度的过程治理：再分配、政府质量与政治信任》，《行政论坛》2022 年第 1 期，第 31—39 页。

（四）财富又分配：履行高层次的社会责任

财富又分配即我们通常意义所说的第三次分配。这是以友善道德为支撑的志愿性的捐助分配，这是社会主义核心价值观的物化表现，是以往分配理论的延伸，更是实现共同富裕的重要补充。[①] 财富又分配是社会主体自主自愿参与的财富流动和分配，反映的是企业和公民（包括企业家在内）的价值取向与社会责任，也体现出一个国家和社会的思想境界与文明程度。为有效弥补初次分配和再分配在推动共同富裕进程中的不足，我国财富的第三次分配机制必须加以完善：一是弘扬中华民族乐善好施的传统美德，营造仁爱互助的社会氛围；二是完善税收政策，鼓励企业、社会团体及个人积极捐款；三是遵循第三次分配的规律，加强现有的慈善资金管理机构的管理；四是鼓励和引导公益基金会、志愿者组织与志愿服务的发展。[②]

当然，张謇的慈善思想与实践同样为当下我国发展公益慈善事业提供了不少裨益。一是重视公益慈善方式中的"养"与"教"并重，不能仅仅授人以鱼而不授之以渔。二是关注到经济发展与公益慈善之间的联动性，只有社会经济条件改善了，企业能够创造出更多利润了，公益慈善的物质基础才能更加夯实。三是认识到公益慈善所起的主要作用是在于对价值观和人生观的引导与转化。公益慈善是把公平正义重新带回到整个社会，影响至每一个人的内心，是改变每一个社会成员的心理结构和生活方式，力图使社会心理不再扭曲和浮躁，让每个人都有一颗平常心，这样社会才会回到常态上来。中国现在的社会是一个非常态、剧烈变迁的社会，公益慈善所起的作用是教化功能，让人心向善，让人恢复良知良能，或者称之为人心不死。四是强调公益慈善的系统性作用，尤其是重视公益慈善与社会保障制度之间的互构作用，两者互动良好即可以起到相互弥补的积极作用，反之则可能造成相互取代和挤压的消极作用，总之，切不可割裂地看待公益慈善的地位与功能。

不过，要明晰第三次分配在共同富裕进程中的作用，特别是警惕以共同富

---

① 杨卫：《中国特色社会主义分配制度体系的三个层次》，《上海经济研究》2022 年第 2 期，第 36—42 页。

② 贾康，程瑜，于长革：《优化收入分配的认知框架、思路、原则与建议》，《财贸经济》2018 年第 2 期，第 5—20 页。

裕之名强制富人、企业或个人承当更多的责任。防止公益慈善与社会责任演变成对富人的财富掠夺，进而打击其财富创造的积极性，最终将社会矛头与不满情绪转嫁给富人，挑起不同阶层群体之间本不必要的矛盾与冲突。这里我们尤其需要认识到张謇慈善思想与实践在当代社会的局限性，特别是不能让张謇的故事沦为政府和社会苛责民营企业家或富有阶级的道德“利器”。例如，张謇慈善活动中罔顾企业经营利润、替代政府职能、乌托邦情结和高道德“绑架”他人的思想和实践都是不可取的。事实上，不同于没有成熟税收和社会保障体系的传统农业社会，在现代工业文明体系下，只要民营企业遵纪守法、发放工资、按章纳税，那么他们在初次和第二次分配中就已经很好地完成了大部分的企业社会责任，而慈善捐赠等更高维度的社会责任则是一种道义层面的或然性义务，任何组织和个人都不能以威逼利诱的方式逼迫民营企业进行大规模捐赠。

（五）促进共同富裕不同路径之间的关系

1978 年以来，初次分配通过改革开放激发市场活力、解放生产力要素，人民的富裕程度由此大幅提升，这是中国人民脱贫致富的基础。在未来大力推进共同富裕的过程中，依然要以人民为中心，这里的人民既包括劳动者，也包括企业家。要加大劳动者在初次分配当中的比重，而企业是经济高质量发展的主体，政府帮助民营企业做大做强就是为共同富裕尽了最该做的“本分”。在“先富带动后富”的过程中，第二次分配十分关键，需要制定合理的税收、社保、转移支付等调节力度，把政府职能缺位的民生短板通过再分配尽快补上。在初次和第二次分配基本完善的条件下，第三次分配才显得有必要。第三次分配绝不是运动式地打土豪、均贫富，而是有赖于民营企业及企业家公益心的普遍觉悟，需要以开放、平等、自愿为原则的适合社会主义市场经济的慈善公益机制顶层设计。

然而，共同富裕的实现路径之间不是“铁板一块”，而是存在着极强的张力，有时会互相排斥，某些方面做得过多会挤压甚至破坏其他方面。例如，企业的慈善捐赠等社会责任的履行应当不影响企业自身的财富创造与分配，更不能危及员工的就业岗位与工资收益，要知道共同富裕的对象不仅仅是那些社会的接济者,同样也包括兢兢业业工作的劳动者和殚精竭虑的企业家。再例如,第三次分配不能危及财富创造中的产权保护和企业家精神,否则在追求公平、牺牲效率的同时,只会迎来更大的不公平。正如企业社会责任有层次之分,民营企业在助力共同富裕过程中同样也需要厘清不同途径之间的主次轻重,而这种认知上的厘清需要政府、市场和社会多方共同重视与践行。我们知道财富分配存在边际效用递减的规律,第一次分配不好,第二次乃至第 N 次分配也无法扭转。[①] 最基础的是初次分配,即在经济稳定增长中谋求共同富裕,而第二次分配和第三次分配的前提和基础是初次分配。初次分配效率优先兼顾公平,提供的效率和公平都是最根本性的,第二次分配主张公平兼顾效率,第三次分配则是彰显爱心,但很多时候极易陷入极不公平也无效率的困境之中。三种财富分配的关系是,初次分配是基础,第二次分配是重要补充,第三次分配是有益辅助。有鉴于此,企业在助力共同富裕的路径中,首要的是遵纪守法、尽力创造财富、足额发放工资,其次是按章纳税,不偷逃漏税,大力支持社会保障体系发展,最后才是在力所能及的范围内支持公益慈善的进步与发展。

五、结论与讨论

(一)结论

在中国推进共同富裕的时代背景下,清代民营企业家和慈善家张謇的功德事迹被党和政府多次提及和宣扬,基于此,本文从张謇的慈善思想与实践入手,探讨了其人其事对民营企业助力共同富裕的意义与局限。首先,张謇十分重视积极的慈善救助方式,重视慈善教育,主张以工代赈。其次,张謇充分意识到物质经济基础对于开展公益慈善的重要性,因而倡导实业救国,以实业盈余为主、个人捐资为辅渐次开展公益慈善事业。再次,张謇以无私奉献和不计得失的精神开展慈善等事业,彰显着作为士大夫的社会责任感,弘扬慈善精神

① 陈友华,孙永健:《生育政策及其配套支持措施:认知偏误与政策偏差》,《广州大学学报(社会科学版)》2022 年第 4 期,第 73—90 页。

的同时改良了社会风气。最后，张謇采用系统论的视角来审视慈善事业在社会改良工程中的地位与作用，使得公益慈善与经济、政治、教育等其他事业融为一体。上述慈善思想与实践都是当下中国推进共同富裕过程中有效借力第三次分配时宝贵的经验与启发。然而，张謇慈善思想实践放之当下社会中也是存在诸多局限性的。一是张謇仅凭一己之力建设公益慈善事业，却忽视了社会救助制度建设的重要性。二是张謇在建设慈善事业的过程中经常罔顾了作为企业家的本分，忽视了企业的利润创造以及企业员工的利益分享。三是张謇的慈善思想与实践带有强烈的乌托邦色彩，并试图以极高的道德水准去审视、要求乃至苛责他人，存在某种道德绑架的嫌疑。四是张謇带着畛域的观念开展公益慈善，其慈善模式很难推广。综上所述，我们应当客观而辩证地看待张謇慈善思想与实践，不过，当前我们对于张謇的极度赞美已经超过了对其的理性剖析，特别是在推进共同富裕进程的关键时刻，张謇的缺陷与不足尤为值得我们警醒。

张謇的公益慈善事迹促使我们重新反思现代民营企业在公益慈善中的责任。政府部门的责任就是制定法规、激励支持、监督评估，市场企业的责任乃是提供人才、资金及项目管理和运作的经验，社会组织的责任在于扶贫济困、搭建奉献爱心平台、创造更大公共价值、坚守精神家园，社会大众的责任在于表达爱心、理性参与、监督。不同主体各司其职、相互配合。我们特别对企业社会责任与公益慈善的关系加以讨论，提出企业社会责任的层次理论。首先，企业最基础和重要的社会责任便是对股东和员工的利益负责。其次，企业的社会责任即对客户、政府、社区等企业经营过程中密切交往的对象予以负责，实现利益的共建共享。最后，企业的社会责任才是对整个国家的社会和自然环境负责。企业社会责任的践行应当遵循权责对等的原则，呈现“差序格局”的模式。

那么民营企业该如何促进我国尽快实现共同富裕的目标呢？是否一味学习张謇的经验？答案是否定的。民营企业的可为路径十分丰富：首先，在财富创造中，企业有赖于政府对产权的保护，进而提供尽可能多的高质量就业岗位，创造更多的财富；其次，在财富初次分配中，企业和国家都应该尽可能地“让利于民”，提升劳动者报酬在初次分配中的比重；再而，在财富再分配过程中，企业通过合法经营与按章纳税，尽可能地丰盈政府的财政收入池，为完善社会保障和增加公共产品夯实经济基础；最后，在财富又分配中，企业开始履行最高层次的社会责任，在力所能及的范围内，通过慈善捐赠等第三次分配的方式助力共同富裕。多方主体都应该认识到促进共同富裕不同途径之间的主次轻重，初次分配是基础，第二次分配是补充，第三次分配只是辅助。

（二）讨论

做慈善家和做企业家一样，是一件专业的事，也需要懂经营、懂品牌、懂金融。做企业家难，做一个好的慈善家更难。状元张謇既是一位企业家，也是一位难得的慈善家，但他最后为什么轰然倒下？张謇的事迹，值得学习，也值得深思。纵观中国历史文化中各行各业的人物群像，张謇作为为数不多的正面企业家形象存在并被人们赞美，而绝大多数的企业家和商人则被冠以唯利是图、无商不奸的名号，重农抑商的制度安排更使得企业家或商人成为最不受待见的社会阶层。反观西方社会却大不相同。亚当·斯密认为“商业是最大的慈善”，孟德斯鸠也指出“有商业的地方，便有美德”。在西方文化观念中，商业或者市场不仅是和平的使者，更是契约精神的传承者与经济繁荣的保障。

古人云：仓廪实而知礼节、穷生奸计富涨良心，这是非常有道理的。文明程度是先富而后教，不要妄想从贫困中求文明。个体的安贫乐道是一种境界，但是普遍的贫困不会产生“乐道”，更可能滋生罪恶。物质文明是基础，精神文明是结果，先富后教。当下以及未来很长一段时间内，中国共同富裕目标的实现主要还是靠发展市场经济，在党和政府的领导下，以企业为主、社会组织为辅，以企业创造财富为关键、政府和社会组织分配财富为补充。不过令人遗憾的是，一方面，我们在努力追求财富，希望能尽快摆脱贫困，并能过上好日子，以至于共同富裕成为新的奋斗目标。另一方面，对企业家的批评与对资本的污名化又似乎多了起来，“为富不仁”思想在某些人头脑中根深蒂固，似乎财富与道德成反比。一方面，我们千方百计，招商引资，发展经济。另一方面，部分人在享有市场发展所带来的成果之时，总是喜欢站在道德制高点，抨击企业与企业家、资本与资本家，多认为资本是恶的。财富与道德之间究竟是怎样一种关系？资本究竟是善的还是恶的？资本实际上已经被拟人化了，资本的善与恶，实际上是背后掌控资本的人的善与恶所驱使的，这里就牵涉到资本的伦理了。但不管怎么说，无论是政策制定者还是学界研究者，都应对市场保持敬畏之心，虚心向企业家学习，多了解市场，多反思自己的认知不足，充分认识到市场或民营企业在推动中国共同富裕中的重要职能与地位。

张謇慈善思想与活动的特点、局限及启示

王文娜[①]　陈友华[②]

（南京大学江苏慈善研究院）

摘　要:本文以张謇的慈善思想与活动为研究对象,较系统地分析了张謇慈善思想与活动的特点、局限及其对当代实现共同富裕的启示。研究发现,张謇从整个社会改良的角度来突出慈善事业的重要性,高度重视教育的作用,这是张謇在认识上超越同时代许多人的地方。但他强调通过道德教育解决社会公平,迷失了制度理性和制度创新;他秉持的实业与慈善二位一体的观念,以及"一揽子"推进慈善事业的方式极大地制约了企业的发展;他人为封闭环境,忽视客观环境条件的限制,张謇营造的"新新世界雏形"的最后失败和最终消失,与此直接相关。张謇在追求理想社会过程中的经历以及失败的教训启示我们:从根本上说,实现共同富裕要靠制度保障;无论何时,企业经济责任都是企业最基本的责任;企业参与慈善事业发展应考虑企业的实际能力。

关键词:张謇;慈善思想;共同富裕

一、引言

张謇,字季直,晚年号啬翁,出生于清咸丰三年(1853年),江苏南通人。早年张謇经历了漫长的科举道路,甲午(1894年)恩科中一举夺魁,状元及第,官封翰林院修撰。在经历了庙堂困惑的刺激、民族危机的震撼和西方文明的冲

---

① 王文娜,南京大学江苏慈善研究院工作人员。

② 陈友华,南京大学江苏慈善研究院院长,南京大学社会学院教授,博士生导师,主要研究方向为人口社会学。

击后，张謇毅然辞官，经营实业、教育、慈善，力图在家乡南通建设一个他理想中的“新新世界雏形”，即建设一个“老吾老以及人之老，幼吾幼以及人之幼”的公平互爱的社会。

实业方面，张謇成就斐然，逐步奠定了实业家的地位。他身兼南通实业、纺织、盐垦总管理处总理，大生一、二、三纺织公司董事长，通海、新南、华成、新通等盐垦公司董事长，大达轮船公司总理，淮海银行董事长，交通银行总理，中国银行董事等职务。[①]

慈善方面，张謇将经营实业所获利润几近全部投于教育和慈善事业之中，逐步在南通建立起一个囊括赈灾济民、水利交通、学校教育、文化公益等方方面面的地方慈善体系。南通城因此发生了巨大的变化：“不数年间而寂莫无闻之南通，一进而为教育实业发达之区，再进而得全国模范县。”[②]张謇慈善事业的耀眼之处不仅在于其规模之宏伟与成效之显著，更在于他在观念上使慈善思想的内涵更为丰富和更具近代色彩，而且还克服种种困难努力付诸实际行动，使慈善事业具备了新的功能与作用，在近代中国慈善事业的发展进程中具有不可忽视的重要地位与影响。

然而，张謇的事业自始至终危机不断，到张謇临终时已几近崩溃，作为所有事业主要经济支柱的大生一厂的资产负债率高达 258.89%，不得不由上海银行团接管，垦牧、教育、慈善、公益诸事均出现坍塌局面，张謇营造的“新新世界雏形”最终消失。毫无疑问，当时中国所处的国际国内政治、经济以及人文环境对张謇的事业有着巨大的制约作用。但张謇的失败不能完全归之于客观，而是有更深层次的主体原因值得研究。

当前在推动共同富裕背景下，以慈善事业为主要表现形态的第三次分配成为国家基础性制度安排。国家鼓励支持企业、企业家和普罗大众在有能力的情况下积极参与慈善事业，通过慈善捐赠与志愿服务等促进共同富裕，增进民众福祉。张謇以天下为己任的精神是当代中国企业家的典范。近年来研究张謇慈善思想和实践的成果增多，但主要集中在张謇的慈善思想与活动对中

① 章开沅：《开拓者的足迹——张謇传稿》，北京：中华书局，1986 年，第 306 页。

② 陈翰珍：《二十年来之南通》，1938 年南通县自治委员会铅印本，第 1 页。

国慈善事业发展的贡献，对张謇慈善思想与活动的特点与局限进行系统梳理和解读的成果较少。本文在梳理张謇慈善思想与活动特点的基础上，深入分析其局限性及其对当代实现共同富裕的启示，具有重要的现实价值。

二、张謇的慈善思想与活动的特点

（一）将慈善事业纳入整个改良社会系统工程

张謇创办慈善事业，不是单纯进行慈善活动，而是从整个社会改良的角度来突出慈善事业的重要性。张謇认为，要想国家富强、人民幸福，必须办好三件事：一是实业，二是教育，三是慈善。张謇曾这样解释实业、教育和慈善之间的关系："以为举事必先智，启民智必由教育；而教育非空言所能达，乃先实业；实业、教育既能相资有成，乃及慈善，乃及公益。"[①]他全盘考虑，提出要大力发展慈善事业，"为老幼残废、无告之民设计，育婴堂、养老院、残废院、贫民工厂等相续观成"，[②]以弥补社会之不公，保障社会之稳定发展。

（二）特别重视提高人的素质

张謇认为自强救国必须先使人民有知识，即提高人的素质。他认为中国和现代化强国的差距，最重要的就在于人的素质之间的差距："且制度之优劣，犹外物也，根本仍在人之立志""非人民有知识，必不足以自强""环顾五洲，彼所称强大文明之国，犹是人也"。[③]

张謇创办实业过程中，也饱尝"民智未开，人才奇缺"的痛苦。由于没有高素质的人才，工厂处于"擿值冥行，瞎骑盲进"的困境，"不得不延欧人以司其命"。加上西方对中国实行技术封锁，使他创办的大生纱厂不得不在较长时间里受洋人控制。

---

① 张謇：《谢参观南通者之启事》，张謇研究中心等编：《张謇全集》第 4 卷，南京：江苏古籍出版社，1994 年，第 468 页。

② 张謇：《欢迎日本青年来通参观演说》，张謇研究中心等编：《张謇全集》第 1 卷，南京：江苏古籍出版社，1994 年，第 599 页。

③ 张謇：《师范学校开校演说》，张謇研究中心等编：《张謇全集》第 4 卷，南京：江苏古籍出版社，1994 年，第 24 页。

张謇认为，要提高人的素质，关键在于教育。他认为，欧美正是因为有如此发达的教育，才有国民的高素质与国家的强盛。因此，中国要自强自立，必须从普及国民教育，开民智、明公理，提高民众素质入手，这是强国富民的根本大计。他反复疾呼："救亡之策，莫急于教育""谋一国之强，基于教育""窃惟环球大通，皆以经营国民生计为强国之根本。而其根本之根本之在教育"。[①]

在没有政府支持和其他方面来源的极其艰苦的条件下，张謇先后创建各类学校 300 多所："教育除地方各村镇公立私立之初高等小学校二百四十余所外，凡专门之校六：曰男初级师范学校；曰女初级师范学校，女工传习所附焉；曰甲乙种农业学校；曰甲乙种商业学校；曰纺织染学校；曰医学校。"[②]为南通的现代教育发展与人民的整体素质提高打下了良好的基础。此外，张謇提出的一整套现代教育思想，如系统教育、实用教育、职业教育、全面教育等，都具有很高的价值。[③]

（三）实业与慈善二位一体观念

经济基础决定上层建筑，张謇之所以能够在南通建立起一个几乎无所不包的地方慈善体系，这与他所创建的大生纱厂有着不可分割的关系。没有大生纱厂带来的巨额利润，就没有南通慈善事业的辉煌成就。

在张謇看来，大生纱厂的获利与南通慈善事业是二位一体的。他认为，南通为"产棉最优、销纱最多之区，亦即收棉较廉、售纱较胜之区"，纱厂获利，"实为地利"。若想"享地方之厚利，必应报地方以优待"，如此，方能有利于大生纱厂的长远发展。张謇投入慈善事业的巨额费用，大部分来自自己的积蓄，用他自己的话说就是"二十余年自己所得之公费红奖，大部分用于教育慈善公益"；小部分来自兄长张詧资助；还有一部分是从大生纱厂抽调的资金。截至 1921 年，大生一厂与二厂历年共计 120 万两公积，单以张謇名义借出办慈善事业的

① 张謇：《代鄂督条陈立国自强疏》，张謇研究中心等编：《张謇全集》第 1 卷，南京：江苏古籍出版社，1994 年，第 35—36 页。

② 张謇：《拟领荒荡地为自治基本产请分期缴价呈》，张謇研究中心等编：《张謇全集》第 4 卷，南京：江苏古籍出版社，1994 年，第 406—407 页。

③ 严翅君：《伟大的失败的英雄——张謇与南通区域早期现代化》，苏州大学中国近现代史专业博士学位论文，2001 年，第 132 页。

就有 60 万两。由大生纱厂垫支部分,张謇也认作自己所负之厂债,愿以股息及"隐退费"(即退休金)偿还。

(四) 多管齐下推进方式

张謇在 1905 年以后,尤其是在 1908 年清政府颁布"城镇乡地方自治章程"之后,公开提出地方自治的概念。张謇给地方自治立下的目标是建成一个"新新世界",在这个世界里,"内而耕凿食衣技工商贾行旅负贩,男男女女,幼幼老老,扶翼教诲,治疗存问,济助救恤;外而水陆津梁车船庐馆及于纳税当兵,所为自存立,自生活,自保卫,以成自治之事,罔勿及者"。[①] 张謇将实业、教育、慈善作为其实现"新新世界"目标的三大支柱。其中,实业是物质基础,教育与慈善是最根本与最关键的环节。1921 年,张謇在致南通县长的一封信中更为明确地谈道:"查地方自治,以进增社会之能率,弥补人民之缺憾为其职志。而进行之事业,属于积极之充实者,最要为教育;属于消极之救济者,最要为慈善。教育发展,则能率于以增进;慈善周遍,则缺憾于以弥补。"[②]

为了尽快实现"新新世界"目标,张謇对教育、慈善以及公益事业实行"一揽子"战略推进方式,多管齐下。从张謇 1915 年给北洋政府的一个呈报中可知,张謇在十多年时间里,办了大量的教育和慈善事业。

"南通教育、慈善之发端,皆由实业。创办之始,或以謇兄弟朋好所得于实业之俸给红奖,或由謇兄弟朋友于实业有关系之人展转募集。教育除地方各村镇公立私立之初高等小学校二百四十余所外,凡专门之校六:曰男初级师范学校;曰女初级师范学校,女工传习所附焉;曰甲乙种农业学校;曰甲乙种商业学校;曰纺织染学校;曰医学校。其缀属之事三:曰博物苑,曰图书馆,曰气象台。慈善除旧有恤嫠、施棺、栖流诸事外,凡特设之事六:曰新育婴堂,曰养老院,曰医院,曰贫民工场,曰残废院,曰盲哑学校。总凡十有六所。"[③]

---

① 张謇研究中心等编:《张謇全集》第 4 卷,南京:江苏古籍出版社,1994 年,第 465 页。

② 张謇:《为教养公积社备案事致南通县长书》,杨立强编:《张謇存稿》,上海:上海人民出版社,1987 年,第 612 页。

③ 张謇:《拟领荒荡地为自治基本产请分期缴价呈》,张謇研究中心等编:《张謇全集》第 4 卷,南京:江苏古籍出版社,1994 年,第 406—407 页。

（五）富而教之，使富帮穷

张謇认为，“贫富是事实，颇难解决”，这样就造成了社会的不平等。解决的办法就是按照孔子所说的“富而教之”的思想，“先励富，使人富而后仁义附焉”。通过道德教育使富人具备美德，乐善好施，热心投资和捐资教育、慈善和公益，并相信定能“收效之宏”。[①] 同时让国家明定法令，使富帮穷。张謇希望通过“富而教之”的手段，使有钱人慷慨解囊，支持教育、慈善、公益事业，帮助更多的人实现社会公平。[②]

“鄙人向来不言社会主张，惟见社会不平，必求所以改革，故办种种实业教育，为穷人打算，不使有冷馁之忧，但亦不能令人人温饱。贵贱是虚荣，本无足轻重，现时尤无关系……粲然具备，此虽非社会主义，颇足以泯除社会上之不平等。将来国家苟能明定法令，使富人帮助穷人，则尽善矣。”[③]“故中国目前之最要政策，厥惟保富。”[④]

（六）主要依靠个人力量

张謇兴办众多慈善事业，主要由其个人出资，而不是依靠他人或社会捐款。截至 1925 年年底，张謇用于地方慈善的经费已达 150 余万规元两，合弟兄所助，已超过 200 万规元两，加上自身单独负债约 90 万规元两，总计金额约 300 万规元两。[⑤] 在近代中国，慈善事业一般都是以社会和某些人的捐款而兴办的，很少有像张謇这样主要依靠自己的力量，兴办如此众多的社会公益事业。有的人或许能够独自捐资做一二件善事，或是为地方兴办少数福利事业，却无人能够与张謇相提并论，更难以独自承担一座城市慈善事业的整体社会

---

① 张謇：《尊孔会第一次演说》，张謇研究中心等编：《张套全集》第 4 卷，南京：江苏古籍出版社，1994 年，第 148 页。

② 严翅君：《伟大的失败的英雄——张謇与南通区域早期现代化》，苏州大学中国近现代史专业博士学位论文，2001 年，第 105 页。

③ 张謇：《为沪案召集学生演说》，张謇研究中心等编：《张謇全集》第 4 卷，南京：江苏古籍出版社，1994 年，第 216 页。

④ 张謇：《为沪案召集学生演说》，张謇研究中心等编：《张謇全集》第 4 卷，南京：江苏古籍出版社，1994 年，第 217 页。

⑤ 张謇研究中心等主编：《张謇全集》第 3 卷，南京：江苏古籍出版社，1994 年，第 112 页。

改造工程。[①]

张謇为在南通建设一个“新新世界雏形”，不惜牺牲自己的生命财产，用他自己的话说，献出了自己的“皮骨心肉”。[②] 据张謇在《为南通地方自治二十五年报告会呈政府文》中称：南通交通、公益、慈善、包括盐垦、水利诸事，“综计积年经费所耗，达百数十万，皆以謇兄弟实业所入济之。岁丰则扩其范围，值歉则保其现状，不足又举债以益之，俟有赢羡而偿其负”。[②]在办慈善事业经费实在困难时，他还多次去卖字。除了把自己的财产全部用于南通慈善事业外，还把自己家藏和友人赠送的古董器物全部赠给博物苑陈列；自己家藏的书，大部分送给南通图书馆，不留给子孙。而他自己一生极为节俭，极为刻苦，“穿的衣衫，有几件差不多穿了三四十年之久，平时穿的大概都有十年八年；如果袜子袄子破了，总要加补丁，要补到无可再补，方才换一件新的”。“平常走路，看见一个钉，一块板，都捡起来聚在一起，等到相当的时候去应用它。”[③]张謇认为，他这样做，既不是所谓积阴德，也不是沽名钓誉，而是“救得一人，总觉心安一点”。[④] 他始终以古代圣王造福天下人民不惜牺牲自己一切的精神，营造着南通的一切。

三、张謇慈善思想与活动的局限性

（一）缺乏制度依托

张謇强调通过道德教育，提高富裕群体的道德水准，使富人施惠于穷人而形成公平互爱的社会。这是一种不切实际的想法。因为社会公平首先是一个制度问题，没有制度依托，仅靠道德说教而达到社会公平的努力是徒劳的。

一方面，随着工业化与商品经济在中国的蔓延，“开拓竞争”“功利主义”“君子言利”“平等互惠”的新观念猛烈冲击着“君子喻于义，小人喻于利”的陈

① 朱英：《论张謇的慈善公益思想与活动》，《江汉论坛》2000年第11期。
② 张孝若：《南通张季直先生传记》，上海：中华书局，1930年，第351页。
③ 张孝若：《南通张季直先生传记》，上海：中华书局，1930年，第344页。
④ 张孝若：《南通张季直先生传记》，上海：中华书局，1930年，第380—381页。

旧道德观，与此相对应，“尊孔崇圣”“仁者爱人”“恩泽于民”“惠施于人”的传统道德说教已经显得苍白无力，很难调动起人们的道德激情。所以，尽管张謇幻想着通过“富而教之”的手段，能使有钱人慷慨解囊，支持教育、慈善与公益事业，帮助更多的人实现社会公平，事实上人们并不理会他那一套道德说教。大生纱厂利润分配的比例与办法非常能说明这一问题。原定大生纱厂的利润，扣除8%的“官利”分给股东外，余利作13股分配，以10股归股东，2股归绅董花红，1股归各执事花红。后来办了师范，改为14股，增加的一股作为师范学校常年的经费。至首届董事会讨论时，有人认为拨助师范的经费是总理张謇个人之道德，与公司无涉。经过讨论，最后公议分配花红的比例是：股东10成，总理2成，5所所长及机匠1成，各执事1成。总理的2成包括师范的经费及必要的股东报酬在内。[①] 本来，张謇想效法圣人，以一己之“公心”，发而“感天下之心”，结果，连他身边的人都不愿承担道德义务。最后，张謇只得孤军奋斗，只有“謇兄弟朋好所得于实业之俸给红奖”，支撑着南通教育、慈善和公益事业的庞大经费需要，迫不得已时，张謇还亲自鬻字，以应教育、慈善、公益事业所急需。最后他终于感到“地方之力有限，私人之力更有限，愚兄弟相对旁皇，莫知所措”。[②]

另一方面，在没有制度支持的情况下，张謇本人也难以完全做到“人富而仁义附焉”。张謇用自己的积蓄建立了一些慈善机构，似乎救助了一部分“失养”之人。然而，更为本质的问题是，在张謇的企业里、垦区里，成千上万的工人、农民却遭受着残酷的剥削。[③] 从工人最为关心的工资、工时问题来看，大生纱厂全盛时期的工资，男工日工资2.5—6角，女工日工资2—4角，童工工资则更低，一般难以维持生活，所以下班以后还得参加农田或家庭手工业劳动，以维持日常生计。每天劳动时间均在12小时以上，有的高达16至18小时。除此之外，还有种种超经济的强制和压迫，如“罚”（扣工资）和“革”（开除）、“存

---

① 《大生系统企业史》，南京：江苏古籍出版社，1990年，第131页。

② 张謇：《自治报告会会因灾重展期至民国十六年》，张謇研究中心等编：《张謇全集》第4卷，南京：江苏古籍出版社，1994年，第463页。

③ 严翅君：《伟大的失败的英雄——张謇与南通区域早期现代化》，苏州大学中国近现代史专业博士学位论文，2001年，第106页。

工”(硬性规定工人将星期一或星期二的工资存厂)。垦区的剥削更为残酷,到交租时,除付给公司农田收获之四成外,还要向代为筹措费用的公司人员(很多农民在承租时交不起“顶首费”和“写礼钱”,只得央求公司人员代为筹措)偿付三成或四成。这样,佃户辛辛苦苦一年只能得两到三成,加上高利贷的盘剥,佃农也很难维持基本生活,因而反抗不断。[①] 纱厂和垦牧公司不得不建立一些武装机构,镇压反抗。大生纱厂成立了“实业警卫团”,通海垦牧公司则成立了“保安中队”,并以大生纱厂名义呈准苏松太兵备道,购领了洋枪。[②] 这些都说明当时大生和垦区的穷富矛盾极其尖锐。

（二）制约企业发展

1. 随意抽调企业资本投向社会事业

“一揽子”推进慈善事业使得张謇不仅花光了自己的所有积蓄,而且违背了一个实业家应遵从的起码的规则,随意抽调大生的资本办他想办的大量事业,这对本来资本就极其薄弱的大生来说,无疑是釜底抽薪。[③] 大生一厂与二厂历年(1899—1921 年)所提公积不过 120 余万两,单以张謇名义借出办慈善等事业的就有 60 万两,最后能够用于再生产的资本所剩无几。由于资本积累极其薄弱,大生企业集团发展长期依赖招新股和借贷,于是又逐渐地陷入了信用危机。[④]

然而,张謇并没有对他擅自动用资金投向与企业并无直接关系的慈善事业的做法检讨。理由是他办纱厂是为社会,不是为股东个人,因而是当“公仆”,而不是当“众仆”。所以,张謇不称自己是“企业家”“商人”,而是“通官商之邮”的士绅,也就是坚持道德风义和气节的地方士大夫。事实上,他在自觉地扮演着企业家这个角色时,更自觉地扮演着点化民众、教化民众、救助民众、造福一方民众的士绅领袖角色,用他自己的话说:“言商仍向儒。”这就常常导

① 章开沅:《开拓者的足迹——张謇传稿》,上海:中华书局,1986 年,第 132 页。

② 严翅君:《伟大的失败的英雄——张謇与南通区域早期现代化》,苏州大学中国近现代史专业博士学位论文,2001 年,第 192 页。

③ 严翅君:《伟大的失败的英雄——张謇与南通区域早期现代化》,苏州大学中国近现代史专业博士学位论文,2001 年,第 199 页。

④ 严翅君:《伟大的失败的英雄——张謇与南通区域早期现代化》,苏州大学中国近现代史专业博士学位论文,2001 年,第 141 页。

致张謇为道德需要而做出违背经济规律的行为,使企业陷入困境。

2. 违背经济规则,忽视企业资本积累

大生纱厂从 1899 年开车生产,到 1925 年 7 月被债权人接管,20 多年中对自身资本的积累一直不予重视,基本采取竭泽而渔的经营方式。大生从原始资本不足 45 万两银子起家,发展到后来的拥有 4 座棉纺织厂、40 多个企业和事业单位,总资本达 3400 万元的全国最大的民族企业资本集团——大生企业系统,其扩展的资金却建筑在极其脆弱的信用膨胀基础之上。[①] 这就使得企业根本经不起市场波动,一旦经营失利,随即陷入周转不灵的境地,并不得不走上以厂抵债维持营运的险途,最终导致银团接管。

大生不重视资本积累,实质上是因为张謇为了实现"一揽子"战略推进方式,无视经济原则,抽调大生资金去创办、扶植诸多子公司和慈善事业,威胁到股东利益,从而引起股东的责难和抵制,张謇为了换取股东对他继续推行原有决策的同意,只得以牺牲企业积累来满足股东的利益。由此,大生不但从 1905 年起停止提取存余,十足地实行有利尽分,而且把以往的存余也分光用光,人为地把当年的红利率拔高至 22%。[②] 张謇的这一决策埋下了极大的隐患:一是形成了大生股东只重厚利,不顾及企业长远前途,凡盈利之年,股东得利全分,绝不肯加厚厂本;亏蚀之年,宁借债发息,也不愿停息以资营运。二是张謇既要满足股东的利益欲,又要扩展企业,还要大办教育和慈善事业,不仅堵死了大生资本积累的途径,而且敞开了资本外流的口子,活力大受削弱。[③]

(三)忽视客观环境条件限制

张謇把建设"新新世界雏形"的社会理想视为一个封闭环境中的"村落式"实验,在经济、文化、社会交往方面实行封闭式运营。他在经营南通实业、教育、慈善等事业时,像呵护温室中的植物一样,千方百计地造就一个封闭的环境,唯恐外在环境的风雨对它进行摧残。1920 年,自称常州张謇的常州武进县

---

① 《大生系统企业史》,南京:江苏古籍出版社,1990 年,151 页。

② 姜伟:《从大生纱厂的年度财务报表看其兴衰原因》,严学熙等主编:《近代改革家张謇 第二届张謇国际学术研讨会论文集》(下集),南京:江苏古籍出版社,1996 年,第 737 页。

③ 严翅君:《伟大的失败的英雄——张謇与南通区域早期现代化》,苏州大学中国近现代史专业博士学位论文,2001 年,第 188 页。

商界领袖钱以振去南通参观之后，发现了南通事业最大的特点："各种事业兼程并进，唯境外交通置之后图……全国无论如何鼎沸而南通则自养其兵，自教育其子弟而发挥其实业。"[①]该评价指出了张謇所经营的事业极端封闭的事实。

张謇营造了南通封闭的市场环境。大生纱厂的起步，是依靠南通自成体系的小循环市场就地购棉，就地销纱。张謇为了保住地方利益不至于外溢，逐渐把南通的市场体系封闭起来。首先，张謇使南通纺织业孤立于世界纺织业，既不参与世界市场竞争，也没有不断学习和接纳世界先进的纺织技术，只满足于在南通这一片孤立的、独立的地方市场上封闭地发挥自身优势。其次，他坚决反对外地人在南通开办纺织公司。张謇曾呈报商部批准，在百里之内由大生专利 20 年，不准别家设立纱厂。这使大生带上了浓厚的地方性垄断和封闭色彩。[②] 因为没有竞争的氛围，大生纱厂开办 20 多年仍然维持在开办时的水平，设备、技术、管理全面老化，以至成为全国纺织工业中的落伍者。然而，世界纺织技术的进步导致中国土布劲旅——关庄布解体，大生纱厂无力应对市场变化，最终导致大生的全面失利，张謇所经营的、由大生支撑的南通各项事业也严重受损。

南通的政治环境更是封闭。当时的中国正处于风雨如磐的动荡年代，西方的侵扰，国内的动乱，世界性经济、政治、文化潮流的冲击，混成一片。张謇为了使他苦心经营的"新新世界雏形"有一个适宜生存和发展的环境，费尽了思虑，使当时的南通成为一个远离政治纷扰的"桃花源"。张謇虽然不屑于做官，但是其后半生始终笼罩于各种官方头衔之下：翰林院修撰、奉旨总理、两江商务局总理、江苏谘议局议长、实业部总长、农商部总长、全国水利局总裁、吴淞商埠督办等等，或实或虚，他始终有着政府官员的身份。对于包括戊戌维新、东南互保、清末立宪、南北议和、北洋政府成立等在内的清末民初的大多数政治活动来说，张謇都是重要参与者，目的就是借助官府的力量和自己的政治资源保全南通地区的安定及发展。自辛亥革命后至 1924 年江浙战争前十余年里，南通地区保持着相对安稳的局面而不受战火肆虐，这与张謇利用其"亦

① http://www.historyhots.com/s/%E5%BC%A0%E8%AC%87/.

② 《大生系统企业史》编写组：《大生系统企业史》，南京：江苏古籍出版社，1990 年，第 42—43 页。

官亦绅”的身份不断周旋于各派军阀间、委曲求全以谋地方安定的做法密不可分。①

乌托邦的理想在封闭式实验中常常光彩一时，但一旦发生实质性的环境交流，失败便成必然。因为任何社会的发展总是不可避免地与外部环境发生交流。只有直面环境，适应环境，改造环境，才有发展的活力与强大的生命力。任何置客观环境条件于不顾，人为地封闭环境，即使可能使社会获得一时的发展，但也难以持久。到头来，封闭社会将会越来越失去生存能力，最终陷入无法发展甚至自我衰退的过程中。张謇营造的“新新世界雏形”的失败，与此直接相关。

（四）对全局缺乏合理性思考和把握

张謇为他心目中的“新新世界雏形”选择了“一揽子”的推进方式，做成了许多开创性的业绩。在原本较为偏僻的南通出现了近代第一所由中国人自办的盲哑学校，第一所地方博物馆、公共图书馆和气象台，此外，还有其他各种为数众多的慈善事业。南通因此成为中国的模范县。

“南通县者，固国家领土一千七百余县之一，而省辖六十县之一也。以地方自治实业教育慈善公益各种事业之发达，部省调查之员，中外考察之士，目为模范县。”②

然而，这种推进方式的选择主要来源于伦理激励，而不是建立在合理利益计算、“数字化”理性的根基之上。张謇在企业羽翼未丰之时，在外部环境、企业发展方向等很多因素都不确定的情况下，大量挪用大生的资金扩张南通各类社会事业，实行经济教育慈善事业“一揽子”推进，造成“本小事大”的矛盾。自实行该种推进方式后，大生企业集团迅速被掏空，跌入巨额亏损，从此由盛而衰。在张謇逝世前一年，面对事业的全面危局，他已看到其失败的要害是“急进务广”：“南通实业，三五年来急进务广而致牵搁。”③

① 周秋光，李华文：《达则兼济天下：试论张謇慈善公益事业》，《史学月刊》2016 年第 11 期，第 79—88 页。

② 张謇研究中心等编：《张謇全集》第 4 卷，南京：江苏古籍出版社，1994 年，第 434 页。

③ 张謇：《为实业致吴季诚函》，张謇研究中心等编：《张謇全集》第 3 卷，南京：江苏古籍出版社，1994 年，第 837 页。

在社会发展目标的整体推进中，张謇也缺乏理性把握。各国现代化的实践证明，现代化目标是一个体系，但这一整体目标体系不可能“一揽子”实现。历史的辩证法显示，既要承认现代发展的整体性，同时又要认识到任何目标的实现都要受到客观条件的限制，因而社会发展目标常常不可能在所有方面同时展开，而要在一定时间跨度内逐步梯次推进。在整体目标展开过程中，具体目标实现的孰前孰后，必须结合具体情况理智地做出安排。张謇显然在此方面缺乏理性考虑。张孝若在《南通张季直先生传记》中的一段话，准确地说明了张謇在这方面的思维特征。他“只认定凡自治先进国应有的事，南通地方应该有，他就应该办；他不问困难不困难，只问应有不应有”[①]。“不问困难不困难，只问应有不应有”，尽管表达了一种对南通区域现代化的强烈追求，一种不怕困难、顽强拼搏的意志，但也反映了张謇对全局缺乏合理性思考和强行为之的态度。兴办慈善事业，他花光了自己所有积蓄，同时，也把大生历年积累的一半抽去投入慈善事业，这对本来资本就极其薄弱的大生，无疑是釜底抽薪。

四、对当代共同富裕实践的启示

共同富裕是中国人几千年来的价值追求，从孔子设想的大同社会到康有为的大同思想，都反映了国人对共富的持久期盼。今日之中国，“共同富裕”作为社会主义的本质要求以及中国式现代化的重要特征已经深入人心。张謇理想中的“新新世界雏形”是一个“老吾老以及人之老，幼吾幼以及人之幼”的公平互爱的社会，体现了对共同富裕的憧憬和向往。虽然斗转星移，环境已经发生了很大变化，今天所追求的共同富裕，正是张謇所追求的社会理想的继续。张謇在追求理想社会过程中的经历以及失败的教训，对当今中国追求与实现共同富裕具有十分重要的借鉴意义。

（一）实现共同富裕要靠制度保障

张謇强调通过道德教育防止社会贫富悬殊，忽视了制度建设的重要性。

---

① 张孝若：《南通张季直先生传记》，上海：中华书局，1930 年，第 375 页。

他要求众人均像自己一样，笃信“孔子富而教之之义”“先励富，使人富而后仁义附焉”。然而，中国不可能处处都有一个“张謇”，也不能总是以对自己的要求来要求他人。最后，弄得“上而对于政府官厅，无一金之求助，下而对于社会人民，无一事之强同”，[①]张謇只得孤军奋战，以他个人力量支撑着南通教育、慈善事业庞大的经费需要，终究难逃人存政举、人亡政息的历史悲剧。这启示我们，解决社会公平问题，实现共同富裕，从根本上说要靠制度保障。

近年来我国收入分配领域存在着一些突出的问题，主要表现为居民收入差距巨大，贫富悬殊。具体表现在：城乡居民收入差距居高不下、地区之间居民收入差距呈扩大趋势、城镇居民家庭收入差距迅速扩大、财产占有量高低悬殊、行业间工资水平差距逐年扩大。

之所以出现这种情况，是因为无论是在初次分配环节还是在再分配制度上，我国都存在不同程度的问题。在初次分配方面，初次分配结果的合理性和公平性很大程度上依赖于要素市场的完善程度。然而，我国生产要素市场的培育和发展仍存在不少缺憾，要素市场的形态距离真正市场经济的要求还相差甚远，远不能做到“让市场在资源配置方面起到决定性的作用”。[②] 比如，劳动力市场存在严重的市场分割现象，资本市场和土地市场存在明显的垄断和扭曲，带来各种寻租和腐败行为。[③] 在再分配方面，现有的税收和社会保障制度在调节收入分配上发挥的作用有限。众所周知，税收体制调节收入差距方面主要是靠个人所得税，而它在国家税收收入和财政收入所占比重不大。[④] 相比而言，我国间接税却占政府财政收入的很大比重，而间接税的性质决定了其具有扩大收入差距的功能。而且，个人所得税在很大程度上只是一种“工薪税”，对于不靠工薪收入的高收入人群来说，该税种对其收入无关紧要。因而在直接税比重偏低、间接税比重偏高的情况下，政府税收也就难以发挥调节收入分配的功能。尽管近年来政府加大了对低收入人群转移支付的力度，但受

---

① 张謇：《为南通地方自治二十五年报告会呈政府文》，张謇研究中心等编：《张謇全集》第4卷，南京：江苏古籍出版社，1994年，第458页。

② 李实，朱梦冰：《推进收入分配制度改革，促进共同富裕实现》，《管理世界》2022年第1期。

③ 李实，朱梦冰：《推进收入分配制度改革，促进共同富裕实现》，《管理世界》2022年第1期。

④ 2010年个人所得税占国家（中央和地方）财政收入的5.8%，占税收收入的6.6%，到2020年这两个比重分别为6.3%和7.5%[数据来源：国家统计局网站（stats.gov.cn）]。

到各种因素的限制，它在缩小收入差距方面起到的作用是比较有限的。[①] 在财政支出方面，经济建设比重过高，社会福利事业投入比重较低，调节收入分配的能力有限。财政投资利贫导向不明显，在教育、医疗、儿童营养等有助于改善收入分配的项目上的支出虽提高较快，但力度仍然不够。社会保障制度碎片化和差异化发展，城乡间和人群间的待遇存在较大差别，不仅不能有效发挥缩小收入差距的再分配功能，反而在一定程度上拉大了收入差距。[②]

共同富裕的实现，需要构建公平合理的收入分配制度。中国初次分配中的问题主要源于生产要素市场的不完善。因此，在初次分配领域，收入分配制度改革更多地需要借助于总体改革的推进。特别是中国生产要素市场的改革与初次收入分配制度的改革相辅相成，甚至很大程度上前者的进展决定了后者的进展，前者的成功决定了后者的成功。因此，初次分配制度改革的重点是解决市场不完善和扭曲造成的利益分配不平衡问题。在再分配领域，增加税收调节收入的分配作用，增加公共转移支付的再分配功能应该成为公共财政改革的出发点和落脚点。与此同时，要完善社会保障制度，缩小社会保障制度的差异性，加大对低收入人群和相对贫困人口的转移支付力度。[③]

（二）企业经济责任始终是企业最基本的责任

在国家无独立自由，政府对民生疾苦无能为力又作为不当的时代，张謇凭借自己的道德热情和社会理想，在没有制度支持、无法调动社会和政府力量的情况下孤军奋战，自己的力量不够，只能从大生抽款，不仅威胁到股东利益，而且影响了企业自身资本的积累，影响了企业的再生产，同时反过来使慈善事业发展受阻。在攫取利润和回馈社会之间，商人应该如何把握？企业到底有哪些社会责任？张謇毕生的经历、价值取向、思维方式等对企业兴衰的影响留给我们诸多的思考和启示。

企业到底要承担哪些社会责任？研究者们对此有不同的看法。其中最为

---

① 李实，朱梦冰，詹鹏：《中国社会保障制度的收入再分配效应》，《社会保障评论》2017 年第 4 期。

② 刘柏惠，汪德华，毛中根：《中国收入分配体制改革路径选择研究》，《南京大学学报（哲学・人文科学・社会科学）》2014 年第 2 期。

③ 李实，朱梦冰：《推进收入分配制度改革，促进共同富裕实现》，《管理世界》2022 年第 1 期。

广泛接受和最常提及的当属美国佐治亚大学教授阿奇·卡罗尔1979年提出的企业社会责任金字塔。卡罗尔认为,企业社会责任意指某一特定时期社会对组织所寄托的经济、法律、伦理和自由决定(慈善)的期望。企业的所有社会责任等于经济责任、法律责任、伦理责任和慈善责任之总和,其中经济责任指盈利,法律责任指守法,伦理责任指合乎伦理地做事,慈善责任指成为好的企业公民,如给社区捐献资源、改善生活质量等。这四种责任构成一个金字塔,经济责任处于最底层,第二层为法律责任,第三层为伦理责任,最高层为慈善责任。① 企业经济责任具体包括两层含义:一是为股东谋求最大利益;二是为社会提供高质量的产品和服务,以增进社会财富和福利。

企业经济责任是企业最基本的责任。首先,根据企业的目的和宗旨,为股东谋求最大利益是企业的基本责任,也是企业赖以生存和发展而必须承担的义务,所以它基本上是一个客观的、无法否认的事实。其次,从实现共同富裕角度来看,社会财富的极大丰富是共同富裕的基础和前提,需要企业为社会提供高质量的产品和服务,为社会创造更多的高质量就业机会与财富。这样才能为员工提供更多的经济报酬与更好的生活条件,为政府提供更多的税收,进而政府才有能力为社会提供更多的公共产品与公共服务,给弱势群体提供更多的福利,进而使得弱势群体也能通过财富再分配方式过上有一定水准的生活。

(三)企业参与慈善事业应量力而行

就地方慈善而言,张謇早已超出一位实业家应该为国家与社会所尽的责任,他对南通一域之事几近全盘包揽,甚至代行部分政府职权。但是,由于摊子铺得太大,步子迈得太快,使企业不堪重负。张謇把实业看作教育和慈善之“本”,但是,他在这个“本”并未完全牢固时,超越实业所能负担的限度发展教育和慈善事业,这使他的“新新世界”里的各项事业只有辉煌其表,不久便危机迭起。当前,在实现共同富裕的背景下,以慈善为导向的第三次分配成为国家基础性制度安排,国家鼓励支持企业家和企业参与慈善事业。张謇失败的教

① (美)阿奇·B.卡罗尔,安·K.巴克霍尔茨:《企业与社会——伦理与利益相关者管理》,黄煜平等译,北京:机械工业出版社,2004年,第26页。

训启示我们，企业参与慈善事业是有限度的，必须考虑企业经营管理的实际情况，做到量力而行。

著名管理学家詹姆斯·E.波斯特对企业履行社会责任的约束做了较为全面的分析。他认为：一是企业社会责任行为必须在法律许可的范围内；二是企业承担社会责任要考虑成本和效率的限制，要求企业超出成本和效率条件去承担社会责任是不现实的；三是企业履行社会责任会受到社会问题的范围和复杂性的限制。[①] 慈善作为企业社会责任的一个重要内容，自然也受到上述条件的制约。

企业参与慈善事业不仅受到上述诸种限制，而且还有一个与其实际能力相称的问题。也就是说，企业参与慈善事业必须符合企业实际，必须考虑企业的相应能力。根据卡罗尔的企业社会责任金字塔，慈善责任是企业最高层次的社会责任。根据管理学家罗宾斯提出的企业承担社会责任的四阶段逐步扩展的模型，企业对社会整体负责，企业对社会公众利益承担责任即参与慈善是企业承担社会责任的最后阶段。[②]

罗宾斯认为，作为一个管理者，在追求社会目标方面，即在承担社会责任方面，他所做的一切取决于他认为对其负有责任的人或人们，即取决于他的社会责任意识。处在第一阶段的管理者将通过寻求使成本最低和使利润最大来提高股东的利益。在第二阶段，管理者将承认他们对雇员的责任，并集中注意力于人力资源管理，因为他们想获得、保留和激励优秀的雇员。他们将改善工作条件、扩大雇员权利、增加工作保障等。在第三阶段，管理者将扩展其目标，包括公平的价格、高质量的产品和服务、安全的产品、良好的供应商关系以及类似的方式。此时，管理者觉察到他们只有通过间接地满足其他利益相关者的需要，才能履行对股东们的责任。第四阶段，管理者对社会整体负责，他们对提高公众利益负有责任。承担这样的社会责任意味着管理者积极促进社会公正、保护环境、支持社会活动和文化活动。

罗宾斯的这一社会责任扩展模型实际上揭示了企业在不同发展阶段和拥

---

① 赵德志：《现代西方企业伦理理论》，北京：经济管理出版社，2002 年，第 23—24 页。

② （美）斯蒂芬·P.罗宾斯，《管理学》，黄卫伟等译，北京：中国人民大学出版社，1997 年，第 101—102 页。

有不同能力时期的选择，虽然不一定完全符合实际，但他说明了一个道理，企业履行社会责任的程度和范围与企业的实际状况、经济实力、管理者的责任意识及权限等密切相关。①

① 龚天平：《企业社会责任：内涵及其限度》，《吉首大学学报(社会科学版)》2007 年第 3 期。

张謇近代慈善公益探索于新时代共同富裕的特殊意义

叶沈良[①]

（南通市慈善总会）

张謇是个心有大世界、胸怀大格局的人。他一生办企业，办教育，办慈善，在他的人生旅途中，从不把金钱财富的积累看作自己的人生追求，而是把社会的共同进步、百姓的共同富裕看作自己的责任。张謇的这种士大夫情怀，是大仁大义的中国儒家学士的写照，也是对中华民族优秀文化的继承。以共同富裕的理念来看，张謇在他的时代里践行着属于他自己的信条，他把自己的人生价值定位在百姓共同享受社会成果的范畴之内，孜孜以求他理想社会事业的完善和完美，张謇的这种精神追求有其特殊的时代锋芒与社会意义。

张謇追求的共同富裕，并不是说从物质上让所有人共同在一条起跑线上拥有财富，而是在精神上，让社会的各个层面都享有自身的长进和积累，从而改变自己的人生，在人生的道路上增长自己的财富。这样的共同富裕，才应该是本质上的共同富裕。张謇追求的共同富裕有很多方面值得后人借鉴，尤其是张謇在近代慈善公益领域对社会共同富裕的探索，给了我们很多的启迪与教益。

张謇谈道："我要去做东家，难有伙计，要做伙计，难有东家。"他内心蕴蓄着崇高的社会理想，作为一个孤独的先行者，他时时不忘兴国之梦。张謇兴办博物馆、图书馆等公共设施，他认为这是兴办慈善公益的重要举措。为征集先辈留下的诗文集、民间收藏的书画以及所藏金石古器，他强调："自欧人导公益

① 叶沈良，南通市慈善总会副会长。

于文明，广知识于世界，上自皇家，下迄县郡地方学校，咸有博物馆之设。”[①]因此，中国要光大文明，增进知识，也应设立博物馆。也因如此，南通建起了中国历史上的第一个博物馆。

兴办书馆，以启民思。1912 年，张謇把南通城南东岳庙改成南通图书馆。图书馆创设之初，有藏书 13 万卷，张謇个人捐赠的就有 8 万卷。在 20 世纪，南通图书馆一直是全国县立图书馆中的佼佼者。张謇兴办图书馆想法的产生主要受到两个方面的影响。其一，受绍兴古越藏书楼的影响。张謇到绍兴考察古越藏书楼以后写了一篇题为《古越藏书楼记》的文章，称亦欲效所为。其二，受西方先进思潮以及示范效应的影响。张謇 1903 年去日本进行为期七十天的实地考察，考察中有一项重要内容就是参观博物馆、图书馆。张謇主张图书馆与博物馆合二为一，他在南通创办的博物苑兼具图书馆功能就是这种主张的实际体现。1905 年，张謇按照自己的主张在南通创建了博物苑。张謇认为，图书馆的职能主要有三项：一是为政治、学术服务；二是启迪民智，培育人才；三是保存国粹，防止外流。

建办物苑，以启民智。1905 年，张謇建南通博物苑。张謇认为，创建设立图书馆、博览馆，可以弥补学校资源之不足。张謇为建设南通博物苑倾注了他大量的心血，张謇将自己的藏品全部捐献给了南通博物苑。张謇还多次发表启事，征集展品，期盼“收藏故家，出其所珍，与众共守”[②]。张謇能较早注意到博物馆、博览馆、博览会等在推动社会经济发展上的强大作用，他殚精竭虑、躬行此事，努力倡导并推进。张謇是一个有理想、有抱负的慈善家，一个有着强烈慈善心与社会责任感的儒商。张謇看重近代博览事业，他的聚焦点并不在于经营或者获利，张謇看重的是博览事业的教育功能，即所谓“父教育而母实业”。唯其如此，他才能不计较功利、不计较成败，敢于奋斗。张謇开创的博物馆事业名载中国博物馆史册，张謇是中国近代博览事业的少数开创人之一。

开办林园，以启民识。张謇一生学习不怠，较早意识到园林建设是城市发

---

① 张謇：《通州博物馆敬征通属先辈诗文集书画及所藏金石古器启》，张謇研究中心等编：《张謇全集》第 4 卷，南京：江苏古籍出版社，1994 年，第 278 页。

② 张謇：《通州博物馆敬征通属先辈诗文集书画及所藏金石古器启》，张謇研究中心等编：《张謇全集》第 4 卷，南京：江苏古籍出版社，1994 年，第 279 页。

展中的重要组成部分，张謇建唐闸公园、南通博物苑、五公园等，为南通百姓提供了了解植物的园地。时至今日，唐闸公园仍是附近居民休闲娱乐、散步健身的好去处。在建设南通博物苑时，选择了不同特征的建筑群作为综合性公园，内有植物园和动物园以及博览馆设施。“设为庠序学校以教，多识鸟兽草木之名[①]”，这正是张謇建博物苑的宗旨，也是张謇为民众给予知识教育的重要目的。张謇于濠河边东西南北中方向开建了 5 个小公园，时人称五公园，每个公园承担着不同的娱乐功能，满足不同人群的休闲活动需求。东公园是妇女儿童活动的天地。西公园分为南北两部分，作为市民游玩休闲的主要场所。中公园的园林建筑各具特色，辅道萦回园中，美丽的景观尤其吸引游人。五公园现在已融入濠河周边的游览场地，成为濠河风景的华美乐章，五公园同时也向中外来客诉说着南通城市的历史文化。

张謇是慈善公益的先行者。慈善公益的先行者是后世对张謇的一份肯定，是慈善历史对张謇的一份承认，也是后世慈善学者对张謇慈善事业共同的认可。作为一个慈善公益的先行者，并不是因为张謇先知先觉，而是因为张謇在对事业不断的学习和追求中增强了自己对世界了解的能力，增强了对慈善发展的理解，他善于学习世界范围内的先进的慈善理念、先进的慈善行为，以此来形成自己慈善公益思想的新知。在慈善公益领域，张謇把这种勇气化为自己的行动，他不是脱离历史去创造，而是在变化发展中去创新慈善公益事业，这种创新不是一时的冲动，是张謇对慈善公益的周密谋划，以及他对慈善公益事业帮助百姓的深切期望。张謇在践行自己的慈善公益事业时，以他的影响力号召人们共同行动，张謇的慈善行为影响鼓动有为人士加入慈善公益事业的行列。作为一个先行者，不仅仅有对历史的借鉴、自身的行动，而且还有对大众的影响，以及对慈善公益事业发展的不懈追求，这才是一个真正的先行者的精神和力量。

从张謇对近代慈善公益的探索联系到新时代共同富裕的追求，我们可以体会到张謇追求的共同富裕对当代共同富裕的特殊意义。

---

① 张謇：《题博物苑》，国家清史编纂委员会：《张謇全集》第 7 卷，上海：上海辞书出版社，2012 年，第 441 页。

第一,共同富裕需要物质层面与精神层面的共同追求。张謇在近代慈善公益的建构中,让更多的人在日常生活中享受社会文明与社会进步的良好资源。物资富裕面对的是每一个实实在在的个体,精神富裕涉及社会整体,创立一些能让老百姓普遍感受到的社会进步事业,是对共同富裕的重要贡献。共同富裕不局限于物质上的共同起步,更体现在精神上的共有收获。

第二,共同富裕需要文化层面与思想层面的协同发展。张謇在近代慈善公益的实践中,注重文化层面的引领与思想层面的启发,他践行的慈善公益让更多的人接受知识改变命运的成果,让百姓体会到有了文化上的富裕才能有更多的机会获得物质上的富裕,社会需要更多的人能够理解和参与共同富裕的行动。张謇在他所处的时代践行的慈善公益,很多是非常前卫的社会事业,张謇以舍身喂虎的气魄,推行他的慈善公益,很为后人敬佩。

第三,共同富裕需要有为人士与社会组织的共同努力。张謇在近代慈善公益的推广中,不是喊着口号让大家齐步向前,而是以先行者的模范行为影响、带动社会有志人士一起努力。张謇不但把自己的收益、获利用在了慈善公益上,在困难时期,他还鬻字资助慈善公益。作为一个企业家,张謇的个人生活无需忧虑,作为一个慈善人,张謇一生为百姓的共同富裕去努力。张謇的行动启示当今的企业家应该在社会的共同富裕中承担起自己的社会责任,为社会的发展做出自己更多的努力。

张謇近代慈善体系探索于新时代第三次分配的特殊意义

叶沈良[①]

（南通市慈善总会）

张謇一生兴实业、办教育、行慈善，功绩卓著。张謇行慈善在很多方面凭的是一己之力。他办企业，注重对企业的再投入，注重对工人的再分配，注重把属于个人的收益大都用于慈善事业。张謇不把企业的整体收入用在他对社会事业的追求上，他用办企业所得到的属于个人的回报来贡献社会。张謇的时代没有第三次分配的概念，他是用自己对社会事业的贡献来体现第三次分配的意义。

以第三次分配的概念来看待张謇时代对慈善体系的构建，对我们有很大的启发和现实的意义。张謇是把办企业所得个人收益的绝大部分用在了慈善事业体系的建构中。张謇的奉献完善了南通慈善体系的构建，也可以说他的第三次分配是在他自己对慈善事业的追求中实现的。张謇的这种追求，对我们今天的企业家有很多的借鉴意义。

张謇言之："除旧有恤嫠、施棺、栖流诸事外，凡特设之事六：曰新育婴堂，曰养老院，曰医院，曰贫民工场，曰残废院，曰盲哑学校。"[②]张謇的慈善体系从传统意义上的慈善事业向近代慈善意义上的公益领域拓展，他是以个人的行为来体现第三次分配的意义。如公共安全：警察传习所、模范监狱等；如公共卫生：南通医院等；如交通设施：桥梁、涵闸、路灯、公共车辆等；如通信事业：电报、电话；如公共娱乐：剧场、公园等；如公共科普：博物苑、图书馆等。张謇兴

---

① 叶沈良，南通市慈善总会副会长。

② 张謇：《拟领荒荡地为自治基本产请分期缴价呈》，张謇研究中心等编：《张謇全集》第4卷，南京：江苏古籍出版社，1994年，第407页。

办慈善公益,缜密、庞杂是张謇区别于其他实业家开办慈善事业的不同之处。

幼吾幼,以及人之幼。张謇建成育婴堂。1906 年,张謇在唐闸镇建成新育婴堂,占地有 24 亩,其规模为当时全国最大。新建成的育婴堂内设有内稽查、内堂长、内庶务等,还配备了保姆、教员、乳母、医生等。入堂婴儿为弃婴或赤贫无力抚养者。第一年接受婴儿 305 名,到 1923 年,接收数量约为 1300 名。

老吾老,以及人之老。张謇兴办养老院。1912 年,时值张謇六十大寿,张謇用亲朋好友的祝寿礼金建造了第一养老院,所建养老院可收养 120 位老人。张謇七十岁时,应六十岁生日之时约定,又用贺礼寿金建造了第三养老院,可收养 146 位老人。这两所养老院都建在南通。张謇三哥张詧用七十岁寿辰所得亲朋好友馈送之礼在海门常乐镇建造了一所养老院,称为第二养老院。张謇取"老吾老以及人之老"之意,题书"老老院",周边百姓也有称其为"老人堂"的。"老人堂"有近似于现代提倡老年关怀的理念,使老人有尊严地在世界上度过属于自己最值得珍惜的时光。养老院建成之后,周边数十里地域内无依无靠的鳏寡老人有了栖身养老之所。

护吾护,以及人之护。张謇创办贫民工场。1914 年 8 月,张謇创办南通贫民工场,每年日常经费需要 10000 元大洋,由两淮盐商捐助,场内工人亦参与缝纫、藤器等项工艺生产赚取些收入。另置有园圃百余亩,靠种植蔬菜获得一定收入。场内另有一段养鱼河,养鱼收入有数百元。贫民子弟主要是南通人士,少数外地人士,总人数在 100 人左右。张謇后来另外在盐城东台以及十二圩各又办了一所平民工场。

教吾教,以及人之教。张謇举办盲哑学校。针对盲哑儿童接受不到教育、难以在社会独立谋生的状况,南通盲哑师范传习所于 1915 年创立,这是中国人用自己的力量创办的第一所盲哑师范学校。1916 年,张謇创办南通狼山盲哑学校,这是中国人用自己的力量创办的第一所盲哑学校。从 1916 年到 1926 年,狼山盲哑学校的学生人数从最初的盲哑学生各 4 人攀升至 44 人、教师从 2 人增至 9 人,这在当时算得上大规模了。学校设盲、哑两科,培养盲哑学生独立生存之能力,张謇亲自担任盲哑学校首任校长。

益吾益,以及人之益。张謇开办栖流所。张謇建栖流所鉴于自然灾害频繁发生,各地出现大批流民和极多需要救济之人口,官办养济机构的救助能力已不能满足救助需要，为了弥补官办养济机构的不足，张謇以自己的力量办起栖流所，用时 5 个月而落成，用银 1300 余元。栖流所有一套完整的管理制度，每年需用经费约 1000 元，资金来源除募捐补贴外，不足的费用均由张謇个人捐助。由于栖流所的建立，南通的大街小巷已经看不到乞丐流浪。

利吾利，以及人之利。张謇成立医院。1911 年，通州医院创立。1913 年，张謇、张詧创建南通医学专门学校。同年 5 月，张謇亲自选定了医院地址，他和张詧筹集 16400 余元资金，购得土地 11.7 亩，兴建医院。1914 年 6 月，张謇亲自为建成后的"南通医院"题写院名，并亲自题词："祈通中西，以宏慈善"。

张謇是慈善体系的探索者。任何的探索都不是一帆风顺的，张謇在慈善体系的探索上，他的意志与精神都值得后人敬仰。张謇在他的事业奋斗史上遇到过很多磨难，关键时刻几乎功亏一篑。他在办实业时遇到过磨难，他没有惧怕，没有畏缩，而是在困难面前坚持想法谋道，取得事业的起步与发展。他在办教育事业时遇到过困难和挫折，在教育的各个层面、各个领域，他面对校舍和师资等各种困难，坚持寻找出路与办法，推动教育事业的成功与发展。他办慈善事业也不被认同、不被理解过，特别是在资金短缺的情况下，他也不顾自己六七十岁的年龄，卖字办学、办养老院，如果不是对慈善有着深深的情怀，也不可能有张謇这种以命相搏的奋斗精神。张謇在慈善的路上，在为事业奋斗的路上，从不停止探索的脚步。张謇的实业、教育、慈善留存以及张謇对近代中国的影响足以证明，他是一个成功者，是历史的成功者，事业的成功者，思想的成功者，正是有了他的探索才有了南通今天的辉煌。

从张謇对近代慈善体系的探索联系到新时代的第三次分配，我们可以体会到张謇在他所处时代对完善慈善体系的追求，对当代第三次分配的特殊意义。

第一，张謇对近代慈善体系的探索向人们告示，人生丰盈的最佳标准是对于社会的贡献。第三次分配的表面形式是对财富的再分配，第三次分配的精神内核是人生价值的再实现。张謇恨有钱人的嚣张气势，他说他非得有钱，有钱后也非得用于百姓的有用事业。张謇本着这样的理念与信条，把他的个人财富用于社会事业，用于完善南通的慈善体系，张謇的人生在慈善追求中闪耀光彩。

第二，张謇对近代慈善体系的探索向人们展示，财富利用的最靓途径是对于慈善的追求。第三次分配可以是金钱的给予，可以是实体的构建，张謇以为对于慈善的追求是财富利用的最靓途径，对新时代来说，对慈善的追求也是第三次分配的最靓途径。新时代提倡在慈善领域更多体现第三次分配，也号召更多的人让财富体现最闪光的价值。社会有发展就会有差距，慈善在缩小社会差距上有不可替代的作用，从这个意义上讲，慈善有悠久的生命力，第三次分配在慈善领域能更多地发挥作用。慈善事业是一个美丽的事业，慈善让社会闪烁更多的亮色。

第三，张謇对近代慈善体系的探索向人们警示，社会公平的最美体现是对于百姓的奉献。第三次分配需要所有人的善心，需要所有人的奉献。社会公平需要第三次分配的积极渗入，“不患寡，患不均”是大众的心理行为，释放百姓的心理忧困，体现社会的公平正义，需要大家的加入，更需要一大批有为企业家倾心倾情的投入，张謇身体力行地做了，我们这个时代需要更多的企业家去践行。

后　记

2023年是全面贯彻落实党的二十大精神的开局之年，为加强对共同富裕这一新课题的研究，由南京大学江苏慈善研究院主编的第三本研究成果《第三次分配与共同富裕论文集》终于与广大读者见面了。本书收集了江苏省委党校、江苏省社科院、南京大学、苏州大学等南京大学江苏慈善研究院理事单位以及南通市慈善总会、中国建设银行等单位部分专家学者的论文15篇，分别从共同富裕的思想基础、内涵及评价指标体系、第三次分配的概念与效应、人与自然和谐共生的现代化、社会慈善资源的社区动员机制、赋税机制、金融机构经营管理、张謇慈善思想与实践在促进共同富裕中的意义等方面对第三次分配及其助推共同富裕的作用和路径等进行了深入的研究和探讨，以期通过厘清第三次分配在更大范围内优化人民群众的收入分配格局，引导、支持有意愿有能力的企业、社会组织和个人积极参与公益慈善事业，为着力推进共同富裕贡献力量。

本书由江苏省慈善总会与南京大学江苏慈善研究院发起，并提供经费支持。南京大学江苏慈善研究院负责相关论文的组织收集、与南京大学出版社的联络沟通以及书稿的编校出版事宜，南京大学江苏慈善研究院各理事单位积极配合，保证了本书的编撰及出版工作的顺利完成。

为强化研究宣传，发挥高等院校、科研院所和社会智库作用，深入开展社会组织政策理论研究，探索中国特色社会组织高质量发展规律与模式，2019年江苏省慈善总会“牵手”南京大学等研究机构，成立“南京大学江苏慈善研究院”，致力于筑牢慈善理论根基，创新慈善发展理念。南京大学江苏慈善研究院成立三年来，基于江苏实践深入研究慈善事业发展路径，取得的研究成果为实际问题提供解决思路和方案，为江苏省慈善总会等相关部门提供决策参考，提升政策决策科学性。今后，南京大学江苏慈善研究院将进一步探索现代慈善发展方向，分析新发展阶段的新挑战、新机遇、新热点与新难点，积极寻求对策，推出更多、更高水平的理论文章，为推动江苏慈善事业高质量发展提供理论支持。

衷心感谢在本书编撰出版过程中给予帮助的各位领导、各位专家、各位作者，感谢南京大学出版社的领导和编辑，感谢大家的辛苦付出和真诚帮助。

南京大学江苏慈善研究院

2023 年 3 月